Prof. Dr. Tim Brockmann
Yasmin Gerlach
Prof. Dr. Michael Jesser
Prof. Dr. Jan Seybold

DAS BÜRGERLICHE GESETZBUCH

GRUNDLAGEN & SCHEMATA

Herausgegeben vom

NSI

Kommunale **Hochschule**
für Verwaltung in Niedersachsen

Maximilian Verlag
Hamburg

Begründet von
Prof. Susanne Achtermann
Yasmin Gerlach
Prof. Dr. Michael Jesser
Prof. Dr. Jan Seybold

DAS BÜRGERLICHE GESETZBUCH

GRUNDLAGEN & SCHEMATA

Bibliografische Information der Deutschen Nationalbibliothek
Die Deutsche Nationalbibliothek verzeichnet diese Publikation
in der Deutschen Nationalbibliografie; detaillierte bibliografische
Daten sind im Internet über
https://portal.dnb.de abrufbar.

Vorliegende Ausgabe erscheint als Band 39 in der Schriftenreihe der Kommunalen Hochschule für Verwaltung in Niedersachsen, herausgegeben von Prof. Dr. Michael Koop und Prof. Holger Weidemann.

Redaktionsstand: 01.11.2023

ISBN 978-3-7869-1488-4

Stadthausbrücke 4, 20355 Hamburg
Ein Unternehmen der TAMMMEDIA

Layout: Reemers Publishing Services GmbH
Produktion: Reemers Publishing Services GmbH
Druck und Weiterverarbeitung: Plump Druck & Medien GmbH
Rolandsecker Weg 33, 53619 Rheinbreitbach

Printed in Germany

VORWORT ZUR ERSTEN AUFLAGE

Auf vielfältigen Wunsch von Studentinnen und Studenten der Kommunalen Hochschule für Verwaltung in Niedersachsen (HSVN) hat die Fachkoordination für Privatrecht der HSVN und des Niedersächsischen Studieninstituts e.V. (NSI) mit dem vorliegenden Buch eine Zusammenstellung der wichtigsten Aufbaumuster im Bürgerlichem Gesetzbuch erarbeitet, die für ein erfolgreiches Studium an der HSVN und dem NSI sorgen sollen. Zweck dieses Werkes ist also nicht, ein weiteres Lehrbuch zum Bürgerlichen Recht vorzulegen, das vertiefende Ansätze bieten soll, sondern der vornehmliche Anlass bestand darin, anhand der Curricula der HSVN und des NSI die zahlreichen zu prüfenden Anspruchsgrundlagen des BGB und ihre jeweiligen Tatbestandsmerkmale in einem Buch zu bündeln. Dadurch soll den Teilnehmerinnen und Teilnehmern ein wichtiges Instrument an die Hand gegeben werden, um eine schnelle Gliederung einer Anspruchsprüfung zu fertigen bzw. die vorgenommene Anspruchsprüfung auf ihre Vollständigkeit zu prüfen. Dabei ist der Koordination für Privatrecht sehr wohl bewusst, dass in zahlreichen Lehrbüchern divergierende Aufbauprüfungen derselben Anspruchsgrundlage zu finden sind und es sicherlich vermessen wäre, für sich in Anspruch zu nehmen, die allein richtige Aufbauprüfung zu verwenden. Jedoch soll mit diesem Werk den Studentinnen und Studenten speziell die Unsicherheit genommen werden, welches Aufbaumuster an der HSVN und des NSI zu verwenden ist. Mit den vorliegenden Prüfungsschemata wird letztendlich sowohl den haupt- und nebenamtlichen Lehrkräften als auch den Teilnehmerinnen und Teilnehmern die Sicherheit geboten, dass bei Übernahme des vorliegenden Prüfungsaufbaus die Gliederung der Tatbestandsmerkmale als richtig angesehen wird.

Wir hoffen, sowohl den Studentinnen und Studenten der HSVN als auch den Teilnehmerinnen und Teilnehmern des NSI damit einen kleinen Baustein zur Unterstützung für einen erfolgreichen Studienabschluss an die Hand zu geben und gleichzeitig für die spätere praktische Arbeit eine Erinnerungshilfe zu bieten.

Ein besonderer Dank richtet sich an Frau Elvan Akköse für ihren Einsatz zur Bewältigung der umfangreichen Formatierungsarbeiten.

Hannover im November 2020 Fachkoordination für Privatrecht

VORWORT ZUR ZWEITEN AUFLAGE

Das vorliegende Lehrbuch bietet eine Einführung in das Zivilrecht, einen zentralen Bestandteil des deutschen Rechtssystems und der korrespondierenden Ausbildung. Das Zivilrecht regelt die Rechtsbeziehungen zwischen natürlichen und juristischen Personen in Bezug auf Eigentum und Besitz, schuldrechtliche Verbindungen (wie Verträge) und Schadensersatz. Ziel dieses Lehrbuchs ist es, die Grundlagen des Zivilrechts anhand von wichtigen Anspruchsgrundlagen zu erläutern und ein grundlegendes Verständnis für die Konzepte und Ansprüche des Zivilrechts zu vermitteln. Im Mittelpunkt des Werkes stehen, wie in der ersten Auflage auch, Aufbaumuster und schematische Vorschläge zum Anspruchsaufbau.

Das Ziel der Erstauflage ist auch weiterhin das Leitbild des vorliegenden Werkes: Die Ausbildung im Zivilrecht soll anhand von Aufbaumustern, Schemata und kurzen inhaltlichen Ausführungen erleichtert werden, wesentliche Dinge sollen auf einen Blick erfassbar sein. Für die Ausbildung an Hochschulen und für den Einstieg in das Zivilrecht in den ersten Semestern der universitären Ausbildung, wie auch zum Wiederholen vor Prüfungen bietet das Buch genügend Gelegenheit, vertiefende Hinweise werden so kurz und so selten wie möglich eingebaut, um das Werk nicht zu überfrachten. Besonders wichtig für die Lektüre des Werkes ist, dass ein Verständnis dafür entwickelt wird, dass kein Aufbauschema, keine angebotene Definition und kein inhaltlicher Exkurs den Anspruch auf alleinige Richtigkeit haben. Dieses Buch zeigt, wie die allermeisten anderen Werke auf dem Markt auch, einen, manchmal zwei, mögliche Lösungswege, Strukturen und Formulierungsvorschläge von unzähligen Varianten auf. Das Buch erhebt deswegen ausdrücklich keinen Anspruch auf Vollständigkeit und ebenso wenig einen Anspruch auf alleinige Richtigkeit; das Vorfinden anderer Gliederungspunkte, Überschriften, unterschiedlicher Formulierungen und abweichend gestalteter Falllösungen entwertet weder die eine noch die andere Lösung. Dieses Werk steht in dem Kontext, dass es oft auf Reihenfolgen, Wortklaubereien und wortwörtliche Übernahme von gelernten Formulierungen nicht ankommt, sondern die handwerklich korrekte Prüfung von Tatbestand und Rechtsfolge, die inhaltliche Vollständigkeit, die Eloquenz und die sprachliche wie inhaltliche Korrektheit einer Prüfung entscheidende Bewertungs- und Erfolgsfaktoren sind. Neben den theoretischen Grundlagen des Zivilrechts werden nunmehr auch Anwendungsfälle als Lernhilfen angeboten. Zu diesen Anwendungsfällen zählen nicht nur die abgedruckten juristischen Gutachten, sondern insbesondere die überblickweise angebotenen Aufbaumuster. Insgesamt, so hoffen wir, bietet das Lehrbuch eine komprimierte Einführung in das Zivilrecht und vermittelt ein Grundverständnis für die wichtigsten Konzepte, Grundsätze und Anspruchsaufbauten für die Ausbildung. Mit dem Bearbeitungsstand 11/2023 konnte die Schuldrechtsreform 2022 vollständig Berücksichtigung finden.

Hannover, im November 2023

Prof. Dr. Tim Brockmann, Yasmin Gerlach, Prof. Dr. Michael Jesser und
Prof. Dr. Jan Seybold.

INHALT

VORWORT ZUR ERSTEN AUFLAGE 5

VORWORT ZUR ZWEITEN AUFLAGE 6

TEIL 1: DIE ANSPRUCHSPRÜFUNG IM BÜRGERLICHEN RECHT 19

A. REIHENFOLGE DER ANSPRUCHSPRÜFUNG 20

I. Vertragliche Ansprüche 20

II. Gesetzliche Ansprüche 20

B. DER GUTACHTENSTIL 21

I. Obersatz 22

II. Einleitungssatz 23

III. Definition 24

IV. Subsumtion 25

V. Schlusssatz / Ergebnis 26

VI. Gesamtergebnis 27

C. MÖGLICHER ANSPRUCHSAUFBAU 28

I. Anspruch entstanden 28

1. Antrag 29
2. Annahme 30

II. Anspruch untergegangen 31

III. Anspruch durchsetzbar 32

1. Dauerhafte Einreden 33
2. Zeitweilige Einreden 34
3. Unzulässige Rechtsausübung (§ 242 BGB) 36

TEIL 2: ALLGEMEINER TEIL 39

A. RECHTSSUBJEKTE UND RECHTSOBJEKTE 40

B. RECHTSGESCHÄFTSLEHRE 41

I. Wirksamkeit von Willenserklärungen 41

II. Anfechtung von Willenserklärungen 43

1. Zulässigkeit der Anfechtung 44
2. Anfechtungsgrund 44
3. Anfechtungserklärung 46
4. Anfechtungsfrist 46
5. Anfechtungsausschluss 46
6. Rechtsfolge der Anfechtung 46

III. Form und Nichtigkeit 47
IV. Rechtsgeschäftliche Stellvertretung i.S.d. §§ 164 ff. BGB 47
1. Zulässigkeit der Stellvertretung 48
2. Abgabe einer eigenen Willenserklärung 48
3. Handeln im fremden Namen (Offenkundigkeitsprinzip) 48
4. Vertretungsmacht 48
5. Kein verbotenes Insichgeschäft (§ 181 BGB) 50
6. Rechtsfolge einer wirksamen Vertretung 50
V. Bedingung, Befristung und Verjährung 51
1. Bedingung 51
2. Befristung 51
3. Verjährung 52

C. ÜBUNGSKLAUSUREN 53
I. Sachverhalt, Malerei 53
II. Lösungsvorschlag, Malerei 54
III. Sachverhalt, Preis pro Stuhl 57
IV. Lösungsvorschlag, Preis pro Stuhl 58

TEIL 3: SCHULDRECHT – ALLGEMEINER TEIL 61
A. EINFÜHRUNG 62
I. Gesetzliche Schuldverhältnisse 62
II. Vertragliche Schuldverhältnisse 62
1. Gegenseitiger Vertrag 63
2. Unvollkommen zweiseitig verpflichtender Vertrag 63
3. Einseitig verpflichtender Vertrag 63
III. Inhalt von vertraglichen Schuldverhältnissen 64
1. Hauptleistungspflichten 64
2. Nebenleistungspflichten 64
3. Nebenpflichten in Form der Schutz- und Rücksichtnahmepflichten aus § 241 II BGB 65

B. EINZELNE ANSPRUCHSGRUNDLAGEN DES ALLGEMEINEN LEISTUNGSSTÖRUNGSRECHTS 66
I. Schadensersatz / Aufwendungsersatz wegen anfänglicher Unmöglichkeit (§ 311a II BGB) 69
1. Wirksamer Vertrag (§ 311a I BGB) 70
2. Ausschluss der Leistungspflicht des Schuldners gem. § 275 I–III BGB (§ 311a I BGB) 70
3. Bestehen des Leistungshindernisses schon bei Vertragsschluss (§ 311a I BGB) 71
4. Vertretenmüssen gem. § 311a II 2 BGB 71
5. Rechtsfolge 72

II. Schadensersatz / Aufwendungsersatz wegen nachträglicher Unmöglichkeit (§§ 280 I, III, § 283 BGB) 74
1. Wirksames Schuldverhältnis 74
2. Pflichtverletzung des Schuldners (§ 280 I 1 BGB) 75
3. Vertretenmüssen (gesetzlich vermutet, §§ 280 I 2 BGB) 75
4. Rechtsfolge 76
III. Schadensersatz / Aufwendungsersatz gem. §§ 280 I, III, 281 BGB (Schadensersatz statt der Leistung) 77
1. Wirksames Schuldverhältnis 77
2. Pflichtverletzung des Schuldners durch Nichterbringen der fälligen Leistung .. 77
3. Vertretenmüssen (gesetzlich vermutet gem. § 280 I 2 BGB) 79
4. Rechtsfolge 80
IV. Schadensersatz neben der Leistung wegen Verzögerung der Leistung (§§ 280 I, II, 286 BGB) 81
1. Wirksames Schuldverhältnis 81
2. Pflichtverletzung des Schuldners durch Verzögerung der Leistung 81
3. Vertretenmüssen gem. § 286 IV BGB 83
4. Rechtsfolge 83
V. Schadensersatzpflicht bei Nebenpflichtverletzung (§ 280 I, § 241 II BGB) 84
1. Wirksames Schuldverhältnis 84
2. Pflichtverletzung des Schuldners (§ 280 I 1 i.V.m. § 241 II BGB) 84
3. Vertretenmüssen (gem. § 280 I 2 BGB gesetzlich vermutet) 85
4. Rechtsfolge 85
VI. Schadensersatzpflicht bei Nebenpflichtverletzung aus culpa in contrahendo (§§ 280 I, 311 II, 241 II BGB) 86
1. Wirksames vorvertragliches Schuldverhältnis (§ 280 I 1 i.V.m. § 311 II BGB) 86
2. Pflichtverletzung des Schuldners (§ 280 I 1 BGB i. v. § 241 II BGB) 87
3. Vertretenmüssen (gesetzlich vermutet gem. § 280 I 2 BGB) 87
4. Rechtsfolge 87
VII. Schadensersatzpflicht statt der Leistung bei Schutzpflichtverletzung und Unzumutbarkeit (§§ 280 I, III, 282 BGB) 88
1. Wirksames Schuldverhältnis 88
2. Pflichtverletzung des Schuldners 88
3. Vertretenmüssen (gesetzlich vermutet, gem. § 280 I 2 BGB) 89
4. Rechtsfolge 89
VIII. Anspruch auf Rückgewähr aus Rückgewährschuldverhältnis nach erfolgtem Rücktritt i.S.d. § 346 I BGB 90
1. Wirksamer gegenseitiger Vertrag 90
2. Rücktrittsgrund 90
3. Rücktrittserklärung 91
4. Ablauf der Rücktrittsfrist 91
5. Kein Ausschluss des Rücktrittsrechts 91
6. Rechtsfolge 92

IX. Prüfung der Aufrechnung im Anspruchsuntergang ... 93
1. Aufrechnungslage ... 93
2. Aufrechnungserklärung ... 94
3. Kein Aufrechnungsausschluss ... 94
X. Prüfung der Wirksamkeit einer Abtretung ... 95
1. Bestehen der Forderung ... 95
2. Abtretungseinigung ... 95
3. Abtretbarkeit der Forderung ... 95
4. Berechtigung zur Abtretung ... 96

C. ÜBUNGSKLAUSUREN ... 97
I. Sachverhalt, Der Blumenkübel ... 97
II. Lösungsvorschlag, Der Blumenkübel ... 98
III. Sachverhalt, der Pool ... 101
IV. Lösungsvorschlag, der Pool ... 102

TEIL 4: SCHULDRECHT – BESONDERER TEIL ... 105

A. EINFÜHRUNG ... 106

B. KAUFRECHT ... 107
I. Einführung ... 107
II. Einzelne Anspruchsgrundlagen ... 108
1. Nacherfüllung i.S.d. §§ 437 Nr. 1, 439 I BGB ... 109
a. Wirksamer Kaufvertrag gem. § 433 BGB ... 110
b. Mangel gem. §§ 434, 435 BGB ... 110
c. Zum Zeitpunkt des Gefahrübergangs gem. §§ 446 S. 1, 447 BGB ... 113
d. Kein Ausschluss der Gewährleistung / Haftung ... 114
e. Rechtsfolge ... 115
f. Besondere Unverhältnismäßigkeit i.S.d. § 439 IV BGB ... 115
g. Unverhältnismäßigkeit i.S.d. §§ 275 II, III BGB ... 116
h. Verjährung i.S.d. § 438 BGB ... 116
2. Anspruch aus Rückgewährschuldverhältnis wegen Rücktritts ... 117
a. Wirksamer Kaufvertrag gem. § 433 BGB ... 118
b. Mangel gem. §§ 434, 435 BGB ... 118
c. Zum Zeitpunkt des Gefahrübergangs gem. §§ 446 S. 1, 447 BGB ... 118
d. Fruchtlose Fristsetzung ... 118
e. Kein Ausschluss der Gewährleistung / Haftung ... 118
f. Rücktrittserklärung ... 119
g. Rechtsfolge ... 119
3. Minderung i.S.d. §§ 437 Nr. 2 Alt. 2, 441 BGB ... 121
a. Wirksamer Kaufvertrag gem. § 433 BGB ... 121

II. Anspruch aus § 861 I BGB ... 213
1. Anspruchsteller war ehemals unmittelbarer Besitzer ... 213
2. Besitzentziehung erfolgte durch verbotene Eigenmacht i.S.d. § 858 I BGB ... 213
3. Fehlerhafter Besitz des Anspruchsgegners (§ 858 II BGB) ... 213
4. Kein Ausschluss gem. § 861 II BGB ... 214
5. Kein Erlöschen des Anspruchs gem. § 864 BGB ... 214
III. Herausgabeanspruch aus früherem Besitz gem. § 1007 I BGB ... 215
1. Bewegliche Sache ... 215
2. Früherer Besitz des Anspruchstellers ... 215
3. Gegenwärtiger Besitz des Anspruchsgegners ... 215
4. Bösgläubigkeit des Anspruchsgegners bei Besitzerwerb ... 216
5. Kein Ausschluss des Anspruchs aus § 1007 I BGB ... 216
IV. Herausgabeanspruch aus früherem Besitz gem. § 1007 II BGB ... 217
1. Bewegliche Sache ... 217
2. Früherer Besitz des Anspruchstellers ... 217
3. Gegenwärtiger Besitz des Anspruchsgegners ... 217
4. Sache ist früherem Besitzer (Anspruchsteller) abhandengekommen ... 217
5. Kein Ausschluss des Anspruchs aus § 1007 II BGB ... 218
V. Anspruch auf Beseitigung aus § 1004 I 1 BGB oder Unterlassung aus § 1004 I 2 BGB ... 219
1. Anspruchsteller muss Eigentümer sein ... 219
2. Beeinträchtigung des Eigentums ... 219
3. Anspruchsgegner muss Störer sein ... 219
a. Handlungsstörer ... 220
b. Zustandsstörer ... 220
4. Rechtswidrigkeit der Beeinträchtigung, also keine Duldungspflicht gem. § 1004 II BGB ... 220

I. ÜBUNGSKLAUSUREN ... 221
I. Sachverhalt, Die Hausarbeit ... 221
II. Lösungsvorschlag, Die Hausarbeit ... 222
III. Sachverhalt, Trau schau wem ... 224
IV. Lösungsvorschlag, Trau schau wem ... 225

TEIL 6: DELIKTSRECHT ... 229

A. EINFÜHRUNG ... 230

B. EINZELNE ANSPRUCHSGRUNDLAGEN ... 231
I. § 823 I BGB ... 232
1. Rechtsgutverletzung ... 232
a. Leben ... 233
b. Körper & Gesundheit ... 233

c. Freiheit ... 234
d. Eigentum ... 234
e. sonstige Rechte ... 234
2. Verletzungshandlung ... 239
a. Tun ... 239
b. Unterlassen ... 239
3. Haftungsbegründende Kausalität ... 240
a. äquivalente Kausalität ... 241
b. adäquate Kausalität ... 241
c. Schutzzweck der Norm ... 241
4. Rechtswidrigkeit ... 242
5. Verschulden ... 242
a. Verschuldensfähigkeit ... 242
b. Schuldhaftes Handeln ... 243
6. Schaden ... 243
7. Haftungsausfüllende Kausalität ... 244

II. § 823 II BGB ... 246
1. Vorliegen eines Schutzgesetzes ... 246
2. Verletzung des Schutzgesetzes ... 247
3. Geschädigter ist von Schutzgesetz geschützt ... 247
4. Rechtswidrigkeit ... 247
5. Verschulden ... 248
6. Schaden ... 248
7. Haftungsausfüllende Kausalität ... 248

III. § 826 BGB ... 249
1. Schadenszufügung ... 249
2. Vorsatz ... 250
3. Sittenwidrigkeit ... 250

IV. § 831 BGB ... 251
1. Schädiger ist Verrichtungsgehilfe ... 251
2. Unerlaubte Handlung ... 252
3. In Ausübung der Verrichtung ... 252
4. Keine Exkulpation des Geschäftsherren ... 252
5. Schaden ... 253
6. Haftungsausfüllende Kausalität ... 253

V. § 833 BGB ... 254
1. Tierhalter ist Anspruchsgegner ... 254
2. Rechtsgutverletzung ... 255
3. Durch ein Tier ... 255
4. Kein Haftungsausschluss ... 256
5. Schaden ... 256
6. Haftungsausfüllende Kausalität ... 256

TEIL 1: DIE ANSPRUCHSPRÜFUNG IM BÜRGERLICHEN RECHT

Aller Anfang ist schwer. Selbst wenn der Prüfling die Rechtsmaterie verinnerlicht hat und das Recht sogar anwenden kann, so muss er doch in der Regel bei der Prüfungssituation ein Rechtsgutachten erstellen, welches gewisse Rahmenbedingungen einhalten muss. Zunächst ist es unerlässlich, dass sich der Prüfling Gedanken über den Aufbau seiner Prüfungsschritte macht. Hierzu zählt insbesondere, dass die vom Prüfling in Betracht gezogenen Anspruchsgrundlagen in der richtigen Reihenfolge dargestellt werden. Anspruchsgrundlagen erkennt der Prüfling daran, dass aus der Norm von einem anderen ein Tun oder Unterlassung verlangt werden kann (§ 194 BGB). Folglich besteht die erste Hürde darin, zunächst die in Betracht kommenden Normen auf ihre Anspruchseigenschaft zu prüfen. Während also z.B. § 985 BGB ein Recht von einem anderen auf Herausgabe verbrieft, stellt § 90 BGB lediglich eine Definitionsnorm dar, die keinen Anspruchscharakter besitzt und daher niemals als Anspruchsgrundlage im Obersatz genannt werden darf.

A. REIHENFOLGE DER ANSPRUCHSPRÜFUNG

Zu Beginn einer Klausur sind anhand der Fallstellung die möglichen Anspruchsgrundlagen zu finden. So kann sich ein Anspruch aus unterschiedlichen Anspruchsgrundlagen herleiten lassen. Dabei kann sich z.B. ein Schadensersatzanspruch sowohl aus einer vertraglichen Anspruchsgrundlage als auch aus einem deliktischen Anspruch ergeben. Da die Prüfung der Anspruchsgrundlagen stets nacheinander zu erfolgen hat, bedarf es zunächst der Darstellung, in welcher Reihenfolge die Anspruchsgrundlagen zu prüfen sind. So ist bei der Suche nach den zu prüfenden Anspruchsgrundlagen nach folgender Reihenfolge vorzugehen:

I. VERTRAGLICHE ANSPRÜCHE

Primäransprüche (z.B. §§ 433 I 1, II, 535 I 1, II, 611 I BGB)
Sekundäransprüche (z.B. §§ 280 I, 311a II, 437 Nr. 3 Alt. 1 BGB)
Vertragsähnliche Ansprüche (z.B. §§ 122, 179 I BGB)

II. GESETZLICHE ANSPRÜCHE

Sachenrechtliche Ansprüche (z.B. §§ 985, 1007, 1004 BGB)
Deliktische Ansprüche (§ 823 I, II i.V.m. Schutzgesetz, § 826 BGB, § 831 BGB)
Ansprüche aus ungerechtfertigter Bereicherung (§§ 812 ff. BGB)

Das bedeutet, dass das Gutachten bei möglichen vertraglichen Ansprüchen stets mit diesen beginnt und nach Beendigung der Prüfung dann die als nächstes in Betracht zu ziehende Anspruchsgrundlage, z.B. aus Delikt, zu prüfen ist.

B. DER GUTACHTENSTIL

In der Klausur, in der mündlichen Prüfung, in der Hausarbeit, im Vermerk oder im Rechtsgespräch verlangt der Bearbeitervermerk oder die Aufgabenstellung in weit überwiegender Häufigkeit – insbesondere in der Zeit der Ausbildung – die Erstellung eines Rechtsgutachtens.

Manche meinen, dieses läge daran, dass das Gutachten dem Regelfall der juristischen Arbeit in der Praxis entspräche – Tatsache ist, dass jedenfalls die gutachterliche Arbeitsweise, also das offene, problembewusste und strukturierte Lösen von Rechtsfragen in der Praxis besonders nützlich ist. Der Regelfall ist die Gutachtenerstellung für die allermeisten Rechtsberufe indes nicht, auf die Vermittlung der gutachterlichen Arbeitsweise wird trotzdem besonderer Wert gelegt. Das Ziel dieser Ausbildungsweise ist es, das objektive und strukturierte Herangehen, das Überprüfen aller Möglichkeiten und eine Orientierungshilfe für das Lösen juristischer Probleme zu geben, ein Grund mehr, das Erlenen des Gutachtenstils ernst zu nehmen. Ist ein Gutachten anzufertigen, so kann man sich vorstellen, dass dieses einem rechtlichen Laien, der nur den Sachverhalt kennt und die einschlägigen Gesetzestexte zur Hand hat, die juristischen Probleme des Falles aufzeigt und ihm überzeugend erklärt, aus welchem Grund sie wie gelöst werden. Der Gutachtenstil soll folglich dazu dienen, Personen von dem gefundenen Ergebnis zu überzeugen, die in der Regel nur wenige rechtliche Vorkenntnisse aufweisen.

Studierende begreifen den Gutachtenstil häufig als umständlich und der erste (und zweite) Impuls gipfelt in der Frage nach Umgehungs- und Verkürzungsmöglichkeiten. Im Einzelfall erscheint es möglich, einzelne Schritte im Gutachtenstil zusammenzufassen, besonders geeignet erscheinen dafür die beiden Schritte der Subsumtion. Manche halten es auch für vertretbar, in offensichtlichen Fällen die Subsumtion direkt wegzulassen und sogleich ein Ergebnis zu bilden, sie nehmen einen logischen Bruch in der Vierschrittmethode in Kauf. Berücksichtigungsfähig erscheinen bei diesen Gedanken die Erwägungen dass,

erstens, die Verkürzung der Vierschrittmethode eine sichere Anwendungskompetenz voraussetzt. Diese sollte dem Korrektor der schriftlichen Klausurleistung vorher demonstriert werden. Im ungünstigsten Fall setzen Klausurmusterlösung und Korrektor andere Schwerepunkte als derjenige, der den Gutachtenstil verkürzt, der Sachverhalt und die Subsumtion werden als unterschiedlich verkürzungsfähig empfunden. Da aber Aufbauhinweise und „Regieanweisungen" im Gutachten verboten sind, kann der Korrektor nicht unterscheiden, ob der Gutachtenstil nicht beherrscht oder absichtlich, vielleicht fahrlässig, verkürzt wird und

zweitens, die Wiederholung einer gleichen, also in genau gleicher Weise wiederkehrenden, Definition, ohnehin ausgelassen werden kann und so ein wenig Textproduktion erspart bleibt. In vielen Fällen denken Studierende in der Klausursituation so lange darüber nach, die Möglichkeit einer Fehlentscheidung eingeschlossen, ob und wie der Gutachtenstil verkürzt werden kann, dass es schneller und sicherer wäre, ihn „einfach“ einzuhalten und eine weitere Zeile pro Tatbestandsmerkmal niederzuschreiben.

Der Gutachtenstil zeichnet sich dadurch aus, den Weg von der (im Bearbeitervermerk) aufgeworfenen Frage bis zur Antwort schriftlich zu begleiten und nicht sogleich mit einem Ergebnis zu beginnen. Ein Ergebnis wird anhand einer Hypothese, typischerweise unter der Verwendung der Worte „könnte“ oder „müsste“ erst entwickelt. Im Grunde bildet der Gutachtenstil den Gedankengang des Prüflings nach. Ist in einer Klausur etwa ein zivilrechtlicher Anspruch des K auf Übergabe und Übereignung einer Kaufsache gegen V zu untersuchen, so gibt das Gutachten darauf erst am Ende der Begutachtung die Antwort darauf, nie schon am Anfang oder gar mittendrin steht:

K hat einen Anspruch auf Übergabe und Übereignung gem. § 433 I 1 BGB gegen V.

Zuvor gilt es, Schritt für Schritt zu überlegen, ob denn die einzelnen Voraussetzungen für einen solchen Anspruch gegeben sind, also ob beispielsweise ein Kaufvertrag zustande gekommen ist, also ob sich die Parteien geeinigt haben, indem sie Angebot und Annahme wirksam erklärten.

Bei sämtlichen Gutachten wird der Gutachtenstil in derselben Art und Weise angewandt, wobei die folgenden vier Schritte in dieser Reihenfolge abzuarbeiten sind:

- Einleitungssatz (auch: Voraussetzungssatz),
- Definition,
- Subsumtion und
- Schlusssatz (auch: Ergebnissatz).

I. OBERSATZ

Über der jeweiligen Anspruchsprüfung steht – für jeden Anspruch genau einmal – der Obersatz.

Der Obersatz ist die erste Hypothese, die aufgestellt wird und durch welche die Prüfung des jeweiligen Anspruchs eingeleitet wird. Der Satz (keine Frage!) sucht durch das Aufstellen einer Vermutung die Frage: „Wer will was von wem woraus?“ zu beantworten.

Im Obersatz müssen sich somit mindestens die beteiligten Parteien, das Ziel des Anspruchs und einschlägigen Vorschriften wiederfinden. Beispielhaft kann sich der Obersatz wie nachfolgend dargestellt in der gutachterlichen Prüfung wiederfinden.

K könnte einen Anspruch auf Übergabe und Übereignung (der Kaufsache) gem. § 433 I 1 BGB gegen V haben.

V könnte einen Anspruch auf Abnahme (der Kaufsache) und Kaufpreiszahlung i.H.v. 100,00 Euro gem. § 433 II BGB gegen K haben.

E könnte einen Anspruch auf Herausgabe (der Sache) gem. § 985 BGB gegen B haben.

Uneinheitlich wird gehandhabt, welche Vorschriften im Obersatz (wo) zu zitieren sind. Während feststeht, dass die Anspruchsgrundlage, also die anspruchsbegründende Vorschrift selbst, im Obersatz aufzunehmen ist, sind manche sind der Auffassung, die tatbestandsbegründenden Vorschriften wie §§ 434, 446 S. 1 oder gar § 433 BGB seien ebenfalls zu zitieren. Andere beschränken die Zitierung auf die Anspruchsgrundlage selbst, beispielsweise auf § 439 I Alt. 1 BGB oder § 635 I Alt. 1 BGB. Wieder andere wählen einen Kompromiss und zitieren die Verweisvorschrift, beispielsweise § 437 Nr. 1 BGB oder § 634 Nr. 1 BGB und die Anspruchsgrundlage, sonst aber keine weitere Vorschriften. Ebenfalls uneinheitlich, wohl aber in keiner Variante falsch, wird die Zitierung von Vorschriften unter der Verwendung des Konnektors „in Verbindung mit“ oder „i.V.m.“ gehandhabt. Beachtenswert ist in diesem Zusammenhang die Anspruchsgrundlage für die Rückgewähr aus Rückgewährschuldverhältnissen, § 346 I BGB.

II. EINLEITUNGSSATZ

Der erste Schritt besteht darin, sich und dem Korrigierenden in einem Einleitungssatz zu vergegenwärtigen, was im Folgenden zu prüfen ist, beispielsweise, welche Anspruchsgrundlage oder welches konkrete Tatbestandsmerkmal untersucht wird.

Die einführenden Worte des sog. Einleitungs- oder Voraussetzungssatzes dienen nicht nur der eigenen Orientierung, sondern vor allem der Orientierung des Korrektors. Der Einleitungssatz darf deshalb nicht zu epischer Breite anwachsen, weil er in das Gutachten lediglich einführt, ohne es in der Sache selbst maßgeblich voranzubringen. Es ist vielmehr eine kurze und prägnante Formulierung mit hoher Informationsdichte geboten. Der Satz ist Spiegelbild für den Ergebnissatz und kann die Aufgabe des gedanklichen Leitens noch besser übernehmen, wenn die Position des Tatbestandsmerkmals durch ein entsprechendes Einleitungswort herausgestellt wird. So bietet es sich an, den ersten Einleitungssatz mit „zunächst“ zu beginnen, darauffolgende mit „weiterhin, außerdem, darüber hinaus“ und den letzten Einleitungssatz in der jeweiligen Gliederungsebene mit „letztlich“ oder „schließlich“ einzuleiten.

Aufmerksamkeit ist bei der Wahl von „könnte“ und „müsste“ geboten, der Bedeutungsunterschied der Worte sollte sich vergegenwärtigt werden. Der Einleitungssatz sollte sich wie nachfolgend dargestellt in der gutachterlichen Prüfung wiederfinden.

V könnte eine Willenserklärung abgegeben haben.

Zunächst müssten sich die Parteien geeinigt haben.

Zuerst müsste der haftungsbegründende Tatbestand erfüllt sein.

Weiterhin müsste K mit Erklärungsbewusstsein gehandelt haben.

Außerdem müsste S die Pflichtverletzung im Sinne des § 276 BGB zu vertreten haben.

Darüber hinaus müsste der haftungsausfüllende Tatbestand erfüllt sein.

Letztlich müsste ein Schaden vorliegen.

III. DEFINITION

In der Definition wird der im Einleitungssatz aufgeworfene Gesichtspunkt rechtlich näher betrachtet, indem definitionsbedürftige Rechtsbegriffe „erklärt" werden.

Nähere Erörterungen sind nur angebracht, wenn sie für den konkreten Fall von Bedeutung sind, sich also mit rechtlicher Relevanz subsumieren lassen. Die sich dem Prüfling in der Definition bietende Möglichkeit, Kenntnisse unter Beweis zu stellen, darf eben nicht als Einladung verstanden werden, das gesamte Wissen ohne Rücksicht auf seine Relevanz für den zu behandelnden Sachverhalt niederzuschreiben.

Besteht rechtlicher Erklärungsbedarf, darf nicht vorausgesetzt werden, der Korrektor wisse schon, was und wie es ein Prüfling meint. Im Gutachten – und damit in der Prüfungsleistung – geht es nicht darum, was der Korrektor weiß; vielmehr hat allein ein Prüfling seine Kenntnisse unter Beweis zu stellen. Steckt also in einer Definition ein weiterer Rechtsbegriff, der definitions- und erklärungswürdig und in der Folge auch subsumtionsfähig erscheint, so kann auf die Definition durchaus ein weiterer Voraussetzungssatz folgen, frei nach dem Aufbau:

Voraussetzung: A könnte ein Angebot gemacht haben.

Definition: Ein Angebot ist eine empfangsbedürftige Willenserklärung, die einem anderen einen Vertragsschluss so anträgt, dass das Zustandekommen des Vertrages nur noch von dessen Zustimmung abhängt.

Voraussetzung: Es müsste mithin überhaupt eine Willenserklärung vorliegen.

Definition: Eine Willenserklärung bezeichnet die Entäußerung eines Willens, der auf die Herbeiführung einer privatrechtlichen Rechtsfolge gerichtet ist; sie besteht aus einem äußeren und einem inneren Tatbestand.

In der Formulierung muss zum Ausdruck kommen, dass alle Erläuterungen in der Definition abstrakt sind und nicht nur im vorliegenden Sachverhalt, sondern generell Gültigkeit beanspruchen. Mithin ist nicht mehr auf den Konjunktiv des Einleitungssatzes zurückzugreifen. Vielmehr stehen Begriffsbestimmungen und sonstige Ausführungen in der Definition im Indikativ. Der Definitionssatz sollte sich wie nachfolgend dargestellt in der gutachterlichen Prüfung wiederfinden.

Ein Angebot ist eine empfangsbedürftige Willenserklärung, die einem anderen einen Vertragsschluss so anträgt, dass das Zustandekommen des Vertrages nur noch von dessen Zustimmung abhängt.

Eine Willenserklärung bezeichnet die Entäußerung eines Willens, der auf die Herbeiführung einer privatrechtlichen Rechtsfolge gerichtet ist; sie besteht aus einem äußeren und einem inneren Tatbestand.

Fahrlässig handelt, wer die im Verkehr erforderliche Sorgfalt außer Acht lässt.

Ein Anspruch ist das Recht, von einem anderen ein Tun oder Unterlassen zu verlangen.

IV. SUBSUMTION

Die Subsumtion besteht genaugenommen aus zwei Teilen, weswegen sehr genaue Menschen auch behaupten könnten, bei dem gutachterlichen „4-Schritt" handele es sich eigentlich um einen „5-Schritt". Ganz unrichtig ist dies nicht.

Ob die in der Definition näher erläuterten Voraussetzungen und Merkmale im vorliegenden Sachverhalt gegeben sind, wird im Rahmen der Subsumtion geprüft. Die Subsumtion bedeutet im Wortsinne nichts anderes, als den Lebenssachverhalt unter eine (Rechts-) Norm zu ordnen.

Die Subsumtion (von lat. *sub*, unter, und *sumere*, nehmen, Partizip II *sumptum*, gelegentlich Subsumption geschrieben) ist der Vorgang, bei dem man einen Begriff unter einen anderen ordnet. In der Rechtswissenschaft wird der Begriff als Anwendung einer Rechtsnorm auf einen Lebenssachverhalt („Fall"), das heißt als Unterordnung des Sachverhaltes unter die Voraussetzungen der Norm, verstanden. Es gilt mithin, einen konkreten Sachverhalt unter eine abstrakte Norm oder ein allgemeingültiges Tatbestandsmerkmal zu fassen, welches zuvor durch eine Definition konkretisiert bzw. spezifisch ausgestaltet worden ist. Die Subsumtion erfolgt im Indikativ. Da der vorliegende Einzelfall rechtlich zu bewerten ist, empfiehlt es sich, nahe am Sachverhalt zu arbeiten und diesen zunächst wiederzugeben. Es sind nur solche Fakten, die für den gerade erörterten Aspekt wichtig sind, in das ausformulierte Gutachten zu übernehmen.

Hiernach folgt die rechtliche Würdigung (Subsumtion zweiter Teil). Der rechtlichen Würdigung geht idealerweise ein kurzer Moment des Nachdenkens voraus. Es wird beurteilt, ob der gerade wiedergegebene Sachverhalt die Merkmale der Definition (welche ja die Rechtsnorm konkretisiert) erfüllt – oder nicht. Im zweiten Satz der Subsumtion, also nach der Sachverhaltswiedergabe kann dieses niedergeschrieben werden, eine Formulierungsnähe zur Definition ist dabei besonders hilfreich, entweder, indem man das Vorliegen der Definition verneint oder bejaht. Beispielhaft könnten nachfolgende Formulierungen in einem Gutachten zu finden sein.

Hier hat B mit Nein geantwortet. (Sachverhaltswiedergabe)

Somit hat er sein unbedingtes Einverständnis mit dem angetragenen Vertragsschluss nicht erklärt. (rechtliche Würdigung)

Vorliegend hat T den Y gefragt, ob er sein Handy für 420,00 Euro kaufen wolle.

Damit hat T einem anderen den Vertragsschluss so angetragen, dass das Zustandekommen des Vertrages nur noch von dessen Zustimmung abhängt.

Laut Sachverhalt musste Y 1.000,00 Euro Behandlungskosten bezahlen.

Mithin hat Y eine unfreiwillige Vermögenseinbuße i.H.v. 1.000,00 Euro erlitten.

V. SCHLUSSSATZ / ERGEBNIS

Nach der umfassenden und würdigenden Formulierung von Definition und Subsumtion, stellt der vierte und letzte Schritt im sogenannten „4-Schritt" eine eher gut zu bewältigende Aufgabe dar.

Der Schlusssatz, auch oft Ergebnissatz genannt, verkündet das gefundene rechtliche Ergebnis zusammenfassend unter direkter Bezugnahme auf die Formulierung im Einleitungssatz (auch: Voraussetzungssatz). Im Schlusssatz wird somit die im Einleitungssatz aufgeworfene Frage beantwortet, indem die beinahe gleiche Formulierung gewählt wird wie dort – selbstverständlich, ohne dieses Mal den Konjunktiv zu verwenden. Typische Beispiele für eine Formulierung eines Schlusssatzes lauten wie folgt.

Mithin ist die Willenserklärung zugegangen.

Damit liegt eine Willenserklärung vor.

Folglich haben sich A und B geeinigt.

Der Anspruch ist entstanden.

Ein Werkvertrag ist zustande gekommen.

VI. GESAMTERGEBNIS

Das Gesamtergebnis schließt die Begutachtung des Anspruches ab und beantwortet die Frage des Obersatzes; in aller Regel also die Frage danach, ob jemand einen Anspruch auf etwas hat, weil ebendieser entstanden, nicht untergegangen und durchsetzbar ist. Ein solches Gesamtergebnis könnte beispielhaft wie nachfolgend formuliert werden.

K hat einen Anspruch auf Übergabe und Übereignung der Kaufsache gem. § 433 I 1 BGB gegen V.

E hat einen Anspruch auf Herausgabe der Gesetzessammlung gem. § 985 BGB gegen B.

C. MÖGLICHER ANSPRUCHSAUFBAU

Begonnen wird das Gutachten zunächst mit dem Obersatz, aus dem eindeutig hervorgehen muss, welcher Fragestellung mit dem Rechtsgutachten nachgegangen werden soll. Es schließt sich hieran ein dreigliedriger Aufbau an.

I. Anspruch entstanden

II. Anspruch untergegangen

III. Anspruch durchsetzbar

Beispiel: Herr Dr. Nowak könnte gegen Herrn Blumentritt einen Anspruch auf Kaufpreiszahlung in Höhe von 500,00 Euro aufgrund der Lieferung des Computers gem. § 433 II BGB haben.

Nur selten wird der Obersatz in Form eines Fragesatzes formuliert.

> *Kann Herr Dr. Nowak von Herrn Blumentritt die Kaufpreiszahlung für die Lieferung des Computers in Höhe von 500,00 Euro verlangen?*

Beide Formen können grundsätzlich vom Prüfling verwendet werden, eine Klärung hinsichtlich der Vorzugswürdigkeit sollte in der Vorlesung bzw. Übung der jeweiligen Hochschule erfolgen, üblicher erscheint die Formulierung als Hypothese.

Nach Formulierung des Obersatzes ist nun zu prüfen, ob der vermeintliche Anspruch entstanden ist. Selbst wenn ein Scheitern bei der Prüfung der Anspruchsentstehung oder des Untergangs offensichtlich gegeben ist, ist zwingend der Gutachtenaufbau konsequent einzuhalten.

I. ANSPRUCH ENTSTANDEN

Kommt eine vertragliche Anspruchsgrundlage in Betracht, so ist im Rahmen der Prüfung dieser Anspruchsgrundlage zunächst festzustellen, ob der Anspruch überhaupt entstanden ist. Dabei ist zunächst prüfen, ob ein wirksamer Vertrag zustande gekommen ist. Voraussetzungen für einen Vertragsschluss ist eine Einigung, diese besteht aus mindestens zwei übereinstimmenden Willenserklärungen, Antrag (auch: Angebot) und Annahme (§ 151 S. 1 HS. 1 BGB).

1. Antrag

Zunächst bedarf es eines Antrags gem. §§ 145 ff. BGB. Ein Antrag ist eine empfangsbedürftige Willenserklärung und damit jedes äußere Verhalten, das den Schluss auf einen bestimmten Geschäftswillen (Handlungswillen, Rechtsbindungswillen und Willen zu einem bestimmten Geschäft, also Geschäftswillen) zulässt. Beurteilt wird das Verhalten aus der Perspektive eines objektiven Dritten in der Position des Empfängers. Ferner muss die Willenserklärung die wesentlichen Vertragsbestandteile beinhalten, sodass der Vertragsschluss durch bloße Bejahung zustande kommt (§§ 145 ff. BGB).

Weiterhin muss der Antrag wirksam sein. Bei Willenserklärungen unter Abwesenden ist auf § 130 I 1 BGB abzustellen (bei Willenserklärungen unter Anwesenden wird § 130 I 1 BGB analog zur Anwendung gebracht). Dafür muss die Willenserklärung zunächst abgegeben und anschließend zugegangen sein:

a. Abgabe (bei empfangsbedürftigen Willenserklärungen)

Die Willenserklärung ist vom Erklärenden willentlich so auf den Weg gebracht worden, dass er bei ungestörtem Ablauf nichts mehr tun muss, damit sie dem Adressaten zugeht. Die Abgabe der Willenserklärung wird nur dann dargestellt, wenn diese problematisch ist.

b. Zugang (bei empfangsbedürftigen Willenserklärungen)

Die Willenserklärung ist in den Herrschaftsbereich des Adressaten gelangt, z.B. in den Briefkasten des Empfängers eingeworfen worden, und es besteht die Möglichkeit der Kenntnisnahme durch den Adressaten oder seines Vertreters (hinsichtlich des Zugangszeitpunkts ist z.B. auf Ladenöffnungszeiten zu achten).

Sind die vorstehenden Voraussetzungen gegeben, liegt nun ein wirksamer Antrag (Angebot) einer Person vor.

Will die Person die Willenserklärung für eine andere Person, z.B. eine juristische Person oder eine andere natürliche Person, abgeben, so ist zu untersuchen, ob dieser Person auch die Willenserklärung zugerechnet werden kann. Für eine derartige Zurechnung sind im Rahmen einer rechtsgeschäftlichen Vertretung die Voraussetzungen des § 164 BGB zu prüfen (Zulässigkeit der Vertretung, Abgabe einer eigenen Willenserklärung, Beachtung des Offenkundigkeitsprinzips, Handeln innerhalb der Vertretungsmacht und kein Ausschluss gem. § 181 BGB). Nur wenn die Voraussetzungen des § 164 BGB vorliegen, wird die abgegebene Willenserklärung dem Vertretenen zugerechnet, ansonsten liegt eine Eigenerklärung des Abgebenden vor. Zu beachten sind ferner die Fallgruppen der gesetzlichen Vertretungsmacht wie z.B. § 1629 BGB.

2. Annahme

Der Antrag müsste von der anderen Person, an die die Willenserklärung gerichtet worden ist, wirksam angenommen worden sein. Eine Annahme ist eine empfangsbedürftige Willenserklärung, die sich inhaltlich mit dem Antrag deckt und innerhalb der Annahmefrist erklärt wird (§§ 147 ff. BGB). Liegt eine entsprechende Willenserklärung vor, so muss auch diese wirksam sein. Gegenüber Abwesenden richtet sich die Beurteilung der Wirksamkeit wiederum nach § 130 I 1 BGB.

Beim Prüfungspunkt der Wirksamkeit der Willenserklärung ist ferner bei entsprechenden Anhaltspunkten auf die Zurechnung der Willenserklärung wegen einer wirksamen rechtsgeschäftlichen Vertretung gem. §§ 164 ff. BGB einzugehen. Außerdem ist in diesem Zusammenhang die Rechtzeitigkeit der Annahme zu prüfen (§§ 147 ff. BGB).

Ist der Vertrag geschlossen, kann der Fokus noch auf rechthindernde Einwendungen gelegt werden.

Folge einer rechtshindernden Einwendung wäre, dass der Anspruch nicht entstanden ist. Als rechtshindernde Einwendungen kommen in Betracht:

- Formmangel (§ 125 BGB)
- Geschäftsunfähigkeit (§ 105 BGB)
- Verstoß gegen ein gesetzliches Verbot (§ 134 BGB)
- Verstoß gegen die guten Sitten (§ 138 I BGB)
- je nach Meinungsstand die Anfechtung, die allerdings nach hiesiger Auffassung als rechtsvernichtende Einwendung (mit rechtshindernder Wirkung) zu prüfen ist.

Übung: Herr Dr. Nowak beabsichtigt seinen Altcomputer für 550,00 Euro zu verkaufen und gibt dementsprechend bei Ebay-Kleinanzeigen eine Anzeige auf. Es meldet sich Herr Blumentritt, der nach Besichtigung des Computers 500,00 Euro vorschlägt, was von Herrn Dr. Nowak akzeptiert wird. Da Herr Blumentritt das Geld nicht dabeihat, will er es in den nächsten Tagen auf ein Konto von Herrn Dr. Nowak überweisen.

Fragestellung: Kann Herr Dr. Nowak die Kaufpreiszahlung von Herrn Blumentritt verlangen?

Vorüberlegung: Auch dem juristischen Laien drängt sich der Verdacht auf, dass es auf die Prüfung des Abschlusses eines Kaufvertrages ankommt. Es darf jedoch nun nicht der Fehler gemacht werden, entgegen des stets konsequent einzuhaltenden Gutachtenaufbaus abstrakt zu prüfen, ob ein Kaufvertrag gem. § 433 BGB zwischen den betreffenden Personen vorliegt. Auch sind generell Ausführungen zu vermeiden, die darauf abstellen, dass im Rahmen einer Vorüberlegung das Vorliegen eines wirksamen Kaufvertrages gem. § 433 BGB dargelegt wird. Der Prüfling muss vielmehr zunächst herausfinden, ob eine vertragliche Anspruchsgrundlage vorliegt, die Herrn Dr. Nowak die Zahlung des Kaufpreises als Handlung von einer anderen Person zubilligt. Lediglich wenn eine entsprechende Anspruchsgrundlage vorliegt (§ 194 BGB), kann er die Zahlung verlangen. Diese ist vorliegend mit § 433 II BGB gegeben, sofern die Tatbestandsmerkmale der Norm vorliegen.

Obersatz: Herr Dr. Nowak könnte von Herrn Blumentritt die Zahlung des Kaufpreises in Höhe von 500,00 Euro für den Computer gem. § 433 II BGB verlangen.

Anspruch entstanden: Dafür müsste der Anspruch zunächst entstanden sein.

Tatbestandsvoraussetzung der Anspruchsgrundlage: Dies setzt den Abschluss eines wirksamen Kaufvertrages über den Computer zu 500,00 Euro zwischen Herrn Dr. Nowak und Herrn Blumentritt voraus.

Tatbestandsmerkmal: Ein Kaufvertrag gem. § 433 BGB setzt das Vorliegen einer Einigung, also von zwei übereinstimmenden Willenserklärungen, dem Angebot und die Annahme, gem. § 151 S. 1 HS. 1 BGB voraus. (Es schließen sich ggf. die Ausführungen zu Angebot und Annahme an). Folglich liegt ein wirksamer Kaufvertrag zwischen Herrn Dr. Nowak und Herrn Blumentritt vor.

Rechtshindernde Einwendungen: Mangels rechtshindernder Einwendungen (vorliegend liegen keinerlei Anhaltspunkte dafür vor, die eine Prüfung von diesen rechtfertigen würden) ist der Anspruch auf Kaufpreiszahlung in Höhe von 500,00 Euro zwischen Herrn Dr. Nowak und Herrn Blumentritt entstanden.

Anmerkung: An dieser Stelle wären nun noch Aussagen dahingehend zu treffen, ob der Anspruch eventuell aufgrund von rechtsvernichtenden Einwendungen untergegangen ist, z.B. aufgrund der bereits getätigten Kaufpreiszahlung durch Herrn Blumentritt. Anschließend müsste noch dargestellt werden, ob der Anspruch noch durchsetzbar ist, indem ihm keine rechtshemmenden Einwendungen, also Einreden, entgegenstehen.

Ergebnis: Herr Dr. Nowak kann von Herrn Blumentritt die Zahlung des Kaufpreises von 500,00 Euro für den Computer gem. § 433 II BGB verlangen.

II. ANSPRUCH UNTERGEGANGEN

Liegen keine rechtshindernden Einwendungen vor, so ist der Anspruch entstanden. Nur in diesem Fall ist zu prüfen, ob der Anspruch untergegangen ist. Dafür bedarf es der Überprüfung von rechtsvernichtenden Einwendungen. Insbesondere kommen folgende rechtsvernichtende Einwendungen in Betracht:

- wirksame Anfechtung (§ 142 I BGB, beachte: rechtshindernde Wirkung)
- Unmöglichkeit (§ 275 I BGB)
- Rücktritt (§ 346 BGB)

- Widerruf bzw. Rückgabe (z.B. § 355 BGB)
- Kündigung (z.B. § 626 BGB)
- auflösende Bedingung (§ 158 II BGB)
- Tod bei höchstpersönlichem Anspruch (§§ 520, 613, 673, 727 BGB)
- Wegfall der Geschäftsgrundlage (§ 313 BGB)
- Aufrechnung (§§ 387 ff. BGB)
- Erfüllung (§ 362 I BGB) und Erfüllungssurrogate (§ 364 BGB)

Hat im vorgenannten Fall Herr Blumentritt z.B. die Zahlung bereits vorgenommen, so ist der Anspruch von Herrn Dr. Nowak zwar entstanden, jedoch ist dieser aufgrund des Vorliegens der rechtsvernichtenden Einwendung untergegangen. Das zu formulierende Endergebnis würde dann also lauten:

> *Herr Dr. Nowak kann die Zahlung von 500,00 Euro für den Computer nach § 433 II BGB nicht von Herrn Blumentritt verlangen.*

Sind keine Anhaltspunkte für das Vorliegen einer rechtsvernichtenden Einwendung aus dem Sachverhalt ersichtlich, so wird in der Regel von den Prüfenden verlangt, dass dies im Urteilstil kurz festgestellt wird. Der zu Prüfende hat daher wie folgt zu formulieren: Mangels Vorliegens von rechtsvernichtenden Einwendungen ist der Anspruch auch nicht untergegangen.

III. ANSPRUCH DURCHSETZBAR

Liegen keine rechtsvernichtenden Einwendungen vor, ist der Anspruch also nicht untergegangen, so ist zu prüfen, ob der Anspruch auch durchsetzbar ist. Ist im vorliegenden Fall also die Kaufpreisforderung von Herrn Dr. Nowak älter als drei Jahre, so ist der Anspruch auf Kaufpreiszahlung zwar entstanden und nicht untergegangen, jedoch aufgrund der rechtshemmenden Einwendung der Verjährung nicht mehr durchsetzbar. Da sich der Schuldner in diesem Fall auf die Verjährung vor Gericht berufen muss, werden die rechtshemmenden Einwendungen auch als Einreden bezeichnet. Liegen keine Anhaltspunkte im Sachverhalt für das Vorliegen einer rechtshemmenden Einwendung vor, so ist auch dieses wiederum vom Prüfling festzustellen, in dem z.B. formuliert wird: Mangels rechtshemmender Einwendungen ist der Anspruch auch durchsetzbar. Selbstverständlich können bei Nichtvorlage von rechtsvernichtenden und rechtshemmenden Einwendungen, diese Aussagen in einen Satz zusammengefasst werden: Mangels rechtsvernichtender und rechtshemmender Einwendungen ist der Anspruch auch nicht untergegangen und durchsetzbar.

Ist der Anspruch auch durchsetzbar, so endet das Gutachten mit der Feststellung, dass der Antragsteller den von ihm geltend gemachten Anspruch gegen den Antragsgegner besitzt.

Rechtshemmende Einwendungen (Einreden) werden unterschieden in dauerhafte (peremptorische) und zeitweilige (dilatorische) Einreden. Während beispielsweise nach Eintritt der Verjährung dem Anspruchsteller faktisch keine Möglichkeit mehr zukommt, die Durchsetzung des Anspruchs gegen den Willen des Anspruchsgegners zu erzwingen, wird die Durchsetzung von zeitweiligen Einreden nur für eine bestimmte Zeit oder bis zum Eintritt eines bestimmten Ereignisses hinausgeschoben.

1. Dauerhafte Einreden

Die sog. peremptorischen Einreden spielen in der Ausbildung eine ebenso relevante Rolle, wie die dilatorischen Einreden – die wohl zentralsten Beispiele sind die Verjährungseinrede, der § 275 BGB mit seinem zweiten und seinem dritten Absatz sowie die Bereicherungseinrede i.S.d. § 821 BGB.

a. Verjährung (§ 214 I BGB)

Sind Anhaltspunkte im Sachverhalt erkennbar, die darauf hindeuten, dass bereits ein längerer Zeitraum zwischen Handlung und Beurteilungszeitpunkt verstrichen ist, sind bei der Prüfung der Durchsetzbarkeit des Anspruches die jeweils anwendbaren Verjährungsvorschriften zu identifizieren. So kann sich die Fristdauer z.B. aus Vereinbarungen, aus spezialgesetzlicher Regelung wie § 438 BGB oder aus der Regelverjährung gem. § 195 BGB von drei Jahren ergeben. Zunächst ist dabei der konkrete Fristbeginn der Verjährung festzulegen, der sich aus einer spezialgesetzlichen Regelung ergeben kann. Im Übrigen beginnt die Verjährung mit Entstehung des Anspruchs gem. § 200 BGB. Bei Anwendung der Regelverjährung beginnt die Verjährung am Ende des Jahres, in dem der Anspruch entstanden ist und Kenntnis bzw. Kennenmüssen beim Gläubiger eingetreten ist § 199 I BGB (beachte zudem § 199 II–V BGB). Das Fristende ergibt sich grundsätzlich mit dem Ablauf der Fristdauer ab Fristbeginn (ggf. unter Berücksichtigung der §§ 187 ff. BGB).

Hinsichtlich des Verjährungseintritts muss die Möglichkeit der Hemmung der Verjährung untersucht werden. Diese kann sich aus Spezialgesetzen (z.B. §§ 479, 771 S. 2 BGB, ansonsten aus §§ 203 ff., 213 BGB ergeben. Im Unterschied zu den Fällen, die einen Neubeginn der Verjährung zum Inhalt haben (siehe §§ 212, 213 BGB), wird bei der Hemmung der Verjährung gem. § 209 BGB nur der Zeitraum, während dessen die Verjährung gehemmt wird, nicht in die Verjährungsfrist eingerechnet.

b. Faktische und praktische Unmöglichkeit (§ 275 II BGB)

Kann der Schuldner die Leistung nach § 275 II BGB verweigern, wird vertreten, dass der Anspruch bestehen bleibt, diesem jedoch eine dauerhafte Einrede entgegensteht. Als klassisches Beispiel für diese Fallgruppe dient der Ring auf dem Meeresgrund, dessen Bergung nicht objektiv unmöglich ist, also gerade nach den Gesetzen von Naturwissenschaft und

Technik noch erbracht werden kann, aber aufgrund extrem teuren Spezialgerätes dem Schuldner unter wirtschaftlichen Gesichtspunkten nicht zumutbar ist. Diese Fallgruppen werden deswegen auch als „wirtschaftliche Unmöglichkeit“ bezeichnet. Für die Beurteilung ist also ein Vergleich zwischen dem Aufwand der Leistungserbringung und dem Interesse des Gläubigers an der Leistung zu ziehen. Auch wird vertreten, dass es sich bei § 275 II BGB um eine rechtsvernichtende Einwendung handelt und das Charakteristikum der „Rechtsvernichtung“ erlaubt, § 275 II BGB auch im Anspruchsuntergang zu prüfen.

c. Unzumutbarkeit der persönlich zu erbringenden Leistung (§ 275 III BGB)

Hat der Schuldner aufgrund eines Arbeits-, Dienst- oder Werkvertrages Leistungen persönlich zu erbringen und kann ihm dieses unter Abwägung des seiner Leistung entgegenstehenden Hindernisses mit dem Leistungsinteresse des Gläubigers nicht zugemutet werden, so steht ihm auch in diesem Fall ein dauerhaftes Leistungsverweigerungsrecht zu.

d. Bei Mängelansprüchen (§§ 438 IV 2, V, 634a IV 2, V BGB)

Nach Anschluss eines Kauf- oder Werkvertrages steht dem Käufer bzw. dem Besteller ein dauerhaftes Leistungsverweigerungsrecht zu, auch wenn der Rücktritt nach § 218 I BGB unwirksam ist.

e. Bereicherungseinrede (§ 821 BGB)

Wer ohne rechtlichen Grund eine Verbindlichkeit eingeht, kann die Erfüllung auch dann verweigern, wenn der Anspruch auf Befreiung von der Verbindlichkeit verjährt ist.

f. Einrede der unerlaubten Handlung (§ 853 BGB)

Hierbei handelt es sich um einen gesetzlich geregelten Anwendungsfall der unzulässigen Rechtsausübung. So kann der Verletzte, demgegenüber jemand aufgrund der von ihm begangenen unerlaubte Handlung eine Forderung gegenüber dem Verletzten erlangt hat, die Erfüllung auch dann verweigern, wenn der Anspruch auf Aufhebung der Forderung verjährt ist.

2. Zeitweilige Einreden

Bei dilatorischen Einreden wird die Durchsetzung eines Anspruches nur für eine bestimmte Zeit hinausgeschoben. Fordert z.B. der Käufer die Lieferung des Kaufgegenstandes, so kann der Verkäufer die Lieferung solange verweigern, bis der Käufer die Zahlung vornimmt.

a. Zurückbehaltungsrecht (§ 273 BGB)

Hat der Schuldner aus demselben rechtlichen Verhältnis, auf dem seine Verpflichtung beruht, einen fälligen Anspruch gegen den Gläubiger, so kann er, sofern sich nicht aus dem Schuldverhältnis etwas anderes ergibt, die geschuldete Leistung verweigern, bis die ihm gebührende Leistung bewirkt wird (Zurückbehaltungsrecht). Ist eine entsprechende Klage vor Gericht anhängig, wird gem. § 274 BGB eine Zug-um-Zug Verurteilung erfolgen. Hierfür sind folgende Voraussetzungen zu prüfen:

- Geltendmachung eines Anspruchs durch den Gläubiger,
- fälliger wirksamer Gegenanspruch des Schuldners,
- Konnexität der Ansprüche, d.h., sie entstammen demselben rechtlichen Verhältnis, oder eine Durchsetzung des Anspruchs ohne Rücksicht auf den Gegenanspruch würde gegen die Grundsätze des § 242 BGB verstoßen,
- kein Ausschluss des Zurückbehaltungsrechts (z.B. vertraglich oder §§ 570, 578 I, 581 II, 596 II BGB) und
- Berufung des Schuldners auf das Zurückbehaltungsrecht.

b. Einrede der Nichterfüllung des Vertrags (§ 320 BGB)

Bei Vorliegen eines gegenseitigen Vertrages ist nicht auf § 273 BGB, sondern auf § 320 BGB abzustellen. So kann derjenige, der aus einem gegenseitigen Vertrag verpflichtet ist, die ihm obliegende Leistung bis zur Bewirkung der Gegenleistung verweigern, es sei denn, dass er vorzuleisten verpflichtet ist. Auch in diesem Fall erfolgt bei Vorliegen des Zurückbehaltungsrechts lediglich eine Verurteilung Zug-um-Zug gem. § 322 BGB. Es gelten folgende Voraussetzungen:

- Gegenseitiger Vertrag
- Nichterbringung der Leistung durch den Gläubiger
- Schuldner hat einen wirksamen und fälligen Gegenanspruch und ist nicht vorleistungspflichtig
- Eigene Vertragstreue des Schuldners
- Kein Ausschluss aus Vertrag oder § 242 BGB
- Berufung des Schuldners auf sein Leistungsverweigerungsrecht

c. Vertragliche Stundung (§ 205 BGB, Hinausschieben der Fälligkeit einer Forderung)

Die Verjährung ist gehemmt, solange der Schuldner auf Grund einer Vereinbarung mit dem Gläubiger vorübergehend zur Verweigerung der Leistung berechtigt ist, diese Vereinbarung wird Stundung genannt.

d. Einreden des Bürgen (§§ 770, 771 BGB)

Der Bürge kann die Befriedigung des Gläubigers verweigern, solange dem Hauptschuldner das Recht zusteht, das seiner Verbindlichkeit zugrunde liegende Rechtsgeschäft anzufechten. Die gleiche Befugnis hat der Bürge, solange sich der Gläubiger durch Aufrechnung gegen eine fällige Forderung des Hauptschuldners befriedigen kann. Der Bürge kann die Befriedigung des Gläubigers verweigern, solange nicht der Gläubiger eine Zwangsvollstreckung gegen den Hauptschuldner ohne Erfolg versucht hat (Einrede der Vorausklage). Erhebt der Bürge die Einrede der Vorausklage, ist die Verjährung des Anspruchs des Gläubigers gegen den Bürgen gehemmt, bis der Gläubiger eine Zwangsvollstreckung gegen den Hauptschuldner ohne Erfolg versucht hat.

e. Einrede des Notbedarfs bei einer Schenkung (§ 519 BGB)

Der Schenker ist berechtigt, die Erfüllung eines schenkweise erteilten Versprechens zu verweigern, soweit er bei Berücksichtigung seiner sonstigen Verpflichtungen außerstande ist, das Versprechen zu erfüllen, ohne dass sein angemessener Unterhalt oder die Erfüllung der ihm kraft Gesetzes obliegenden Unterhaltspflichten gefährdet wird.

Treffen die Ansprüche mehrerer Beschenkten zusammen, so geht der früher entstandene Anspruch vor.

3. Unzulässige Rechtsausübung (§ 242 BGB)

Der Geltendmachung eines Rechts können die Grundsätze von Treu und Glauben nach § 242 BGB entgegenstehen. Dies ist insbesondere bei folgenden Konstellationen der Fall:

- Das Recht wurde durch ein treuwidriges Verhalten des Gläubigers erworben.
- Die Rechtsausübung würde gegen die Ratio des Rechts sprechen.
- Die Rechtsausübung steht im Widerspruch zu früherem Verhalten, insbesondere bei Fällen der Verwirkung.
- Die verlangte Leistung müsste aus einem anderen Rechtsverhältnis alsbald zurückerstattet werden.

Liegen keine rechtsvernichtenden Einwendungen vor, ist der Anspruch also nicht untergegangen, so ist nunmehr zu prüfen, ob der Anspruch auch durchsetzbar ist. Hierzu bedarf es der Überprüfung von rechtshemmenden Einwendungen, die auch als Einreden bezeichnet werden. Hierzu zählen:

- Verjährung (§ 214 I BGB)
- Einrede der Nichterfüllung eines gegenseitigen Vertrags (§ 320 BGB)
- Zurückbehaltungsrecht (§ 273 BGB)

- Verweigerung der Nacherfüllung (§ 439 IV BGB)
- Verweigerung der Leistung (§ 275 II, III BGB)
- unzulässige Rechtsausübung (§ 242 BGB)

Ist im vorliegenden Fall also die Kaufpreisforderung von Herrn Dr. Nowak älter als drei Jahre, so ist der Anspruch auf Kaufpreiszahlung zwar entstanden und nicht untergegangen, jedoch aufgrund der rechtshemmenden Einwendung der Verjährung nicht mehr durchsetzbar. Da sich der Schuldner in diesem Fall auf die Verjährung vor Gericht berufen muss, werden die rechtshemmenden Einwendungen auch als Einreden bezeichnet. Liegen keine Anhaltspunkte im Sachverhalt für das Vorliegen einer rechtshemmenden Einwendung vor, so ist auch dieses wiederum vom Prüfling festzustellen, in dem z.B. formuliert wird: Mangels rechtshemmender Einwendungen (Einreden) ist der Anspruch auch durchsetzbar. Selbstverständlich können bei Nichtvorlage von rechtsvernichtenden und rechtshemmenden Einwendungen, diese Aussagen in einen Satz zusammengefasst werden: Mangels rechtsvernichtender und rechtshemmender Einwendungen (Einreden) ist der Anspruch auch nicht untergegangen und durchsetzbar.

Ist der Anspruch auch durchsetzbar, so endet das Gutachten mit der Feststellung, dass der Antragsteller den von ihm geltend gemachten Anspruch gegen den Antragsgegner besitzt.

TEIL 2: ALLGEMEINER TEIL

Im folgenden Kapitel geht es um Erörterungen zum grundlegenden Fundament des Bürgerlichen Gesetzbuches, dem Rückgrat der des Gesetzbuches, das in der Fachterminologie als der „Allgemeine Teil" bezeichnet wird. Dieses Kapitel, das als Ausgangspunkt für sämtliche privatrechtlichen Regelungen und Rechtsverhältnisse fungiert, ist von essenzieller Bedeutung für das Verständnis und die Anwendung des gesamten bürgerlichen Rechts.

Der „Allgemeine Teil" des Bürgerlichen Gesetzbuches beinhaltet nicht nur die grundlegenden Konzepte und Regelungen, die das Bürgerliche Gesetzbuch durchdringen, sondern dient auch als Regelungsteil hinsichtlich der Auslegung und Anwendung der Vorschriften in den speziellen Teilen des Gesetzes. In diesem Zusammenhang beschäftigt sich der zweite Teil des Werkes mit den fundamentalen Prinzipien des Gesetzes wie der Rechtsfähigkeit, der Geschäftsfähigkeit, der Abgabe und dem Zugang von Willenserklärungen, der Anfechtung von Willenserklärungen i.S.d. §§ 119 ff. BGB sowie der Stellvertretung.

A. RECHTSSUBJEKTE UND RECHTSOBJEKTE

Anhand der Rechtsordnung wird das Zusammenleben von Menschen geregelt. Es bestehen für diese Rechte und Pflichten. Der Träger dieser Rechte und Pflichten wird als Rechtssubjekt bezeichnet. Nach § 1 BGB ist der Mensch rechtsfähig, er kann also z.B. Eigentümer eines Grundstücks sein, da die Rechtsordnung ihm das Eigentumsrecht zugesteht. Neben den natürlichen Personen hat die Rechtsordnung auch juristischen Personen die Eigenschaft zugebilligt, Inhaber von Rechten sein zu können. Während die natürlichen Personen ihre Rechtsfähigkeit mit der Vollendung der Geburt erlangen, sind diese von der Rechtsordnung geschaffenen Gebilde aufgrund eines staatlichen Aktes in die Rolle versetzt, Träger von Rechten und Pflichten sein zu können. Zu den juristischen Personen des öffentlichen Rechts zählen Stiftungen, Anstalten und Körperschaften des öffentlichen Rechts. Dagegen gehören u.a. Vereine und Kapitalgesellschaften wie AG und GmbH den juristischen Personen des Privatrechts an. Personengesellschaften wie OHG und KG genießen zumindest eine Teilrechtsfähigkeit, selbst der GbR wird heute eine Art von Rechtsfähigkeit zuerkannt.

Rechtsobjekte sind hingegen das Ziel der handelnden Rechtssubjekte. Rechtsobjekte können körperliche Gegenstände i.S.d. § 90 BGB, Tiere i.S.d. § 90a BGB oder nicht körperliche Gegenstände (Rechte) sein.

B. RECHTSGESCHÄFTSLEHRE

Die Möglichkeit auf den Bestand von Rechtsverhältnissen durch Entstehung, Veränderung oder Erlöschen einzuwirken, beruht entweder auf Gesetz oder auf Rechtsgeschäfte. So kann das Gesetz z.B. Rechtsverhältnisse entstehen lassen, wenn der Finder einer Sache nach sechs Monaten gem. § 973 BGB Eigentümer der Sache wird. Auch können deliktische Handlungen einer Person Rechtsgüter anderer verletzen und somit Schadensersatzforderungen per Gesetz auslösen. Aber auch vom menschlichen Willen getragene Handlungen, die einen bestimmten rechtlichen Erfolg herbeiführen sollen (Rechtsgeschäft), nehmen Einfluss auf den Bestand von Rechtsverhältnissen. Abzugrenzen sind die Rechtsgeschäfte von Realakten und Gefälligkeitsverhältnissen, die hingegen keine vom Willen getragenen rechtlichen Folgen herbeiführen.

Unterschieden werden Rechtsgeschäfte in einseitige und mehrseitige Rechtsgeschäfte. Maßgebend ist dabei die Anzahl der für das Rechtsgeschäft erforderlichen Willenserklärungen. Ein einseitiges Rechtsgeschäft stellt z.B. das Gestaltungsrecht der Anfechtung gem. §§ 119 ff. BGB, des Rücktritts gem. §§ 346 ff. BGB oder der Aufrechnung gem. §§ 387 ff. BGB dar. Hier erklärt eine Person ihren Willen, wodurch auf ein bestehendes Rechtsverhältnis eingewirkt wird. So wird z.B. ein Vertragsverhältnis zwischen zwei Personen aufgrund des Gestaltungsrechts einer Kündigung beendet, ohne dass es einer Handlung oder Willensentäußerung des Vertragspartners bedarf.

Bei mehrseitigen Rechtsgeschäften wie z.B. bei einem Vertrag gem. § 311 I BGB bedarf es hingegen zumindest zweier Willenserklärungen, abhängig von der Anzahl der Vertragspartner.

I. WIRKSAMKEIT VON WILLENSERKLÄRUNGEN

Um per Rechtsgeschäft auf den Bestand von Rechten einzuwirken, bedarf es zumindest einer Willenserklärung. Im Regelfall soll eine Änderung aber per Vertrag erfolgen, so dass sogar zumindest zwei Willenserklärungen notwendig sind. Bei Vorliegen eines Vertrages heißt die erste Willenserklärung Angebot oder Antrag gem. §§ 145 ff. BGB.

Ein Antrag ist eine empfangsbedürftige Willenserklärung und damit jedes äußere Verhalten, das den Schluss auf einen bestimmten Geschäftswillen (Handlungswillen, Rechtsbindungswillen und Willen zu einem bestimmten Geschäft, also Geschäftswillen) zulässt. Dabei muss die Willenserklärung die wesentlichen Vertragsbestandteile, die sog. essentialia negotii: Vertragspartner, Vertragsgegenstand und Preis, beinhalten, sodass der Vertragsschluss durch bloße Bejahung zustande kommt (§§ 145 ff. BGB).

Da die Willenserklärung vom menschlichen Willen abhängt ist, bedarf es zunächst einer gewollten Abgabe der Erklärung. Hierfür muss sie vom Erklärenden willentlich so auf den Weg gebracht worden sein, dass er bei ungestörtem Ablauf nichts mehr tun muss, damit sie dem Adressaten zugeht. Da es sich beim Angebot um eine empfangsbedürftige Willenserklärung handelt, braucht es für die Wirksamkeit des Angebots auch des Zugangs beim Empfänger. Bei einer Willenserklärung unter Abwesenden (z.B. das Angebot wird per Post verschickt) ist auf § 130 I 1 BGB direkt abzustellen, bei einer Willenserklärung unter Anwesenden wird § 130 I 1 BGB analog zur Anwendung gebracht.

Für einen Zugang muss die Willenserklärung in den Herrschaftsbereich des Adressaten gelangt sein, z.B. das schriftliche Angebot wurde in den Briefkasten des Empfängers eingeworfen, und es muss die Möglichkeit der Kenntnisnahme durch den Adressaten oder seines Vertreters bestehen. Bei einem Zugang an Unternehmen ist dabei hinsichtlich des Zugangszeitpunkts auf Ladenöffnungszeiten zu achten. Eine tatsächliche Kenntnisnahme ist für die Wirksamkeit der Willenserklärung nicht erforderlich.

Sind die vorstehenden Voraussetzungen gegeben, liegt nun ein wirksamer Antrag einer Person vor. Da es sich bei einem Vertrag um ein zumindest zweiseitiges Rechtsgeschäft handelt, bedarf es einer weiteren Willenserklärung, welche im vertraglichen Kontext Annahme heißt. Eine Annahme ist eine empfangsbedürftige Willenserklärung, die sich inhaltlich mit dem Antrag deckt und innerhalb der Annahmefrist erklärt wird (§§ 147 ff. BGB). Liegt eine entsprechende Willenserklärung vor, so muss auch diese wirksam sein. Gegenüber Abwesenden richtet sich die Beurteilung der Wirksamkeit wiederum nach § 130 I 1 BGB. Außerdem ist danach die Rechtzeitigkeit der Annahme zu prüfen (§§ 147 ff. BGB).

Liegt keine verbale Annahme vor, stellt sich die Frage, ob das Schweigen des Empfängers nach Abgabe des Antrags durch den Erklärenden, als Willenserklärung gewertet werden kann. Ein derartiges Verhalten wäre z.B. in folgender Situation möglich: der Absender der Erklärung verkündet, dass er ein Angebot in Höhe von 500,00 Euro abgibt und er von der Annahme des Antrages durch den Empfänger ausgeht, wenn er nicht innerhalb von zwei Wochen von ihm etwas Widersprüchliches hört. Wenn sich der Empfänger nun innerhalb der Frist nicht erklärt, ist das Schweigen als Annahme des Antrages anzusehen?

Grundsätzlich hat das Schweigen keinen Erklärungsgehalt und ist daher nicht als Willenserklärung zu werten. Dennoch werden mit dem Schweigen teilweise gesetzliche Fiktionen verbunden, vgl.:

a) §§ 108 I 2, 177 II 2, 415 II 2, 516 II 2 BGB,
b) § 362 I HGB und
c) Schweigen auf ein kaufmännisches Bestätigungsschreiben (§ 346 HGB).

Liegt eine Willenserklärung vor, ist diese jedoch für den Empfänger nicht eindeutig gefasst, bedarf es der Auslegung der Willenserklärung gem. § 133 BGB. Selbst ein Vertrag bedarf unter Umständen bei der Zweifelhaftigkeit von Inhalten der Auslegung gem. § 157 BGB.

Für eine Auslegung von Willenserklärungen stehen mehrere Auslegungsmethoden zur Verfügung. Zunächst ist die Willenserklärung der natürlichen Auslegungsmethode des Erklärten (Feststellung des wahren Willens) zu unterziehen. Dabei wird der bestimmte Wille des Erklärenden, der vom Empfänger (trotz anderen Wortlauts) auch so verstanden wird, erforscht. Selbst wenn der Erklärende falsche rechtliche Begrifflichkeiten verwendet, darf nicht am Wortlaut der Erklärung festgehalten werden (*falsa demonstratio non nocet*, § 133 BGB).

Führt die natürliche Auslegung zu keinem Ergebnis, schließt sich die normative Auslegung an. Hierbei soll der objektive Erklärungswert festgestellt werden (erläuternd, einschränkend, erweiternd, berichtigend). Zunächst ist vom Wortlaut der Erklärung auszugehen. Abgestellt wird dabei auf den Empfängerhorizont: Wie durfte nach den ihm bekannten Umständen der Empfänger die Erklärung verstehen? Bei der Auslegung sind stets besondere Umstände des Einzelfalls (Interessenlage, Begleitumstände, Zweck der Willenserklärung, Verkehrssitte etc.) zu berücksichtigen.

Auch Verträge können gem. § 157 BGB auszulegen sein. Auch hier ist zunächst nach der natürlichen Auslegungsmethode der übereinstimmende wirkliche Wille zu erforschen. Kann keine Übereinstimmung festgestellt werden, so bedarf es wiederum der normativen Auslegungsmethode.

Zunächst ist vom Wortlaut des Vertrags auszugehen. Was wollten die Parteien (vernünftigerweise) mit dem Vertrag zum Ausdruck bringen? Hierbei sind die besonderen Umstände des Einzelfalls (Interessenlage, Begleitumstände, Zweck des Vertrags, Verkehrssitte, Treu und Glauben) zu berücksichtigen. Wird auch durch dieser Auslegungsmethode kein befriedigendes Ergebnis erzielt, ist auf die ergänzende Auslegungsmethode zurückzugreifen. Dabei wird wie folgt vorgegangen:

a) Vorliegen einer Vertragslücke bei einem Punkt, über den der Vertragszweck eine Regelung erfordert?
b) Schließbarkeit der Lücke (Feststellung eines hypothetischen Parteienwillens: Wie hätten die Parteien den offenen Punkt unter Berücksichtigung von Treu und Glauben geregelt?).

II. ANFECHTUNG VON WILLENSERKLÄRUNGEN

Die am häufigsten in der Klausur anzutreffende rechtsvernichtende Einwendung ist die Anfechtung. Sie ist in den §§ 119 ff. BGB geregelt und ein Gestaltungsrecht. Beachte dazu: Die Prüfung der Anfechtung erfolgt vorliegend als rechtsvernichtende Einwendung mit rechtshindernder Wirkung, vertreten wird in der Literatur auch die Prüfung der Anfechtung als rechtshindernde Einwendung gem. § 142 I BGB; beide Verortungen, also sowohl die Prüfung in der Anspruchsentstehung, als auch die im Anspruchsuntergang, sind damit vertretbar.

1. Zulässigkeit der Anfechtung

Grundsätzlich ist nur die eigene Willenserklärung anfechtbar. Eine Anfechtung ist z.B. für Prozesserklärungen nicht möglich. Immer wieder tauchen auch Formulierungen in Prüfungsleistungen auf, die die Anfechtung eines Vertrages zum Inhalt haben. Hier sollte der Prüfling genau formulieren und lediglich die Anfechtung des Angebotes oder der Annahme, also einer Willenserklärung und nicht des ganzen Vertrages, prüfen.

2. Anfechtungsgrund

Für eine Anfechtung muss einer der folgenden Anfechtungsgründe vorliegen.

a. Irrtum über den Inhalt einer Erklärung i.S.d. § 119 I Alt. 1 BGB

Ein Irrtum wird definiert als unbewusstes Auseinanderfallen von Willen und Erklärung (Differenz zwischen der Erklärung und dem, was der Erklärende mit der Erklärung zum Ausdruck bringen wollte).

Der Irrtum muss sich auf den Inhalt der Erklärung beziehen oder in der Erklärungshandlung selbst liegen. Beim Inhaltsirrtum wird bewusst ein Erklärungszeichen gesetzt, aber über die inhaltliche Bedeutung des Erklärungszeichens selbst geirrt. Klassisches Beispiel ist die Falschassoziation des Wortes „Dutzend" nicht mit der Anzahl von zwölf, sondern anderen Anzahlen. Das Wort „Dutzend" wird in diesen Fällen bewusst gesagt, geirrt wird aber über den Sinngehalt des bewusst verwendeten Erklärungszeichens. Anders liegt es beim Erklärungsirrtum, bei welchem schon das konkrete Erklärungszeichen nicht bewusst gesetzt wird.

b. Erklärungsirrtum i.S.d. § 119 I Alt. 2 BGB

Die klassischen Fallgruppen sind das Versprechen, Verschreiben oder Vergreifen. Dahingegen berechtigt ein Motivirrtum, d.h. ein Auseinanderfallen von Vorstellung und Wirklichkeit, der nur die Abgabe der Willenserklärung motiviert, nicht ihren Inhalt berührt oder ggf. ein Kalkulationsirrtum (Irrtum über die Berechnungsgrundlagen), nicht zu einer Anfechtung.

Von der Erheblichkeit des Inhalts- und Erklärungsirrtums ist auszugehen, wenn anzunehmen ist, dass die Willenserklärung bei Kenntnis der Sachlage und verständiger Würdigung des Falles nicht oder nicht so abgegeben worden wäre.

c. Irrtum über wesentliche Eigenschaften i.S.d. § 119 II BGB

Nicht anwendbar ist § 119 II BGB, insbesondere dann, wenn die als *lex specialis* geltenden Gewährleistungsregeln Anwendung finden, z.B. bei Vorliegen von Mängeln i.S.d. §§ 434, 633 BGB. Diese Abgrenzung kann in der Anwendbarkeit der Anfechtung vorgenommen werden und tritt ab dem Zeitpunkt des Gefahrübergangs ein. Ist also der Gefahrübergang bereits geschehen, soll wegen Mangelhaftigkeit einer Sache als Eigenschaft nicht mehr angefochten werden können, Hintergrund ist, dass die spezielleren und dezidierteren Regeln des besonderen Schuldrechts Anwendung finden sollen.

Gegenstand des Irrtums kann eine verkehrswesentliche Eigenschaft einer Person, einer Sache, eines Rechts, einer Forderung oder eines sonstigen Vermögenswertes sein. „Eigenschaften" i.S.d. § 119 Abs. 2 II BGB sind neben den natürlichen Beschaffenheiten auch sonstige tatsächliche oder rechtliche Verhältnisse, soweit sie für die Wertschätzung und Verwendbarkeit von Bedeutung sind und nicht nur vorübergehend unmittelbar anhaften. Die Verkehrswesentlichkeit einer Eigenschaft ist im Hinblick auf das konkret in Rede stehende Rechtsgeschäft zu bestimmen. Aus seinem Inhalt kann sich ergeben, dass bestimmte Eigenschaften wesentlich oder unwesentlich sind – grundsätzlich lässt sich sagen, dass eine Eigenschaft deswegen verkehrswesentlich ist, weil sie für wenigstens eine der Parteien bei dem oder für den Vertragsschluss relevant gewesen ist.

d. Unrichtige Übermittlung i.S.d. § 120 BGB

Ein dementsprechender Irrtum ist anzunehmen, wenn durch die Einschaltung eines Übermittlungsboten eine unbewusste unrichtige Übermittlung des Inhalts einer Willenserklärung erfolgt. Diese hat insofern bei Zugang einen anderen Inhalt als bei Abgabe der Erklärung.

e. Arglistige Täuschung i.S.d. § 123 I Alt. 1 BGB

Zunächst muss eine Täuschungshandlung über Tatsachen einen Irrtum erregen, verstärken oder unterhalten, wobei eine Kausalität zwischen Abgabe einer Willenserklärung und dem Irrtum bestehen muss. Hinzu tritt ein arglistiges Handeln, d.h. das Bewusstsein, dass die Willenserklärung ohne die Täuschung nicht oder mit einem anderen Inhalt abgegeben worden wäre, wobei Eventualvorsatz genügt.

Erfolgt die Täuschung durch einen Dritten, ist die Kenntnis des Erklärungsempfängers bzw. des Rechtinhabers von der Täuschung gem. § 123 II BGB erforderlich.

f. Widerrechtliche Drohung i.S.d. § 123 I Alt. 2 BGB

Aufgrund einer Drohung (Ankündigung eines empfindlichen Übels, dessen Eintritt der Handelnde aus der Sicht des Adressaten beeinflussen kann) wird jemand zur Abgabe einer Willenserklärung gezwungen. Dabei ist eine Kausalität zwischen Drohung und Abgabe der Willenserklärung und zudem Vorsatz erforderlich, weiterhin muss eine Widerrechtlichkeit (gemessen an Mittel, Zweck, Mittel-Zweck-Relation) gegeben sein.

3. Anfechtungserklärung

Die Anfechtung muss gegenüber dem richtigen Anfechtungsgegner, dem Vertragspartner oder dessen Rechtsnachfolger i.S.d. § 143 I, II BGB, erklärt werden. Dabei muss jedoch die Anfechtung nicht als solche bezeichnet werden, vielmehr muss aus dem Erklärten nur hervorgehen, dass sich der Erklärende von dem Erklärten lösen möchte, dies genügt für das Vorliegen einer Anfechtungserklärung. Gut vertretbar ist auch, in diesem Punkt eine Prüfung hinsichtlich des „richtigen Anfechtungsgegners" vorzunehmen.

4. Anfechtungsfrist

Die Anfechtung muss innerhalb der Anfechtungsfrist erklärt werden, also fristgerecht (§§ 121, 124 BGB). Im Regelfall muss die anfechtende Person also ohne schuldhaftes Zögern, also unverzüglich, nach Kenntnis vom Anfechtungsgrund seine Anfechtung gem. § 121 BGB erklären. Lediglich im Falle der arglistigen Täuschung steht ihm eine verlängerte Frist gem. § 124 BGB zu, da der Vertragspartner in diesem Fall nicht schutzwürdig ist.

5. Anfechtungsausschluss

Die Anfechtung darf ferner nicht ausgeschlossen sein. Dieses ist z.B. im Fall der Bestätigung § 144 BGB oder ggfs. nach Treu und Glauben i.S.d. § 242 BGB möglich.

6. Rechtsfolge der Anfechtung

Die Willenserklärung ist mit Wirkung *ex tunc* gem. § 142 I BGB nichtig (unter Umständen kann es auch nach der h.M. zur Geltung des wirklich Gewollten oder auch zur Teilnichtigkeit gem. § 139 BGB kommen).

In Betracht kommt ferner ein Schadensersatzanspruch des Anfechtungsgegners bei einer Anfechtung gem. §§ 119, 120, 122 BGB. Zudem können sich gegebenenfalls Ansprüche gem. §§ 812 ff. BGB ergeben, sodass die bereits erbrachten Leistungen zurückgefordert werden können.

Bei einem Fall des § 123 BGB bestehen ggf. auch Schadensersatzansprüche des Anfechtungsberechtigten gem. §§ 280 I, 311 II, 241 II BGB oder § 823 II BGB i.V.m. §§ 263 I, 240 StGB.

Merke: Die Anfechtung stellt die Ausübung eines Gestaltungsrechts dar, sie ist kein Anspruch! Speziell bei der Anfechtung bleibt explizit festzuhalten, dass ein anderer Aufbau vertretbar ist.

III. FORM UND NICHTIGKEIT

Grundsätzlich bestehen an der Abgabe einer Willenserklärung keine Formerfordernisses, so ist z.B. ein Kaufvertrag über ein Auto auch mündlich wirksam. Lediglich in den Fällen, in denen das Gesetz ein Formerfordernis normiert hat, ist auf dieses bei der Wirksamkeit der Willenserklärung einzugehen. Als gesetzlich vorgeschriebene Formen kommen in Betracht: die gesetzliche Schriftform gem. § 126 BGB, die elektronische Form gem. § 126a BGB als Ersatz für die Schriftform, die Textform gem. § 126b BGB, die notarielle Beurkundung gem. § 128 BGB und die öffentliche Beglaubigung gem. § 129 BGB.

Wird die gesetzlich normierte Form nicht eingehalten, so liegt grundsätzlich gem. § 125 S. 1 BGB eine Nichtigkeit vor. Es gibt jedoch auch davon per Gesetz abweichende Regelungen wie z.B. bei § 550 BGB bei Abschluss eines mündlichen Mietvertrages. Ebenso gibt es die Möglichkeit der Heilung durch Vollzug des Geschäfts wie z.B. in §§ 311b I 2, 494 II, 518 II, 766 S. 3 BGB. Wird hingegen die im Rechtsgeschäft vereinbarte Form nicht eingehalten, so führt das nach § 125 S. 2 BGB nur im Zweifel zur Nichtigkeit des Rechtsgeschäftes.

Nichtig sind auch Rechtsgeschäfte, die gem. § 134 BGB gegen ein gesetzliches Verbot verstoßen. Auch ist ein Rechtsgeschäft nach § 138 I BGB nichtig, wenn es gegen die guten Sitten verstößt oder es sich um ein Fall des Wuchers gem. § 138 II BGB handelt. Ausführungen zu diesen Bestimmungen dürfen vom Prüfling nicht schematisch in der Prüfungsleistung erbracht werden, vielmehr sind diese nur dann vorzunehmen, wenn der Sachverhalt hierzu Anlass bietet.

IV. RECHTSGESCHÄFTLICHE STELLVERTRETUNG I.S.D. §§ 164 FF. BGB

Nach § 164 BGB kann ein Vertreter eine Willenserklärung für den Vertretenen abgeben, die unter bestimmten Voraussetzungen dem Vertretenen zugerechnet wird. Zu prüfen ist die Vertretung im Rahmen der anzufertigenden Prüfungsleistung unmittelbar nach der Wirksamkeit der jeweiligen Willenserklärung. Es wird nämlich die Frage beantwortet, für wen die wirksame Willenserklärung denn letztendlich wirksam wird. Eine Zurechnung der vom Vertreter abgegeben Willenserklärung bedarf nach § 164 I BGB folgender Tatbestandsvoraussetzungen:

1. Zulässigkeit der Stellvertretung

Grundsätzlich ist eine Stellvertretung nur bei rechtsgeschäftlichen Handlungen zulässig; folglich ist diese nicht möglich bei höchstpersönlichen Rechtsgeschäften wie der Eheschließung oder der Testamentserrichtung.

2. Abgabe einer eigenen Willenserklärung

Der Vertreter gibt eine eigene Willenserklärung ab, die eine Rechtsfolge für eine andere Person entfalten soll. Eine Abgrenzung zum Boten erfolgt dadurch, dass eine eigene Willenserklärung vorliegt und nicht nur eine fremde Willenserklärung überbracht wird. Entscheidend ist hierbei, ob der handelnden Person ein eigener Entscheidungsspielraum zukommt, denn nur dann handelt es sich um einen Vertreter. Ein Bote überbringt hingegen lediglich eine fremde Willenserklärung.

3. Handeln im fremden Namen (Offenkundigkeitsprinzip)

Um nicht ein Eigengeschäft abzuschließen (vgl. § 164 II BGB) muss für den Empfänger der Willenserklärung offenkundig sein, dass der Handelnde die Willenserklärung und die damit verbundene Rechtsfolge für eine andere Person abgeben bzw. herbeiführen will.

Entweder muss dafür der Erklärende ausdrücklich erklären, dass er für jemand anderes handeln möchte, oder dieses muss sich gem. § 164 I 2 BGB aus den Umständen ergeben, wie einer konkludenten Erklärung z.B. dem Schreiben unter dem Briefkopf des Ladeninhabers.

Vom Offenkundigkeitsprinzip gibt es drei Ausnahmen:

a) Das Geschäft für den, den es angeht (ist dem Dritten gleichgültig, wer Vertragspartner wird, insbesondere bei Bargeschäften des täglichen Lebens, so bedarf es der Einhaltung des Offenkundigkeitsprinzips nicht)
b) Schlüsselgewalt des Ehegatten (§ 1357 BGB)
c) Fall der Namenstäuschung

4. Vertretungsmacht

Der Vertretene hat sich die Willenserklärung nur dann zuzurechnen, wenn der Vertreter über seine Vertretungsmacht verfügt. Diese Vertretungsmacht kann sich aus Gesetz z.B.

§ 35 GmbHG für den Geschäftsführer einer GmbH oder aus einem Rechtsgeschäft z.B. Auftrag gem. § 662 BGB ergeben.

a. gesetzliche Vertretungsmacht

Gesetzliche Vertreter sind z.B.: die Eltern für ihr Kind (§ 1629 BGB), der Vormund (§ 1793 BGB), der Betreuer (§ 1902 BGB), der Pfleger (§ 1909 BGB) oder auch Organe einer juristischen Person (der Vereinsvorstand gem. § 26 II 1 BGB, der Geschäftsführer einer GmbH gem. § 35 I GmbHG, der Vorstand einer AG gem. § 78 AktG, aber auch der Gesellschafter einer Personengesellschaft gem. §§ 125, 126, 161 HGB) oder der Hauptverwaltungsbeamte einer Kommune (§ 86 I 2 NKomVG).

Wichtig bei der Prüfung im Rahmen einer gesetzlichen Vertretungsmacht ist, dass z.B. im Falle der Handlung eines Geschäftsführers die Vertretung für die GmbH gem. § 164 BGB nicht bereits durch Vorliegen des § 35 GmbHG erfüllt ist, sondern lediglich das Tatbestandsmerkmal der Vertretungsmacht gesetzlich geregelt ist. Auch bei der Zurechnung der Willenserklärung eines Geschäftsführers sind zwingend die weiteren Voraussetzungen des § 164 BGB wie z.B. das Offenkundigkeitsprinzip zu prüfen.

b. rechtsgeschäftlich erteilte Vertretungsmacht (Vollmacht, § 166 II 1 BGB)

Im Falle einer rechtsgeschäftlich erteilten Willenserklärung ist zunächst zu prüfen, ob diese durch ein einseitiges Rechtsgeschäft wirksam erteilt worden ist. Zunächst müssen dafür die Voraussetzungen einer wirksamen Willenserklärung beachtet werden (s.o.).

Die Erteilung der Innenvollmacht gem. § 167 I Alt. 1 BGB erfolgt durch Erklärung gegenüber dem Vertreter oder, im Falle der Außenvollmacht gem. § 167 I Alt. 2 BGB dem Dritten gegenüber, mit dem der Vertrag abgeschlossen werden soll. Grundsätzlich ist die Erteilung formlos möglich (§ 167 II BGB). Jedoch ist bei Vornahme eines formbedürftigen Rechtsgeschäftes durch den Vertreter wie z.B. beim Abschluss eines notariellen Kaufvertrages über ein Grundstück das jeweilige Formerfordernis zu beachten.

Des Weiteren darf die Vollmacht nicht erloschen sein (§ 168 BGB). In diesem Zusammenhang kommen speziell auflösenden Bedingungen, Befristungen oder der Anfechtung besondere Bedeutung zu.

Eine Bindung des Vertretenen liegt selbst bei Vorliegen einer Vollmacht jedoch nur dann vor, wenn der Vertreter auch innerhalb der erteilten Vollmacht handelt. Überschreitet er hingegen den Rahmen seiner Vollmacht, liegt ein Handeln ohne Vertretungsmacht vor.

Bei Kaufleuten kann sich die Vollmacht ferner aus erteilter Prokura nach § 48 HGB, einer Handlungsvollmacht gem. § 54 HGB oder aus der Rechtsscheinvollmacht eines Ladenangestellten nach § 56 HGB ergeben.

Ist hingegen keine Vollmacht erteilt worden, so sind bei entsprechenden Anhaltspunkten (und nur dann!) die Duldungs- bzw. Anscheinsvollmacht zu prüfen. Die Voraussetzungen für das Vorliegen einer Duldungsvollmacht lauten:

- Auftreten eines Vertreters
- Der Vertretene kennt und duldet das Auftreten.
- Geschäftsfähigkeit des Vertretenen
- Der Dritte ist gutgläubig bezüglich der Vertretungsmacht (§ 173 BGB analog).
- Kausalität des Rechtsscheins für das Handeln des Dritten
- Rechtsfolge
  Der Vertretene wird so behandelt, als wenn eine Vollmacht vorläge (nach h.M.; nach m.M. konkludent erklärte Vollmacht).

Die Voraussetzungen für das Vorliegen einer Anscheinsvollmacht lauten:

- Auftreten eines Vertreters von gewisser Häufigkeit und Dauer
- Der Vertretene hätte dies bei pflichtgemäßer Sorgfalt erkennen und verhindern können.
- Geschäftsfähigkeit des Vertretenen
- Der Dritte ist gutgläubig bezüglich der Vertretungsmacht (§ 173 BGB analog).
- Kausalität des Rechtsscheins für das Handeln des Dritten
- Rechtsfolge
  Nach der h.M. wird der Vertretene so behandelt, als wenn eine Vollmacht vorläge (nach m.M. nur Haftung gem. §§ 280 I, 311 II, 241 II BGB).

5. Kein verbotenes Insichgeschäft (§ 181 BGB)

In seltenen Fällen kann das Vorliegen einer Vertretung dazu führen, dass der Vertreter mit sich selbst einen Vertrag abschließt. Dieses ist z.B. bei einer Fallkonstellation gegeben, wenn er persönlich von seinem Arbeitgeber etwas erwerben möchte, für den er als Vertreter eingesetzt ist. Ein solches Geschäft wird als Insichgeschäft bezeichnet. § 181 BGB sieht ein Verbot des Selbstkontrahierens oder der Mehrfachvertretung vor. Von dem Verbot wird lediglich eine Ausnahme für die Fälle zugelassen, bei denen ausschließlich eine Verbindlichkeit erfüllt wird (z.B. Gehaltszahlung des Prokuristen an sich selbst) oder bei denen das Rechtsgeschäft für den Vertretenen lediglich rechtlich vorteilhaft ist (§ 107 BGB analog).

6. Rechtsfolge einer wirksamen Vertretung

Liegen die Voraussetzungen des § 164 I 1 BGB vor, so wird die vom Vertreter abgegebene Willenserklärung dem Vertretenen zugerechnet. Dieser wird z.B. Vertragspartner, der Vertreter hat in seiner Person keine Rechtsfolge ausgelöst. Verstößt der Vertreter hingegen gegen das Offenkundigkeitsprinzip, dann hat er ein Eigengeschäft abgeschlossen. Im Fall des Nichtvorliegens einer Vertretungsmacht oder bei Überschreiten der Vertretungsmacht ist die Handlungsweise des Vertretenen gem. § 177 BGB ausschlaggebend. Genehmigt er das Rechtsgeschäft nicht, so sieht sich der Vertreter Ansprüchen gem. § 179 BGB ausgesetzt.

V. BEDINGUNG, BEFRISTUNG UND VERJÄHRUNG

Grundsätzlich werden Rechtsgeschäfte mit deren Abschluss wirksam. Etwas anderes kann jedoch dadurch erreicht werden, wenn das Rechtsgeschäft an eine Bedingung (auflösend oder aufschiebend) gem. § 158 BGB, eine Befristung (mit Anfangs- oder Endtermin) gem. § 163 BGB oder eine Auflage, z.B. die Zustimmung eines Dritten, geknüpft wird.

1. Bedingung

Wollen die Vertragspartner die Wirksamkeit des Rechtsgeschäfts von einem zukünftigen ungewisses Ereignis abhängig machen, so kann es an eine Bedingung gem. § 158 BGB geknüpft werden. Zu unterscheiden ist die aufschiebende Bedingung gem. § 158 I BGB von der auflösenden Bedingung gem. § 158 II BGB. Der Unterschied besteht darin, dass bei der aufschiebenden Bedingung die Wirksamkeit des Rechtsgeschäftes von dem Eintritt der Bedingung abhängt, während bei der auflösenden Bedingung die Wirksamkeit des Rechtsgeschäfts sofort eintritt, jedoch die Rechtswirkung mit dem Eintritt der Bedingung entfällt.

Als klassischer Fall der aufschiebenden Bedingung gilt der sog. Eigentumsvorbehalt gem. § 449 BGB. Bezahlt der Käufer die bestellte Ware noch nicht bei der Lieferung, so vereinbart der Verkäufer mit ihm in der Regel, dass dieser trotz erfolgter Lieferung erst Eigentümer der Ware werden soll, wenn der Kaufpreis vollständig bezahlt worden ist. Die Wirksamkeit der Einigung über den Eigentumsübergang wird also an die Bedingung der vollständigen Kaufpreiszahlung geknüpft. Ohne die Vereinbarung eines Eigentumsvorbehaltes wäre ansonsten der Käufer mit Lieferung der Ware deren Eigentümer geworden.

Wird hingegen im Testament für den überlebenden Ehegatten ein Verbot der Wiederverheiratung aufgenommen, so wird dieser zwar zunächst Erbe, jedoch verliert er seine Stellung durch eine erneute Heirat. Hierbei handelt es sich um eine auflösende Bedingung gem. § 158 II BGB.

2. Befristung

Das Rechtsgeschäft lässt sich weiterhin mit Hilfe einer Befristung gem. § 163 BGB zeitlich beschränken. So kann es sowohl an einen Anfangs- als auch Endtermin geknüpft werden. Im Gegensatz zu einer Bedingung ist das zukünftige Ereignis dabei gewiss.

Die Berechnung der Termine (Zeitpunkte) erfolgt in diesem Fall nach den §§ 186 ff. BGB. Das Rechtsgeschäft wird also am vereinbarten Termin wirksam bzw. unwirksam.

3. Verjährung

Im Gegensatz zur Bedingung und Befristung, wo die Wirksamkeit des Rechtsgeschäfts im Fokus steht, stellt die Verjährung eine zeitliche Grenze der Rechtsausübung dar. Ansprüche können von der Fälligkeit bis zum Eintritt der Verjährung geltend gemacht werden. Nach Eintritt der Verjährung hat der Vertragspartner ein Leistungsverweigerungsrecht gem. § 214 I BGB. Dieses zählt zu den rechtshemmenden Einwendungen, den sog. Einreden.

Die regelmäßige Verjährungsfrist beträgt nach § 195 BGB drei Jahre. Sie beginnt gem. § 199 I BGB mit dem Schluss des Kalenderjahres, in dem der Anspruch entstanden ist und der Gläubiger von den, den Anspruch begründenden Umständen und der Person des Schuldners Kenntnis erlangt oder ohne grobe Fahrlässigkeit erlangen müsste.

Neben der regelmäßigen Verjährungsfrist enthält der Allgemeine Teil des BGB für Ansprüche im Zusammenhang mit Grundstücken eine Verjährungsfrist von zehn Jahren gem. § 196 BGB und für Schadensersatzansprüche aus vorsätzlicher Körperverletzung, Herausgabeansprüche aus Eigentum u.a., aus rechtskräftig festgestellten Ansprüchen und aus vollstreckbaren Vergleichen von dreißig Jahren gem. § 197 I BGB.

Zu beachten ist ferner, dass das BGB in den weiteren Büchern als *lex specialis* weitere Verjährungsfristen beinhaltet, die der allgemeinen Regelverjährung vorgehen. Hierzu zählt z.B. die Gewährleistung im Kaufrecht gem. § 438 BGB oder die Gewährleistung im Werkvertragsrecht gem. § 634a BGB. In diesem Fall ist auch ein abweichender Verjährungsbeginn bei der entsprechenden Vorschrift normiert.

Um den Eintritt der Verjährung zu verhindern, sieht das Gesetz zwei Möglichkeiten vor: die Hemmung gem. § 209 BGB und den Neubeginn gem. § 212 BGB.

Bei der Hemmung gem. § 209 BGB wird ein bestimmter Zeitraum bei der Berechnung der Verjährung nicht mit eingerechnet. Dieses ist z.B. für den Zeitraum gegeben, in dem Verhandlungen zwischen dem Gläubiger und Schuldner gem. § 203 BGB bestehen oder gem. § 204 I 3 BGB ein Mahnbescheid zugestellt wird. Dagegen wird bei einem Verjährungsneubeginn die Verjährungsfrist neu zum Laufen gebracht. Dieses ist z.B. bei einem Anerkenntnis des Anspruchs durch Abschlagzahlung oder durch die Vornahme oder Beantragung einer gerichtlichen oder behördlichen Vollstreckungshandlung der Fall.

C. ÜBUNGSKLAUSUREN

Der nachfolgende Abschnitt zeigt zwei einfache Übungsklausuren zu Themen des allgemeinen Teils. Eine Ausarbeitung ist dabei lediglich durch Absätze strukturiert, die andere enthält Gliederungsebenen und Überschriften. An den allermeisten Universitäten und Hochschulen wird sich eine Art der Darstellung durchgesetzt haben, beide Möglichkeiten werden aber formal aktzeptanzfähig sein.

I. SACHVERHALT, MALEREI

Der Einzelunternehmer Herr David will sein Büro neu streichen lassen und bittet daher Malermeister Simon, von dem er ein Prospekt zugeschickt bekommen hatte, um ein Angebot. Dieser schaut sich das Büro an und übersendet am 29.05. ein Schreiben an Herrn David, dass er die Streicharbeiten am 10.06. für 2.340,00 Euro erledigen könnte. Herr David ruft ihn daraufhin am 30.05. an und bestätigt sowohl Preis als auch angedachten Ausführungstermin. Vor Ausführung der Arbeiten erhält Herr David jedoch am 31.05. ein weiteres Schreiben von Herrn Simon, in dem er sich vielfach für seinen Schreibfehler entschuldigt, er jedoch die Arbeiten lediglich zu einem Preis von 3.240,00 Euro ausführen könne. Er habe sich leider verschrieben und könne die Arbeiten lediglich zu dem höheren Preis erledigen, da die Farben bereits 1.500,00 Euro kosten würden. Kann Einzelunternehmer David von Malermeister Simon die Ausführung der Malerarbeiten zum Preis von 2.340,00 Euro verlangen?

II. LÖSUNGSVORSCHLAG, MALEREI

Einzelunternehmer David könnte einen Anspruch auf die Durchführung der Malerarbeiten zum Preis von 2.340,00 Euro gegen Malermeister Simon gem. § 631 I HS. 1 BGB haben. Dies ist der Fall, wenn der Anspruch entstanden, nicht untergegangen und durchsetzbar ist.

Dafür müsste der Anspruch zunächst entstanden sein. Dieses setzt das Vorliegen der Tatbestandsmerkmale der Anspruchsgrundlage voraus.

Zunächst müsste zwischen Herrn David und Herrn Simon ein wirksamer Werkvertrag gem. § 631 BGB über die Malerarbeiten zum Preis von 2.340,00 Euro geschlossen worden sein. Ein wirksamer Werkvertrag zwischen den Parteien bedarf zweier übereinstimmender Willenserklärungen, dem Antrag und der Annahme gem. § 151 S. 1 HS. 1 BGB.

Zunächst müsste ein Antrag gem. §§ 145 ff. BGB vorliegen. Ein Antrag ist eine empfangsbedürftige Willenserklärung, die mit erkennbarem Rechtsfolge-/ Rechtsbindungswillen auf den Abschluss eines Vertrages gerichtet ist; diese muss die wesentlichen Vertragsbestandteile, Vertragspartner, Gegenstand und Preis beinhalten, so dass der Empfänger der Willenserklärung den Vertrag mit einem einfachen „Ja" zustande kommen lassen könnte.

Das Zusenden des Prospektes der Firma Simon stellt nach allgemeiner Auffassung lediglich eine Aufforderung an potenzielle Kunden dar, ihrerseits einen Antrag gem. § 145 BGB abzugeben, es liegt eine *invitatio ad offerendum* vor. Es fehlt diesem Prospekt, das an eine unbestimmte Vielzahl potenzieller Kunden versandt wurde, der erkennbare Wille, sich bereits vertraglich endgültig binden zu wollen. So könnte es nämlich passieren, dass die konkrete Leistung nicht durchgeführt werden kann oder gegen einen einzelnen Kunden Bedenken bezüglich des Abschlusses eines Vertrages bestehen.

Dagegen enthält das Schreiben vom 29.05. von Herrn Malermeister Simon alle Bestandteile eines Antrages, die Vertragspartner, eine konkrete Bezeichnung des Leistungsgegenstandes und einen Preis von 2.340,00 Euro. Anhaltspunkte, die gegen das Vorliegen eines Rechtbindungswillen sprechen, sind nicht ersichtlich. Es liegt folglich ein Antrag von Herrn Malermeister Simon vor.

Dieses Angebot müsste gem. § 130 I 1 BGB auch wirksam sein, d.h. es müsste Herrn David zugegangen sein. Zugegangen ist eine Willenserklärung dann, wenn sie in den Herrschaftsbereich des Empfängers gekommen ist und dieser die Möglichkeit der Kenntnisnahme hatte. Da Herr David auf das Angebot telefonisch reagiert hat, kann von einem wirksamen Zugang ausgegangen werden. Daher ist das Angebot des Herrn Malermeister Simon auch wirksam.

Herr David könnte dieses Angebot im Rahmen seines Telefonates am 30.05. angenommen haben. Eine Annahme gem. §§ 147 ff. BGB ist eine empfangsbedürftige Willenserklärung, die sich inhaltlich mit dem Angebot deckt und die innerhalb der Annahmefrist erklärt wird. Hier erklärt Herr David im Rahmen seiner mündlichen Bestätigung, dass er mit dem Preis und dem Durchführungszeitpunkt einverstanden ist. Insofern deckt sich die Erklärung von deren Wortlaut mit dem Angebot, welche in der Annahmefrist ausgesprochen wurde. Ferner müsste die Annahme nach § 130 I 1 BGB analog auch zugegangen sein. Eine Erklärung am Telefon stellt eine Erklärung unter Anwesenden gem. § 147 I 2 BGB dar, insofern bedarf es der analogen Anwendung des § 130 I 1 BGB, welcher sich nur auf Willenserklärungen unter Abwesenden bezieht. Mangels entgegenstehender Anhaltspunkte ist auch die Annahme wirksam und es liegt ein wirksamer Werkvertrag über 2.340,00 Euro vor. Mangels rechtshindernder Einwendung gem. §§ 125, 134, 138 BGB ist der Anspruch somit entstanden.

Dem Anspruch könnte jedoch die rechtsvernichtende Einwendung der Anfechtung gem. § 142 BGB, welche rechtshindernde Wirkung entfaltet, entgegenstehen. Voraussetzung ist, dass Malermeister Simon seine Willenserklärung wirksam angefochten hat.

Anmerkung: Nach anderer Auffassung ist die Anfechtung eine rechtshindernde Einwendung und kann daher bereits bei der Anspruchsentstehung geprüft wird.

Ein anfechtbares Rechtsgeschäft liegt in der Willenserklärung des Malermeisters Simon vor. Da es sich hierbei nicht um ein höchstpersönliches Rechtsgeschäft handelt, ist die Anfechtung zulässig.

Für eine wirksame Anfechtung bedarf es eines Anfechtungsgrundes gem. §§ 119, 120 BGB oder 123 BGB. Vorliegend kommt ein Irrtum nach § 119 I BGB in Betracht, da das tatsächlich Erklärte vom Gewollten abweicht. So hat Malermeister Simon objektiv einen Preis von 2.340,00 Euro erklärt, wollte jedoch einen Preis von 3.240,00 Euro erklären. Folglich liegt ein Verschreiben vor, in dem er ein anderes Erklärungszeichen gesetzt hat als er setzen wollte, was zu der Annahme eines Erklärungsirrtum gem. § 119 I Alt. 2 BGB führt. Da Simon seine Erklärung bei Kenntnis der Sachlage und bei verständiger Würdigung des Einzelfalles nicht abgegeben hätte, ist der Irrtum auch für die Erklärung ursächlich geworden. So wollte Simon zu keinem Zeitpunkt eine Erklärung in Höhe von 2.340,00 Euro abgeben, da die Materialkosten bereits bei 1.500,00 Euro liegen. Dieser Irrtum lag auch bei Abgabe der Willenserklärung vor.

Für eine wirksame Anfechtung bedarf es ferner einer Anfechtungserklärung des Anfechtenden gegenüber dem Anfechtungsgegner gem. § 143 I BGB. Bei einer Anfechtungserklärung handelt es sich um eine einseitige empfangsbedürftige Willenserklärung, die erkennen lässt, dass der andere nicht am Rechtsgeschäft festhalten will. Dabei ist der tatsächliche Wille der Willenserklärung gem. § 133 BGB zu ermitteln, das Wort „Anfechtung" muss nicht genannt werden. Simon will die Arbeit nicht zu dem Preis von 2.340,00 Euro erbringen, folglich will er nicht am bisherigen Rechtsgeschäft festhalten. Diese Erklärung ist als Anfechtungserklärung auszulegen. Nach § 143 II BGB muss die Anfechtungserklärung an den richtigen Anfechtungsgegner gerichtet sein, was vorliegend beim Vertragspartner zutrifft.

Zudem ist nach § 121 BGB vom Anfechtenden die Anfechtungsfrist einzuhalten. So ist die Anfechtung gem. § 121 I 1 BGB unverzüglich, d.h. ohne schuldhaftes Zögern nach Erlangen der Kenntnis vom Irrtum zu erklären. Simon erfährt vom Irrtum und versendet am nächsten Tag ein weiteres Schreiben an David, folglich hat er sofort nach Kenntniserlangung die Anfechtung erklärt. Da eine Anfechtung auch nicht nach §§ 121 II, 144 BGB ausgeschlossen ist, liegen die Voraussetzungen einer wirksamen Anfechtung vor. Das Rechtsgeschäft wurde wirksam angefochten und ist damit von Anfang an gem. § 142 I BGB nichtig. Der Werkvertrag ist damit als von Anfang an nicht wirksam zustande gekommen zu betrachten. Der Anspruch ist damit faktisch untergegangen. Folglich hat David keinen Anspruch gegen Malermeister Simon auf Durchführung der Malerarbeiten gegen Zahlung einer Vergütung von 2.340,00 Euro gem. § 631 I HS. 1 BGB.

III. SACHVERHALT, PREIS PRO STUHL

Rechtsanwalt Dr. Nowak bestellt mit Schreiben vom 29.04. unter Bezugnahme auf ein Prospekt der Firma Blumentritt für seine Rechtsanwaltskanzlei zehn Stühle der Marke Soft zu einem Stückpreis von 690,00 Euro. Als gewünschter Liefertermin wird im Schreiben der 11.05. genannt. Mit Schreiben vom 02.05. teilt ihm die Firma Blumentritt mit, dass sie die Stühle bis spätestens zum 11.05. liefern werde, der Stückpreis belaufe sich auf 590,00 Euro. Dr. Nowak freut sich über den offenkundigen Preisnachlass und heftet das Bestätigungsschreiben ab. Die Stühle werden am 11.05. geliefert, Dr. Nowak überweist den Rechnungsbetrag von 5.900,00 Euro am gleichen Tag. Am 12.05. erhält Dr. Nowak ein Schreiben der Firma Blumentritt, in dem die Firma darauf hinweist, dass ihr ein bedauerlicher Irrtum passiert sei, da sich der Stückpreis der Stühle gemäß des Prospekts auf 690,00 Euro und nicht auf 590,00 Euro belaufe. Daher erfolge eine Rechnungskorrektur und Dr. Nowak müsse noch weitere 1.000,00 Euro bezahlen.

Kann Firma Blumentritt von Dr. Nowak die Bezahlung der 1.000,00 Euro verlangen?

IV. LÖSUNGSVORSCHLAG, PREIS PRO STUHL

Die Firma Blumentritt könnte einen Anspruch auf Zahlung gegen Rechtsanwalt Dr. Nowak in Höhe von weiteren 1.000,00 Euro gem. § 433 II BGB haben. Dies ist der Fall, wenn der Anspruch entstanden, nicht untergegangen und durchsetzbar ist.

1. Anspruch entstanden

Dafür müsste der Anspruch zunächst entstanden sein, dies ist der Fall, wenn die Tatbestandsmerkmale der Anspruchsgrundlage gegeben sind. Dieses setzt einen wirksamen Kaufvertrag gem. § 433 BGB zwischen der Firma Blumentritt und dem Rechtsanwalt Dr. Nowak über die gelieferten Stühle mit einer Kaufpreisvereinbarung von 6.900,00 Euro voraus. Ein wirksamer Kaufvertrag zwischen den Parteien bedarf einer Einigung, also zweier übereinstimmender Willenserklärungen, dem Antrag (auch: Angebot) und der Annahme gem. § 151 S. 1 HS. 1 BGB.

a. Antrag

Zunächst müsste ein Antrag gem. §§ 145 ff. BGB vorliegen. Ein Antrag ist eine empfangsbedürftige Willenserklärung, die einem anderen den Vertragsschluss so anträgt, dass das Zustandekommen des Vertrages nur noch von dessen Zustimmung abhängt.

Das Zusenden des Prospektes der Firma Blumentritt stellt nach allgemeiner Auffassung lediglich eine Aufforderung an potenzielle Kunden dar, ihrerseits einen Antrag gem. § 145 BGB abzugeben, eine sog. invitatio ad offerendum ist gegeben. Es fehlt diesem Prospekt, das an eine unbestimmte Vielzahl potenzieller Kunden versandt wurde, der erkennbare Wille, sich bereits vertraglich endgültig binden zu wollen. So könnte nämlich passieren, dass der eigene Vorrat möglicherweise nicht reicht oder gegen einen einzelnen Kunden Bedenken bezüglich des Abschlusses eines Vertrages bestehen.

Dagegen enthält das Bestellschreiben von Herrn Rechtsanwalt Dr. Nowak vom 29.04. alle Bestandteile eines Antrages, eine konkrete Bezeichnung des Leistungsgegenstandes, einen konkreten Preis, der sich aus der Anzahl der Stühle und der Preisliste von insgesamt 6.900,00 Euro ergibt und die Vertragspartner. Anhaltspunkte, die gegen das Vorliegen eines Rechtbindungswillen sprechen, sind nicht ersichtlich. Es liegt folglich ein Antrag von Herrn Rechtsanwalt Dr. Nowak vor.

Dieses Angebot müsste gem. § 130 I 1 BGB auch wirksam sein, d.h. es müsste Herrn Blumentritt zugegangen sein, Zugegangen ist eine Willenserklärung dann, wenn sie in den Herrschaftsbereich des Empfängers gekommen ist und dieser die Möglichkeit der Kenntnisnahme hatte. Da Herr Blumentritt auf die Bestellung postalisch reagiert hat, kann von einem wirksamen Zugang ausgegangen werden. Daher ist das Angebot des Herrn Dr. Nowak auch wirksam.

b. Annahme

Herr Blumentritt könnte dieses Angebot mit Schreiben vom 02.05. angenommen haben. Eine Annahme gem. §§ 147 ff. BGB ist eine empfangsbedürftige Willenserklärung, die sich inhaltlich und bedingungslos mit dem Angebot deckt. Hier erklärt sich Herr Blumentritt zwar mit der Lieferung einverstanden, jedoch will er zu einem geringeren Preis liefern. Insofern deckt sich die Erklärung von deren Wortlaut nicht mit dem Angebot und es könnte nach § 150 II BGB eine Ablehnung des Antrages des Herrn Dr. Nowak verbunden mit einem neuen Antrag an Herrn Dr. Nowack vorliegen.

Jedoch ist in einem derartigen Fall, bei dem der Verkäufer einen niedrigeren Preis akzeptiert als vom Käufer vorgeschlagen, die Willenserklärung des Käufers nach der h.M. nach §§ 133, 157 BGB nach objektiven Kriterien unter Berücksichtigung des Grundsatzes von Treu und Glauben auszulegen. So sei in der Abgabe eines höheren Gebotes durch den Käufer als der Verkäufer letztendlich verlangt, zugleich die Bereitschaft des Käufers enthalten, auch ein günstigeres Angebot zu akzeptieren. Von einem solchen Kundenwunsch muss üblicherweise auch der Verkäufer ausgehen, so dass letztendlich in dem Schreiben des Herrn Dr. Nowak, die Stühle für jeweils 690,00 Euro abzunehmen, auch der erkennbare Wille enthalten ist, dieselbe Ware für 590,00 Euro pro Stuhl zu akzeptieren. Folglich stimmt nach der h.M. die Annahmeerklärung des Herrn Blumentritts mit dem erkennbaren Willen des antragenden Dr. Nowak überein. Gegen die Wirksamkeit der Annahmeerklärung gem. § 130 I 1 BGB bestehen keine Bedenken, zumal das Schreiben bei Rechtsanwalt Dr. Nowak abgeheftet worden ist.

c. Zwischenergebnis

Zwischen Herrn Dr. Nowak und Herrn Blumentritt ist ein wirksamer Kaufvertrag über die zehn Stühle für 5.900,00 Euro gem. § 433 BGB geschlossen worden und wirksam zustande gekommen.

2. Anspruch nicht untergegangen

Weiterhin dürfte der Anspruch nicht untergegangen sein. Der Anspruch ist untergegangen, wenn eine rechtsvernichtende Einwendung besteht. Hier kommt die Erfüllung gem. § 362 BGB in Betracht. Zur Erfüllung bedarf es eines Bewirkens der geschuldeten Leistungspflicht. Bewirkt ist eine Leistung dann, wenn der Leistungserfolg durch Vornahme der Leistungshandlung eintritt. Hier sind die Stühle bezahlt worden. Damit ist die geschuldete Leistungspflicht bewirkt worden, Erfüllung ist eingetreten. Folglich ist der Anspruch untergegangen.

3. Ergebnis

Herr Blumentritt hat keinen Anspruch auf Zahlung von weiteren 1.000,00 Euro aufgrund des Kaufvertrages über die zehn Stühle gegen Herrn Dr. Nowak gem. § 433 II BGB.

Lösungsalternative: Wird im o.g. Übungsfall nicht der h.M. gefolgt, so liegt im Bestätigungsschreiben gem. § 150 II BGB ein neuer Antrag des Herrn Blumentritts über 590,00 Euro pro Stuhl vor. Dieser wurde konkludent durch die Anweisung des Zahlbetrages von Herrn Dr. Nowak angenommen. Einer besonderen Annahmeerklärung gegenüber Herrn Blumentritt bedurfte es gem. § 151 BGB nicht, da eine solche nach allgemeiner Verkehrssitte auf nur begünstigende Angebote nicht erforderlich ist. Da lediglich ein Kaufvertrag über 5.900,00 Euro besteht, ist auch nach dieser Auffassung kein Anspruch auf Zahlung von weiteren 1.000,00 Euro entstanden.

Wird die Anfechtung vom Prüfling bereits als rechtshindernde Einwendung geprüft, so liegt zwar eine wirksame Anfechtungserklärung gem. §§ 143 I, 133 BGB vor, jedoch würde eine wirksame Anfechtung gem. § 142 I BGB allenfalls den bestehenden Kaufvertrag entfallen lassen und keinen Anspruch auf die Zahlung von weiteren 1.000,00 Euro begründen können.

TEIL 3: SCHULDRECHT – ALLGEMEINER TEIL

Das zweite Buch des BGB enthält das „Recht der Schuldverhältnisse" und erstreckt sich auf die §§ 241–853 BGB.

Es ist dabei wiederum in einen allgemeinen Teil und einen besonderen Teil unterteilt, es wird zwischen dem allgemeinen und dem besonderen Schuldrecht unterschieden.

Im allgemeinen Teil sind zunächst allgemeingültige Regelungen enthalten, die auf alle im besonderen Teil des Schuldrechts geregelten Schuldverhältnisse Anwendung finden. Die Vorschriften des allgemeinen Schuldrechts finden sich in den §§ 241–432 BGB.

A. EINFÜHRUNG

§ 241 I 1 BGB beschreibt, dass ein Gläubiger kraft des Schuldverhältnisses berechtigt ist, von einem Schuldner eine Leistung zu fordern.

Ein Schuldverhältnis kann dabei durch ein Rechtsgeschäft begründet werden oder kraft Gesetzes entstehen.

I. GESETZLICHE SCHULDVERHÄLTNISSE

Gesetzliche Schuldverhältnisse, also solche, die kraft Gesetzes entstehen, finden sich unter anderem im zweiten Buch des BGB in den §§ 677 ff. BGB (Geschäftsführung ohne Auftrag), in den §§ 812–822 BGB (ungerechtfertigte Bereicherung), in den §§ 823–853 BGB (unerlaubte Handlung), also im besonderen Teil des Schuldrechts.

Ein Schuldverhältnis durch Rechtsgeschäft wird regelmäßig durch einen Vertrag begründet, § 311 I BGB, diese werden dann auch vertragliche Schuldverhältnisse genannt.

Die gängigen und häufigsten Vertragstypen finden sich im besonderen Schuldrecht/besonderen Teil des Schuldrechts wieder.

II. VERTRAGLICHE SCHULDVERHÄLTNISSE

Ein Schuldverhältnis durch Rechtsgeschäft entsteht gem. § 311 I BGB durch einen Vertrag. Ein Vertrag setzt als zweiseitiges oder auch mehrseitiges Rechtsgeschäft dabei voraus, dass eine Einigung, also mindestens zwei inhaltlich übereinstimmende Willenserklärungen vorliegen und die Parteien sich so einig sind, was Vertragsinhalt sein soll.

Nach den Verpflichtungen, die sich aus dem jeweiligen Vertrag ergeben, kann zwischen gegenseitigen Verträgen, auch vollkommen zweiseitig verpflichtende Verträge genannt, unvollkommen zweiseitig verpflichtenden Verträgen und einseitig verpflichtenden Verträgen unterschieden werden.

1. Gegenseitiger Vertrag

Ein gegenseitiger, auch vollkommen zweiseitig verpflichtender Vertrag genannt, beinhaltet für beide Vertragspartner Pflichten, die im Austauschverhältnis gegenüberstehen:

Ein Kaufvertrag wird geschlossen, damit der eine Vertragspartner die Sache bekommt, der andere Vertragspartner im Gegenzug dafür den Kaufpreis zahlt. Bei einem Mietvertrag gewährt der eine Vertragspartner den Gebrauch der Sache gegen die Zahlung einer Miete. Ein Unternehmer schuldet bei einem Werkvertrag die Herstellung des Werkes, der Besteller zahlt dafür eine Vergütung.

Der eine verspricht also eine Leistung um dafür eine andere zu erhalten. Viele Verträge, die im besonderen Schuldrecht geregelt sind, sind solche gegenseitigen Verträge.

> Ein gegenseitiger Vertrag darf nicht mit dem Vertragsschluss an sich verwechselt werden, der Vertrag bedarf zum Zustandekommen einer Einigung, also zwei übereinstimmender Willenserklärungen, ist also ein mehrseitiges Rechtsgeschäft. Die Gegenseitigkeit des Vertrags bezieht sich auf die Pflichten, die sich im Austauschverhältnis gegenüberstehen!

2. Unvollkommen zweiseitig verpflichtender Vertrag

Ein unvollkommen zweiseitiger Vertrag enthält vertragliche Verpflichtungen für beide Vertragspartner, diese stehen allerdings nicht in einem Austauschverhältnis.

Ein Beispiel dafür ist der Leihvertrag gem. § 598 BGB. Bei diesem Vertrag, der ebenfalls durch zwei übereinstimmende Willenserklärungen geschlossen wird, schuldet der Verleiher dem Entleiher die Überlassung der Sache zum Gebrauch. Am Ende der vereinbarten Leihzeit schuldet der Entleiher gem. § 604 BGB die Rückgabe der Sache.

Der Verleiher hat die Sache aber nicht verliehen, um sie im Gegenzug zurückzuerhalten, sondern hat dem Entleiher zunächst den Gebrauch der Sache unentgeltlich gestattet. Die Pflichten stehen sich somit nicht in einem Austauschverhältnis gegenüber.

3. Einseitig verpflichtender Vertrag

Bei einem einseitig verpflichtenden Vertrag trifft nur eine Vertragspartei eine Plicht: so muss, wenn die Parteien einen Schenkungsvertrag gem. §§ 516 ff. BGB geschlossen haben, der eine die Sache übergeben.

Bei einer Bürgschaft gem. § 765 BGB verpflichtet sich der Bürge, gegenüber dem Gläubiger für die Erfüllung einer Verbindlichkeit eines Dritten einzustehen.

Der Bürge erhält dafür aber keine Gegenleistung, nur für ihn entsteht einseitig eine Vertragspflicht.

III. INHALT VON VERTRAGLICHEN SCHULDVERHÄLTNISSEN

In einem vertraglichen Schuldverhältnis müssen die Parteien ihre vertraglich vereinbarten Leistungspflichten erfüllen, diese ergeben sich zunächst aus den wesentlichen Vertragsbestandteilen, über die sich die Parteien beim Vertragsschluss geeinigt haben. Das zwischen den Parteien bestehende Schuldverhältnis ist aber nicht auf die vereinbarten Pflichten beschränkt, vielmehr müssen die Verpflichtungen im Einzelfall durch Auslegung des Vertrags ermittelt werden, so dass auch Schutz- und Rücksichtnahmepflichten damit einhergehen und folglich zu schützen sind.

Diese den Parteien obliegenden Pflichten können daher in drei Gruppen unterteilt werden.

1. Hauptleistungspflichten

Die Pflichten, derentwegen der Vertrag geschlossen wurde, werden Hauptleistungspflichten genannt. Bei einem Kaufvertrag schuldet der Käufer die Zahlung des Kaufpreises und die Abnahme der Kaufsache, der Verkäufer die mangelfreie Übergabe und Übereignung der Kaufsache.

Ob sich weitere Hauptleistungspflichten ergeben, kann durch Auslegung zu ermitteln sein, wie zum Beispiel der Umfang der bestehenden Leistungspflichten oder wann und wo die Leistung zu erbringen ist. Hierzu finden sich beispielsweise Regelungen in §§ 243 BGB, ob etwa eine Gattungs- oder Stückschuld vereinbart wurde, Bestimmungen zur Leistungszeit entweder in Spezialregelungen wie § 556 b I BGB, § 604 BGB oder § 271 BGB, Bestimmungen zum Leistungsort, das ist der Ort, an dem der Schuldner die Leistung vorzunehmen hat. Hier werden Hol-, Bring- und Schickschuld unterschieden.

2. Nebenleistungspflichten

Pflichten, die der Vorbereitung, Durchführung und Sicherung der Hauptleistung dienen, nennt man Nebenleistungspflichten. Sie sind „neben" der Hauptleistung zu erbringen und von dieser abhängig.

Sie können durch die Parteien vereinbart werden, sich aus gesetzlichen Regelungen wie zum Beispiel aus § 666 BGB oder aus § 242 BGB, dem Grundsatz von Treu und Glauben, ergeben.

3. Nebenpflichten in Form der Schutz- und Rücksichtnahmepflichten aus § 241 II BGB

Die letzte Gruppe bilden die Schutz- oder auch Rücksichtnahmepflichten, die sich aus § 241 II BGB ergeben.

Der Schuldner wird verpflichtet, sich bei Durchführung seiner vertragsgemäß geschuldeten Leistung so zu verhalten, dass der Gläubiger und seine Rechte, Rechtsgüter und Interessen nicht beeinträchtigt werden.

Der Schutz geht also über die im Vertrag vereinbarten Leistung weit hinaus, so obliegen dem Schuldner zum Beispiel Aufklärungspflichten, das heißt, dass der Schuldner über die Gefahren, die bei Durchführung des Vertrags entstehen können, aufklären muss.

Weiterhin dürfen keine Rechtsgüter des Vertragspartners beeinträchtigt werden, diesbezüglich besteht also eine Schutzpflicht.

Zudem hat der Schuldner alles zu unterlassen, was die vereinbarungs- und sachgemäße Nutzung der Leistung verhindert, er hat diesbezüglich eine Leistungstreuepflicht.

B. EINZELNE ANSPRUCHSGRUNDLAGEN DES ALLGEMEINEN LEISTUNGSSTÖRUNGSRECHTS

Werden die vertraglichen Leistungen nicht erbracht und die geschuldeten Pflichten nicht ordnungsgemäß eingehalten, spricht man von „Leistungsstörungen" oder auch „Pflichtverletzungen". Diese wiederum kann man dann weiterhin in „allgemeines Leistungsstörungsrecht" oder „besonderes Leistungsstörungsrecht" unterteilen.

Dem besonderen Leistungsstörungsrecht sind mangelbehaftete Leistungen zuzuordnen. Die Leistung wurde bereits erbracht, aber schlecht.

So hat beispielsweise der Käufer die Ware vom Verkäufer erhalten, muss dann aber feststellen, dass die Sache schon kaputt ist und/oder nicht funktioniert. Dabei handelt es sich um eine Schlechtleistung, die jeweils individuell auf den bestimmten Vertragstyp bezogen ist. Regelungen, wie mit einer Schlechtleistung umzugehen ist ergeben sich dann in diesen Fällen aus dem besonderen Schuldrecht/besonderen Leistungsstörungsrecht (siehe Teil 4).

Im allgemeinen Leistungsstörungsrecht werden grundsätzlich folgende Arten der Leistungsstörungen voneinander unterschieden:

Die Erbringung der Leistung ist seitens des Schuldners unmöglich, dieser kann die geschuldete Leistung dauerhaft nach dem aktuellen Stand von Wissenschaft und Technik nicht bewirken.

Der Schuldner leistet später als vertraglich vereinbart, oder der Gläubiger ist mit der Annahme der Leistung verspätet. Eine Erbringung der Leistung ist grundsätzlich noch möglich (Spätleistung).

Im Rahmen der Erfüllung der Hauptleistungspflicht erfolgt eine Verletzung der Schutzpflichten oder der Rücksichtnahmepflicht (nichtleistungsbezogene Nebenpflichtverletzung). Es handelt sich hierbei um Pflichtverletzungen, die sich aus dem Bereich der Nichtleistungen ergeben, und die somit für alle Vertragstypen identisch zu behandeln sind. Ausgangspunkt und Basis all dieser Anspruchsgrundlagen ist – bis auf eine Ausnahme – der § 280 BGB.

Zu beachten ist, dass es hier jeweils um die Sekundäransprüche geht, die auf Schadens- bzw. Aufwendungsersatz gerichtet sind. Weil der Schuldner nicht, nicht rechtzeitig geliefert hat, Schutz- oder Rücksichtnahmepflichten verletzt hat, möchte der Gläubiger nunmehr dafür entschädigt werden.

Im nachfolgenden Teil werden die zentralen Anspruchsgrundlagen des allgemeinen Leistungsstörungsrechts dargestellt, bei den Aufbauhinweisen handelt es sich um Vorschläge, die eine Orientierung ermöglichen und gleiche Tatbestandsmerkmale an gleicher Stelle prüfen, um so ein systematisiertes Lernen zu erleichtern. Letztlich sind die allermeisten

Tatbestandsmerkmale in ihrer Reihenfolge austauschbar, es existieren auch divergierende Benennungen und selbstverständlich ist auch in der konkreten Prüfungssituation Schwerpunktsetzung gefragt, ob beispielsweise der Vertragsschluss zu prüfen ist oder ob nur kurz festgestellt werden muss, welcher Vertrag vorliegt.

Ein weiteres Beispiel hierfür ist die Benennung des Prüfungspunktes „Schaden" oder eben die Benennung des Prüfungspunktes als „Rechtsfolge – Schadensersatz". Tatbestandlich wird man genaugenommen einen Schaden benötigen, sonst tritt die Rechtsfolge des Schadensersatzes nicht ein, denn ohne Schaden, kein Schadensersatz. Andererseits sind die Ausführungen zur Art und zum Umfang des Schadensersatzes eher Frage der Ausgestaltung der Rechtsfolge, nämlich die Bestimmung der konkreten Schadensersatzverpflichtung vor dem Hintergrund der §§ 249 ff. BGB. Wichtig ist deswegen, dass in beiden Fällen das Vorliegen eines Schadens geprüft wird und Ausführungen zu Art und Umfang nach §§ 249 ff. BGB erfolgen, auch wenn die Bezeichnung des Prüfungspunktes, mal als Tatbestandsmerkmal, mal als Rechtsfolge, divergieren mag.

Zudem kann der Tatbestand der Anspruchsgrundlage auch in objektive und subjektive Tatbestandsmerkmale unterteilt werden.

Die objektiven Merkmale umfassen dabei all das, was objektiv bestimmbar ist, beispielsweise ob ein Schuldverhältnis vorliegt oder eine Pflichtverletzung gegeben ist.

Der subjektive Tatbestand bezieht sich immer auf das zugerechnete Verschulden, also das Vertretenmüssen.

Eine Unmöglichkeit ist dann gegeben, wenn der Schuldner bei Vereinbarung einer Stückschuld diesen Gegenstand nicht liefern kann, weil er untergegangen ist, z.B. durch Diebstahl oder Zerstörung. Bei einer Gattungsschuld gem. § 243 I BGB tritt Unmöglichkeit ein, wenn die ganze Gattung untergegangen ist. Auch kann eine bereits erfolgte Konkretisierung gem. § 243 II BGB die Unmöglichkeit der Leistung zur Folge haben. Für eine Konkretisierung müsste der Schuldner das seinerseits Erforderliche getan haben. Ist der Leistungsgegenstand so konkretisiert worden, erstreckt sich das Beschaffungsrisiko auf den konkretisierten Leistungsgegenstand und nicht mehr auf die ganze Gattung, eine objektive Unmöglichkeit kann eher eintreten als zuvor, weil eine „Nachbesorgung" oder Beschaffung aus der gesamten Gattung nicht mehr geschuldet ist. Was das „seinerseits Erforderliche" ist, ist abhängig von der vereinbarten Schuldart, es kann zwischen Hol-, Bring- und Schickschulden unterschieden werden.

Bei der Holschuld liegen Erfolgs- (manchmal auch: Erfüllungsort genannt) und Leistungsort beim Schuldner, die Leistung muss bei ihm abgeholt werden. Das zur Konkretisierung Erforderliche ist in diesem Fall getan, wenn der Leistungsgegenstand vom Schuldner ausgesucht, ausgesondert und bereitgestellt wurde und der Gläubiger darüber informiert ist.

Bei der Bringschuld liegen Erfolgs- und Leistungsort beim Gläubiger, die Leistung muss zu ihm gebracht werden. Bei der Bringschuld umfasst das zur Konkretisierung erforderliche Handeln das Hinbringen und Anbieten des Gegenstands zum Gläubiger zur rechten Zeit.

Bei der Schickschuld ist der Erfolgsort beim Gläubiger, der Leistungsort indes beim Schuldner. Diese Schuld erfordert die sorgfältige Auswahl eines Transportunternehmers und die geeignete Übergabe des Leistungsgenstands an diesen Transportunternehmer. Im Falle der Abwesenheit einer Vereinbarung soll gem. § 269 BGB eine Holschuld angenommen werden.

Neben dieser objektiven Unmöglichkeit i.S.d. § 275 I BGB besteht auch die Möglichkeit einer faktischen, auch wirtschaftlichen, oder persönlichen, manchmal auch moralischen Unmöglichkeit gem. § 275 II, III BGB.

Der Primäranspruch, der auf die Erfüllung des Vertrages gerichtet ist, geht durch eine Unmöglichkeit nach § 275 I BGB unter. Während Einigkeit darüber besteht, dass § 275 I BGB im Anspruchsuntergang zu verorten ist, verorten manche die Prüfung von § 275 II und III BGB in der Anspruchsdurchsetzbarkeit, andere im Anspruchsuntergang.

Im Folgenden geht es nicht um den Primäranspruch, sondern um die Sekundäransprüche, die im Falle der Unmöglichkeit entstehen.

Der Schuldner kann nicht mehr leisten, die Sache nicht mehr erbringen, deshalb bekommt der Gläubiger die Sache nicht, der Erfüllungsanspruch geht unter. Deswegen möchte der Gläubiger dann zumindest den ihm wegen der Nichterfüllung entstandenen Schaden ersetzt haben.

I. SCHADENSERSATZ / AUFWENDUNGSERSATZ WEGEN ANFÄNGLICHER UNMÖGLICHKEIT (§ 311A II BGB)

Die Unmöglichkeit besteht dann, wenn die Leistung endgültig nicht mehr erbringbar ist. Besteht das Leistungshindernis bereits bei Vertragsschluss, so liegt ein Fall der anfänglichen Unmöglichkeit vor. Ist das Leistungshindernis erst nach Vertragsschluss aufgetreten, so ist eine nachträgliche Unmöglichkeit zu prüfen.

Die anfängliche Unmöglichkeit ist die einzige Leistungsstörung, die aus dem System, dass § 280 BGB die Basis für die Anspruchsgrundlage bei den Leistungsstörungen im allgemeinen Teil des Schuldrechts bildet, herausgerückt ist.

Da die Leistung bereits beim Vertragsschluss nicht möglich, also erbringbar, ist, wird keine Leistungspflicht verletzt, da diese bei der anfänglichen Unmöglichkeit nie bestand.

Der Schuldner haftet hier dafür, dass er die Erfüllung einer Leistung vertraglich zugesagt hat, obwohl er sie nie erbringen konnte. Ihm wird also nicht das Nichterbringen der geschuldeten Leistung zur Last gelegt, sondern der Umstand, dass er wusste oder hätte wissen müssen, dass er gar nicht leisten kann.

Zudem wurde früher diskutiert, ob man überhaupt einen wirksamen Vertrag über etwas schließen könne, was es bereits zum Zeitpunkt des Vertragsschlusses nicht mehr gebe. Das hat der Gesetzgeber mit § 311a I BGB klargestellt.

I. Anspruch entstanden

1. Wirksamer Vertrag (§ 311a I BGB)
2. Ausschluss der (Primär-)Leistungspflicht des Schuldners gem. § 275 I–III BGB (§ 311a I BGB)
   a. Geschuldete Leistung
   b. Leistungsbefreiung des Schuldners nach § 275 I–III BGB
3. Bestehen des Leistungshindernisses schon bei Vertragsschluss (§ 311a I BGB)
4. Vertretenmüssen gemäß § 311a II 2 BGB
5. Rechtsfolge: Schadensersatz statt der Leistung oder Aufwendungsersatz (gem. § 284 BGB)

II. Anspruch untergegangen

III. Anspruch durchsetzbar

1. Wirksamer Vertrag (§ 311a I BGB)

Erstes Tatbestandsmerkmal ist, dass ein wirksamer Vertrag vorliegt. Ob es sich um einen gegenseitigen, unvollkommen zweiseitig verpflichtenden oder einseitig verpflichtenden Vertrag handelt, spielt hier keine Rolle. Der Umfang der Prüfung richtet sich nach der Sachverhaltsgestaltung.

2. Ausschluss der Leistungspflicht des Schuldners gem. § 275 I–III BGB (§ 311a I BGB)

An dieser Stelle ist zu prüfen, ob der Schuldner die Primärleistung, also die Leistung, die er aus dem wirksam geschlossenen Vertrag schuldet, nicht mehr erbringen muss, da eine Unmöglichkeit besteht.

a. Geschuldete Leistung

Zunächst kann kurz festgestellt werden, welche Leistung aus dem Vertrag geschuldet wird, anspruchsbegründende Norm der Leistungspflicht und Art der Schuld können genannt werden, um die Darstellung zu vervollständigen.

b. Leistungsbefreiung des Schuldners

Im Anschluss wird geprüft, aufgrund welcher Vorschrift der Schuldner von der Leistungspflicht befreit sein könnte. Die nunmehr genannten Alternativen schließen einander aus, so dass nur eine davon zur Anwendung kommt!

Zunächst kann die Leistungspflicht nach § 275 I BGB ausgeschlossen sein. Das gem. § 275 I Alt. 1 BGB dann der Fall, wenn die Leistung für den Schuldner unmöglich ist. Diese Variante der Unmöglichkeit wird auch subjektive Unmöglichkeit genannt.

Die Leistung ist nur für den Schuldner dann nicht mehr nach aktuellem Stand von Wissenschaft und Technik dauerhaft erbringbar, wenn sie ihm beispielsweise gestohlen wurde.

Weiterhin kann ein Ausschluss nach § 275 I Alt. 2 BGB bestehen, wenn die Leistung für jedermann unmöglich ist. Diese Variante wird objektive Unmöglichkeit genannt, die Leistung ist dann für niemanden mehr erbringbar.

Es handelt sich hier um sog. echte Unmöglichkeiten, die tatsächliche oder rechtliche Unmöglichkeiten umfassen. Es handelt sich um Fälle, in denen der Schuldner die Leistungspflicht nicht erfüllen könnte, selbst wenn er dies wollte. Der Leistungserfolg kann dauerhaft nicht mehr erbracht werden.

Bei der tatsächlichen Unmöglichkeit kann aus naturgesetzlichen Gründen nicht mehr geleistet werden, da es die Sache beispielsweise nicht mehr gibt, bei der rechtlichen Unmöglichkeit beispielsweise dann, wenn der Verkäufer eine Sache veräußert, die ihm gar nicht gehört.

Des Weiteren spielt es eine Rolle, ob es sich um eine Stückschuld oder eine Gattungsschuld handelt. Bei einer Stückschuld wird nur der eine konkrete Gegenstand geschuldet. Geht der Gegenstand unwiederbringlich verloren, kann er nicht mehr übergeben werden, die objektive Unmöglichkeit tritt ein.

Erst wenn die gesamte Gattung untergegangen ist oder zuvor eine Konkretisierung gem. § 243 II BGB stattgefunden hat, weil der Schuldner alles Erforderliche getan hat, um zu leisten, und sich damit die Gattungsschuld zur sog. „konkretisierten Gattungsschuld“ wandelt, liegt bei Untergang der konkretisierten Leistungsgegenstände einer Gattungsschuld eine Unmöglichkeit vor. Das erforderliche Tun des Schuldners wiederum richtet sich danach, ob es sich um eine Hol-, Bring-, oder Schickschuld handelt.

Bei § 275 II BGB handelt es sich um einen Fall, in dem eine unechte Unmöglichkeit gegeben ist. Grundsätzlich ist es noch möglich, die Leistung zu erbringen, allerdings ist es dem Schuldner nicht zuzumuten. Hier hat eine Abwägung zwischen Leistungsinteresse des Gläubigers und dem Aufwand des Schuldners zu erfolgen, dabei ist gem. § 275 II 2 BGB auch zu berücksichtigen, ob der Schuldner das Leistungshindernis zu vertreten hat.

Es handelt sich hierbei um eine Einrede, die erhoben werden muss. Die Leistungspflicht geht nicht unter, entfällt nicht automatisch. Diese Form der Unmöglichkeit wird auch faktische Unmöglichkeit genannt.

Auch hier handelt es sich um eine Einrede, die erhoben werden muss, also um eine unechte oder faktische Unmöglichkeit. Von § 275 III BGB werden Fälle abgedeckt, in denen eine persönliche Unmöglichkeit gegeben ist. Hier wird das beim Schuldner liegende Leistungshindernis dem Leistungsinteresse des Gläubigers gegenübergestellt und abgewogen.

3. Bestehen des Leistungshindernisses schon bei Vertragsschluss (§ 311a I BGB)

Bei diesem Prüfungspunkt wird festgestellt, ob es sich um eine anfängliche Unmöglichkeit handelt, also, ob das Leistungshindernis schon bei Vertragsschluss bestand.

Sollte das nicht der Fall sein und die Unmöglichkeit ist erst nach dem Vertragsschluss entstanden sein, so wird mit § 311a BGB die falsche Anspruchsgrundlage geprüft!

4. Vertretenmüssen gem. § 311a II 2 BGB

Das Verschulden wird hier widerlegbar vermutet. Das erkennt man aus der Formulierung von § 311a II 2 HS. 1 BGB „Dies gilt nicht, wenn ...“. Wie oben beschrieben, haftet der Schuldner dafür, dass er die Erfüllung einer Leistung vertraglich zugesagt hat, obwohl er sie nie erbringen konnte. Ihm wird also nicht das Nichterbringen der geschuldeten Leistung zur Last gelegt, sondern der Umstand, dass er wusste oder hätte wissen müssen, dass er gar nicht leisten kann.

Der Schuldner haftet also dafür, dass er die Kenntnis vom Leistungshindernis hatte oder eine diesbezügliche Unkenntnis zu vertreten hat (= fahrlässige Unkenntnis, Maßstab § 276 II BGB).

Diese Kenntnis bzw. die fahrlässige Unkenntnis wird vermutet gem. § 311a II 2 BGB.

Positiv und weitergehend geprüft werden, ob der Schuldner Kenntnis hatte oder die Unkenntnis zu vertreten hat, muss im Gutachten nur dann, wenn der Sachverhalt dazu Angaben enthält, der Schuldner etwas dazu vorträgt.

Dann kommt es darauf an, ob der Schuldner nachweisen kann, dass er das Leistungshindernis bei Vertragsschluss nicht kannte oder seine Unkenntnis auch nicht nach § 276 BGB zu vertreten hat.

5. Rechtsfolge

Als Rechtsfolge kann der Gläubiger gem. § 311 a II 1 BGB Schadensersatz statt der Leistung oder Ersatz seiner Aufwendungen verlangen.

Schadensersatz statt der Leistung ist auf Ersatz des Erfüllungsschadens, also des positiven Interesses gerichtet. Der Geschädigte soll so gestellt werden, wie er bei ordnungsgemäßer Erfüllung gestanden hätte.

Zunächst ist zu prüfen, ob ein Schaden entstanden ist. Ein Schaden ist jede unfreiwillige Vermögenseinbuße, deren Vorliegen nach der Differenzhypothese festgelegt wird.

Die Differenzhypothese besagt, dass die tatsächliche Lage, die durch das schädigende Ereignis besteht, mit der hypothetischen Lage, die bestehen würde, wenn das schädigende Ereignis nicht eingetreten sein würde, miteinander verglichen wird. Der Umfang des Schadens ergibt sich also aus der Differenz dieser beiden zu vergleichenden Kausalverläufe: einmal der tatsächlichen und einmal der hypothetischen Lage.

Zu beachten ist, dass zwar grundsätzlich der gesamte dem Geschädigten entstandene Schaden zu ersetzen ist (Grundsatz der Totalreparation), allerdings auch der Grundsatz der Wirtschaftlichkeit und das Bereicherungsverbot zu beachten sind.

Nach dem Grundsatz der Wirtschaftlichkeit muss der Geschädigte den wirtschaftlichsten Weg zur Schadensbeseitigung wählen und trägt auch eine Obliegenheit zur Schadensminderung. Das Bereicherungsverbot besagt, dass der Geschädigte nicht durch den Schadensersatz besser gestellt werden soll, als ohne den Eintritt des schädigenden Ereignisses. Der Schaden soll nur ausgeglichen werden, der Geschädigte nicht besser gestellt werden oder sich gar bereichern.

Weiterhin muss die haftungsausfüllende Kausalität zwischen Nichtleistung und Schaden gegeben sein, prüft man den Schaden im Tatbestand, so wird deswegen häufig die Überschrift „kausaler Schaden" gewählt.

Die haftungsausfüllende Kausalität beschreibt den Ursächlichkeitszusammenhang zwischen Pflichtverletzung und Schaden: Hätte Y rechtzeitig geliefert, hätte Z keinen Ersatz in Höhe von ... Euro beschaffen müssen.

Zuletzt werden Art, Umfang und Ersatzfähigkeit des Schadens gem. §§ 249 ff. BGB festgestellt, auch ein etwaiges Mitverschulden gem. § 254 BGB findet dabei Berücksichtigung.

Gemäß §§ 249 ff. BGB werden materielle Schäden und immaterielle Schäden ersetzt. Die immateriellen Schäden werden auch als Schmerzensgeld oder Nichtvermögensschaden bezeichnet. Der Ersatz der immateriellen Schäden bestimmt sich nach § 253 BGB.

Bei dem Ersatz der materiellen Schäden, auch Vermögensschäden genannt, werden zwei Kategorien des Schadensausgleichs unterschieden. Gem. § 249 I BGB und § 249 II BGB ist Naturalrestitution zu leisten, also der Zustand wieder herzustellen, der bestehen würde, wenn der zum Ersatz verpflichtende Umstand nicht eingetreten wäre. Es soll ein wirtschaftlicher gleicher Zustand wiederhergestellt werden, sodass der Gläubiger quasi keinen Schaden erleidet und wieder so gestellt ist, wie er ohne das schädigende Ereignis gestanden hätte.

§ 249 I BGB ist darauf gerichtet, dass der frühere Zustand wieder hergestellt wird. Der entgangene Gewinn gem. § 252 BGB ist dabei als mittelbarer Schaden aus § 249 I BGB umfasst. Es werden alle Vermögensvorteile erfasst, die dem Geschädigten zugestanden hätten, wenn der schädigende Umstand nicht eingetreten wäre.

Nach § 249 II BGB wird statt der Herstellung der erforderliche Geldbetrag geschuldet, der aufgrund der Verletzung einer Person oder Sache entstanden ist. Gem. § 250 BGB kann auch der Geldbetrag für die Herstellung nach einer Fristsetzung verlangt werden.

§§ 249 und 250 BGB ist gemein, dass eine Wiederherstellung grundsätzlich möglich ist. Die zweite Kategorie des Schadensausgleichs stellt die Schadenskompensation dar, die auf den Ersatz des Wertinteresses gerichtet ist. Eine Herstellung ist hier nicht mehr möglich. Der Ersatz richtet sich dann nach § 251 BGB.

Die Naturalrestitution gem. § 249 I BGB und § 249 II BGB ist dabei vorrangig vor einer Schadenskompensation zu prüfen und geht dieser vor. Gemäß § 254 BGB ist zuletzt ein etwaiges Mitverschulden des Geschädigten zu berücksichtigen.

II. SCHADENSERSATZ / AUFWENDUNGSERSATZ WEGEN NACHTRÄGLICHER UNMÖGLICHKEIT (§§ 280 I, III, § 283 BGB)

Diese Anspruchsgrundlage ersetzt Schäden oder Aufwendungen, die wegen der endgültigen Nichterbringung der Leistung entstanden sind, wenn die Leistung erst nach dem Vertragsschluss unmöglich geworden ist.

§ 280 I BGB bildet die Basis für diese Anspruchsgrundlage und enthält die Tatbestandsmerkmale: wirksames Schuldverhältnis – Pflichtverletzung – Vertretenmüssen.

Auf Rechtsfolgenseite kann der Gläubiger dann wieder zwischen Schadensersatz statt der Leistung und Ersatz der vergeblichen Aufwendungen wählen.

I. Anspruch entstanden

1. Wirksames Schuldverhältnis (§ 280 I 1 BGB)
2. Pflichtverletzung des Schuldners (§ 280 I 1 BGB)
a. Geschuldete Leistung
b. Leistungsbefreiung des Schuldners nach § 275 I–III BGB
c. Eintritt der Unmöglichkeit nach Vertragsschluss
3. Vertretenmüssen (gesetzlich vermutet, gem. § 280 I 2 BGB)
4. Rechtsfolge: Schadensersatz statt der Leistung oder Aufwendungsersatz (gem. § 284 BGB)

II. Anspruch untergegangen
III. Anspruch durchsetzbar

1. Wirksames Schuldverhältnis

Die erste Voraussetzung i.S.d. § 280 I BGB ist, dass ein wirksames Schuldverhältnis gegeben ist. Das wirksame Schuldverhältnis, welches hier Tatbestandmerkmal in der Anspruchsentstehung ist, muss ein Schuldverhältnis gem. § 311 BGB sein.

Gem. § 311 I BGB entsteht ein Schuldverhältnis durch Rechtsgeschäft durch einen Vertrag. Definiert werden kann das Schuldverhältnis allgemein als schuldrechtliche Sonderverbindung zwischen zwei oder mehr Parteien, die wenigstens eine Leistungspflicht enthält. Somit sind hier wiederum – je nach Sachverhaltsgestaltung – zwei inhaltlich übereinstimmende Willenserklärungen zu prüfen, die zum Abschluss eines Vertrages führen.

2. Pflichtverletzung des Schuldners (§ 280 I 1 BGB)

Des Weiteren muss eine Pflichtverletzung gegeben sein. Grundsätzlich bezeichnet die Pflichtverletzung jedes negative Abweichen vom Pflichtenprogramm. Im Rahmen des § 283 BGB wird die Pflichtverletzung für diese Anspruchsgrundlage jedoch spezifiziert. Die Pflichtverletzung liegt bei dieser Anspruchsgrundlage darin, dass die geschuldete Leistung wegen der nachträglich eingetretenen Unmöglichkeit endgültig nicht mehr erbracht werden kann.

Über den § 280 III BGB wird die Verbindung zu § 283 BGB für den Fall des Vorliegens einer Unmöglichkeit hergestellt, § 283 BGB wiederum enthält einen Verweis auf § 275 BGB. Durch den Einbau der Tatbestandsmerkmale aus § 283 beim Prüfungspunkt „Pflichtverletzung" werden alle in der Anspruchsgrundlage genannten Paragrafen in die Prüfung eingebunden und das Grundschema beibehalten. Deshalb bietet es sich an, die Pflichtverletzung anhand von folgenden Punkten zu prüfen.

a. Geschuldete Leistung

Vgl. oben.

b. Leistungsbefreiung des Schuldners

Dass dies zu prüfen ist, ergibt sich aus § 283 S. 1 BGB, für die weitere Prüfung ergeben sich keine Änderungen zur oben bereits dargestellten Prüfung.

c. Eintritt der Unmöglichkeit nach Vertragsschluss

Da es sich um einen Anspruch aufgrund des Freiwerdens von der Leistungspflicht gem. § 275 I bis III BGB handelt, muss zudem – in eindeutigen Fällen auch abgekürzt – festgestellt werden, dass das Leistungshindernis nach Vertragsschluss eingetreten ist. Dieses unterscheidet gerade die §§ 283 und 311a BGB voneinander.

3. Vertretenmüssen (gesetzlich vermutet, §§ 280 I 2 BGB)

Das Verschulden wird hier widerlegbar vermutet. Das erkennt man aus der Formulierung von § 280 I 2 BGB „Dies gilt nicht, wenn...". Die doppelte Negativformulierung indiziert einen Regelfall – nämlich, dass ein Vertretenmüssen für Pflichtverletzungen in Schuldverhältnissen gegeben ist.

Dieses Tatbestandsmerkmal wird als gegeben angenommen und bejaht, wenn der Sachverhalt keine weiteren Anhaltspunkte wie einen Entlastungsversuch durch den Schuldner beschreibt. Der Prüfungspunkt wird deswegen auch als „keine Exkulpation" bezeichnet.

Wenn der Sachverhalt Anhaltspunkte für einen Entlastungsversuch bietet, ist am Maßstab der §§ 276 ff. BGB zur prüfen, ob der Schuldner vorsätzlich oder fahrlässig gehandelt hat oder ob ihm das Verschulden eines potenziellen Erfüllungsgehilfen gem. § 278 S. 1 Alt. 2 BGB zuzurechnen ist oder auch das Verschulden eines gesetzlichen Vertreters gem. § 278 S. 1 Alt. 1 BGB.

Bei § 278 BGB handelt es sich um eine reine Zurechnungsnorm, das heißt, dass das fremde Verschulden dem Schuldner wie eigenes Verschulden zugerechnet wird.

Ein Erfüllungsgehilfe gem. § 278 S. 1 Alt. 1 BGB ist, wer mit dem Willen des Schuldners bei der Erfüllung einer diesem obliegenden Verbindlichkeit tätig wird. Der Erfüllungsgehilfe wird im Pflichtenkreis des Schuldners tätig und hilft bei der Erfüllung der dem Schuldner aus dem Vertrag obliegenden Pflichten.

Der Prüfungspunkt wird deswegen in manchen Formulierungsvorschlägen auch als „keine Exkulpation" bezeichnet, weil es defacto „nur" darum geht, eine Exkulpation zu prüfen und nicht zwangsläufig darum, das Vorliegen eines Verschuldens, und damit eines zugerechneten Vertretenmüssens, positiv festzustellen.

4. Rechtsfolge

Als Rechtsfolge kann der Gläubiger gem. § 283 BGB Schadensersatz statt der Leistung oder gem. § 284 BGB Ersatz seiner Aufwendungen verlangen.

a. Schadensersatz

Vgl. oben.

b. Aufwendungsersatz

Gem. § 284 BGB kann anstelle des Schadensersatzes statt der Leistung der Gläubiger Ersatz der Aufwendungen verlangen, die er im Vertrauen auf den Erhalt der Leistung gemacht hat und billigerweise machen durfte, es sei denn, deren Zweck wäre auch ohne die Pflichtverletzung des Schuldners nicht erreicht worden. Der Gläubiger kann Ersatz der vergeblichen Aufwendungen verlangen, da die Rechtsfolge von § 283 BGB ebendiesen Schadensersatz statt der Leistung vorsieht.

III. SCHADENSERSATZ / AUFWENDUNGSERSATZ GEM. §§ 280 I, III, 281 BGB (SCHADENSERSATZ STATT DER LEISTUNG)

Der Schadenersatzanspruch wegen Nicht- oder Schlechtleistung einer fälligen Leistung nach Fristablauf trotz Möglichkeit richtet sich – wenn der Gläubiger kein Interesse mehr an der Leistung hat und statt der Leistung vom Schuldner nunmehr Entschädigung wünscht – als Schadensersatz statt der Leistung nach §§ 280 I, III, 281 BGB.

I. Anspruch entstanden

1. Wirksames Schuldverhältnis (§ 280 I BGB)
2. Pflichtverletzung des Schuldners durch Nichterbringen der fälligen Leistung (§§ 280 I, III, 281 BGB)
a. Geschuldete Leistung
b. Fällige Leistung
c. Mögliche Leistung
d. Durchsetzbare Leistung
e. Nichterbringen der fälligen, möglichen, durchsetzbaren Leistung
f. Leistungsaufforderung mit Setzen einer angemessenen Frist (§ 281 I 1 BGB) und erfolgloser Ablauf, evtl. Entbehrlichkeit der Leistungsaufforderung gem. § 281 II BGB
3. Vertretenmüssen (gesetzlich vermutet, gem. § 280 I 2 BGB)
4. Rechtsfolge: Schadensersatz statt der Leistung oder Aufwendungsersatz (gem. § 284 BGB)

II. Anspruch untergegangen
III. Anspruch durchsetzbar

1. Wirksames Schuldverhältnis

Vgl. oben.

2. Pflichtverletzung des Schuldners durch Nichterbringen der fälligen Leistung

Zu prüfen ist auch hier, ob der Schuldner eine Pflicht aus dem Schuldverhältnis verletzt. Die Prüfung dieses Tatbestandsmerkmals sollte darauf gerichtet sein, festzustellen, dass die Pflichtverletzung in der Nicht- oder Schlechtleistung einer fälligen Leistung nach Fristablauf trotz Möglichkeit liegt. Über den § 280 III BGB wird die Verbindung zu § 281 BGB hergestellt. § 281 BGB wiederum enthält weitere Tatbestandsmerkmale, die den Prüfungspunkt „Pflichtverletzung" konkretisieren, es ist nicht mehr nur jedes negative Abweichen vom Pflichtenprogramm, jede Art von Pflichtverletzung ist zu allgemein. Durch den Einbau der

Tatbestandsmerkmale aus § 281 BGB werden alle in der Anspruchsgrundlage genannten Paragrafen in die Prüfung eingebunden. Auch hier bietet es sich deshalb an, den Prüfungspunkt für das Gutachten in weitere Unterpunkte zu gliedern.

a. Geschuldete Leistung

Vgl. oben.

b. Fällige Leistung

Dieses Tatbestandsmerkmal ergibt sich aus den Voraussetzungen des § 281 BGB. Bei der geschuldeten Leistung müsste also **Fälligkeit** eingetreten sein. Die Fälligkeit richtet sich nach § 271 BGB, demnach ist eine Leistung gem. § 271 II BGB fällig, wenn ein Termin zur Leistung bestimmt ist oder gem. § 271 I BGB sofort.

c. Mögliche Leistung

Weiterhin müsste die Leistung grundsätzlich möglich sein. Dieser Prüfungspunkt grenzt die Anspruchsgrundlage zu den Anspruchsgrundlagen der Unmöglichkeit ab, ist aber nicht wortwörtlich in § 281 BGB zu finden.

Zu prüfen ist, ob die Leistung noch erbringbar ist, also ob sie noch möglich ist, keine Leistungsbefreiung wegen Unmöglichkeit nach § 275 I BGB gegeben ist.

d. Durchsetzbare Leistung

Die Leistung ist dann durchsetzbar, wenn keine Einreden gegen die Leistung bestehen, wie z.B. die Einrede der Verjährung oder auch die Einreden nach § 275 II oder III BGB.

Auch dieses Merkmal ergibt sich nicht direkt aus dem Wortlaut von § 281 BGB, sondern eher aus dem dahinterstehenden Sinn und Zweck der Regelung. Sollte schon der Anspruch auf Leistung, also der Primäranspruch nicht durchsetzbar sein, soll sich erst recht kein Sekundäranspruch ergeben.

e. Nichterbringen der fälligen, möglichen, durchsetzbaren Leistung

Aus § 281 I 1 Alt. 1 ergibt sich, dass, wenn der Schuldner die fällige Leistung nicht erbringt, Schadensersatz statt der Leistung verlangt werden kann. Somit ist dieser Prüfungspunkt im Gutachten festzustellen, er ergibt sich quasi also Zwischenergebnis aus den vorangegangenen Prüfungspunkten.

f. Leistungsaufforderung mit Setzen einer angemessenen Frist (§ 281 I 1 BGB) und erfolgloser Ablauf

Zudem muss der Gläubiger dem Schuldner erfolglos eine angemessene Frist zur Leistung gesetzt haben, die erfolglos abgelaufen ist. Die Angemessenheit der Fristsetzung kann – je nach Sachverhaltsgestaltung – relevant werden, es handelt sich um einen unbestimmten Rechtsbegriff, der im Einzelfall zu bestimmen ist. Bei der Lieferung von Frischware können so auch wenige Stunden angemessen sein. Wenn eine Lieferung nicht rechtzeitig erfolgt ist, aber Verderblichkeit keine Rolle spielt, wird der Zeitraum deutlich länger zu bemessen sein. Sollte eine zu kurze Frist gesetzt worden sein, wird diese nach h.M. automatisch auf eine angemessene verlängert.

Sollte in einem Gutachten festgestellt werden, dass der Gläubiger den Schuldner nicht zur Leistung unter Setzen einer angemessenen Frist aufgefordert hat, ist § 281 II BGB zu prüfen.

Dieser beschreibt Ausnahmen, wann die Fristsetzung entbehrlich ist. So ist die Fristsetzung nicht erforderlich, wenn der Schuldner die Leistung gem. § 281 II Alt. 1 BGB ernsthaft und endgültig verweigert, dem Schuldner also beispielsweise deutlich macht, dass er in keinem Fall mehr liefern werde.

Eine weitere Ausnahme findet sich in § 281 II Alt. 2 BGB, demnach kann die Fristsetzung auch dann unterbleiben, wenn besondere Umstände vorliegen, die unter Abwägung der beiderseitigen Interessen die sofortige Geltendmachung des Schadensersatzanspruchs rechtfertigen.

Daran sind strenge Anforderung zu stellen, weil es sich ja um eine Ausnahme handelt und nicht der Regelfall sein soll, dass von einer Fristsetzung abgesehen werden kann. Es handelt sich also um Fälle, in denen zum Beispiel kurz vor Weihnachten Saisonartikel nicht geliefert werden, sodass der Gläubiger keinerlei Interesse mehr daran hat oder es liegt ein Rohrbruch vor, der schnelles anderweitiges Handeln erforderlich macht.

Zudem kann es auch immer Vereinbarungen zwischen den Parteien geben, die eine Fristsetzung entbehrlich machen.

Zuletzt ist noch zu erwähnen, dass nach § 281 III BGB eine Abmahnung erforderlich ist, wenn nach der Art der Pflichtverletzung eine Fristsetzung nicht in Betracht kommt.

3. Vertretenmüssen (gesetzlich vermutet gem. § 280 I 2 BGB)

Vgl. oben.

4. Rechtsfolge

Als Rechtsfolge kann der Gläubiger gem. § 283 BGB Schadensersatz statt der Leistung oder gem. § 284 BGB Ersatz seiner Aufwendungen verlangen.

a. Schadensersatz

Vgl. oben.

b. Aufwendungsersatz

Gem. § 284 BGB kann anstelle des Schadensersatzes statt der Leistung der Gläubiger Ersatz der Aufwendungen verlangen, die er im Vertrauen auf den Erhalt der Leistung gemacht hat und billigerweise machen durfte, es sei denn, deren Zweck wäre auch ohne die Pflichtverletzung des Schuldners nicht erreicht worden. Der Gläubiger kann Ersatz der vergeblichen Aufwendungen verlangen, da die Rechtsfolge von § 281 BGB ebendiesen Schadensersatz statt der Leistung vorsieht.

IV. SCHADENSERSATZ NEBEN DER LEISTUNG WEGEN VERZÖGERUNG DER LEISTUNG (§§ 280 I, II, 286 BGB)

Ein Anspruch auf Schadensersatz neben der Leistung richtet sich nach §§ 280 I, II, 286 BGB und ersetzt den Schaden, der durch die Verzögerung der Leistung entstanden ist. Die Leistungspflicht bleibt erhalten und besteht daneben weiter.

I. Anspruch entstanden

1. Wirksames Schuldverhältnis
2. Pflichtverletzung des Schuldners durch Verzögerung der Leistung (§§ 280 I, II, 286 BGB)
a. Geschuldete Leistung
b. Fällige Leistung
c. Mögliche Leistung
d. Durchsetzbare Leistung
e. Mahnung gem. § 286 I BGB, evtl. Entbehrlichkeit der Mahnung
f. Nichterbringen der Leistung
3. Vertretenmüssen (gesetzlich vermutet, gem. § 286 IV BGB)
4. Rechtsfolge: Schadensersatz neben der Leistung

II. Anspruch untergegangen
III. Anspruch durchsetzbar

1. Wirksames Schuldverhältnis

Vgl. oben.

2. Pflichtverletzung des Schuldners durch Verzögerung der Leistung

Zu prüfen ist auch hier, ob der Schuldner eine Pflicht aus dem Vertrag verletzt. Die Pflichtverletzung liegt hier in der Verzögerung der Leistung. Über den § 280 II BGB wird die Verbindung zu § 286 BGB hergestellt.

§ 286 BGB wiederum enthält weitere Tatbestandsmerkmale, die in den Prüfungspunkt „Pflichtverletzung" eingebaut werden können. Durch den Einbau der Tatbestandsmerkmale aus § 286 BGB werden alle in der Anspruchsgrundlage genannten Paragrafen in die Prüfung eingebunden. Auch hier bietet es sich deshalb an, den Prüfungspunkt für das Gutachten in weitere Unterpunkte zu gliedern.

a. Geschuldete Leistung

Vgl. oben.

b. Fällige Leistung

Vgl. oben.

c. Mögliche Leistung

Vgl. oben.

d. Durchsetzbare Leistung

Vgl. oben.

e. Mahnung oder Entbehrlichkeit der Mahnung

Grundsätzlich setzt der Verzug eine Mahnung voraus. Eine Mahnung ist jede an den Schuldner gerichtete Leistungsaufforderung.

Auch im § 286 BGB finden sich im Gesetz Ausnahmen, nach denen eine Mahnung entbehrlich ist. Die Gründe finden sich in § 286 II oder auch § 286 III BGB.

Einer der Gründe ist die Bestimmung eines Leistungszeitpunktes nach dem Kalender. Eine kalendermäßige Bestimmung ist gegeben, wenn die Parteien einen bestimmten Termin im Vertrag vereinbart haben, wann die Leistung zu erfolgen hat. Eine einseitige Bestimmung durch den Gläubiger reicht nicht aus.

Auch ist es möglich, dass die Leistungszeit fristbestimmt nach einem vorausgegangenen Ereignis ist und von diesem Ereignis ab an die Leistungszeit nach dem Kalender berechnet werden kann. Eine mögliche Sachverhaltsgestaltung dazu ist, dass eine Zahlung drei Tage nach Eingang des Gehalts erfolgen wird oder zwei Wochen nach Zugang der Rechnung oder ähnliches.

Letztlich kommt auch hier, wie schon beispielsweise bei § 281 II Alt. 1 die ernsthafte und endgültige Leistungsverweigerung gem. § 286 II Nr. 3 BGB in Betracht.

Letztlich sind auch sog. **„besondere Gründe“** gem. § 286 II Nr. 4 BGB denkbar. Zudem kommt der Schuldner einer Entgeltforderung gem. § 286 III 1 BGB in Verzug, wenn er nicht innerhalb von 30 Tagen nach Fälligkeit und Zugang einer Rechnung oder gleichwertigen

Zahlungsaufstellung leistet; dies gilt gegenüber einem Schuldner, der Verbraucher ist, nur, wenn auf diese Folgen in der Rechnung oder Zahlungsaufstellung besonders hingewiesen worden ist.

f. Nichterbringen der Leistung

Der Schuldner leistet trotz Mahnung gem. § 286 I 1 BGB nicht.

3. Vertretenmüssen gem. § 286 IV BGB

Das Vertretenmüssen der Pflichtverletzung bestimmt sich hier – abweichend von den vorangegangenen Anspruchsgrundlagen – nach § 286 IV BGB. Inhaltlich ergeben sich aber kaum Abweichungen.

Auch hier wird das Verschulden bis zur Entlastung vermutet, es handelt sich also ebenfalls um eine widerlegliche Verschuldensvermutung. § 286 IV BGB wiederholt die Regelung von § 280 I 2 BGB und konkretisiert den Zeitpunkt, auf den für den Entlastungsbeweis abzustellen ist, nämlich darauf, dass alle objektiven Voraussetzungen des Verzugs vorliegen müssen, zulässig ist es deswegen auch hier, den Prüfungspunkt lediglich als „keine Exkulpation" zu bezeichnen.

4. Rechtsfolge

Es wird Schadensersatz neben der Leistung geschuldet. Folglich ist zu prüfen, ob ein Schaden vorliegt, die haftungsausfüllende Kausalität, Art und Umfang des Schadens gem. §§ 249 ff. BGB sind ebenso zu prüfen (siehe oben).

Wichtig ist, dass in der Rechtsfolge die (Haupt-)Leistungspflicht daneben bestehen bleibt.

V. SCHADENSERSATZPFLICHT BEI NEBENPFLICHTVERLETZUNG (§ 280 I, § 241 II BGB)

Die letzte Gruppe bilden die Ansprüche aus § 280 I BGB wegen Verletzung von Schutz- oder Rücksichtnahmepflichten, sogenannten Nebenpflichten.

Der Schuldner wird gem. § 241 II BGB verpflichtet, sich bei Durchführung seiner vertragsgemäß geschuldeten Leistung so zu verhalten, dass der Gläubiger und seine Rechte, Rechtsgüter und Interessen nicht beeinträchtigt werden.

Da der Schutz über die im Vertrag vereinbarten Leistungen hinausgeht, wird § 241 II BGB der Anspruchsgrundlage von § 280 I BGB hinzugefügt.

I. Anspruch entstanden

1. Wirksames Schuldverhältnis
2. Pflichtverletzung des Schuldners gem. § 241 II BGB
3. Vertretenmüssen (gesetzlich vermutet, gem. § 280 I 2 BGB)
4. Rechtsfolge: Schadensersatz neben der Leistung

II. Anspruch untergegangen
III. Anspruch durchsetzbar

1. Wirksames Schuldverhältnis

Vgl. oben.

2. Pflichtverletzung des Schuldners (§ 280 I 1 i.V.m. § 241 II BGB)

Die Pflichtverletzung des Schuldners liegt hier in einer Verletzung von Schutz- oder Rücksichtnahmepflichten gem. § 241 II BGB.

Die Rechte, Rechtsgüter oder Interessen könnten beeinträchtigt sein. Hier ist auf den Sachverhalt entsprechend einzugehen. Beeinträchtigte Rechtsgüter können Eigentum, Besitz, Gesundheit, Körper etc. sein.

3. Vertretenmüssen (gem. § 280 I 2 BGB gesetzlich vermutet)

Vgl. oben.

4. Rechtsfolge

Die Rechtsfolge ist das Entstehen einer Schadensersatzverpflichtung neben der Leistung, die obigen Ausführungen zur Prüfung von Art und Umfang des Schadensersatzes gem. §§ 249 ff. BGB und zur Kausalität gelten.

VI. SCHADENSERSATZPFLICHT BEI NEBENPFLICHTVERLETZUNG AUS CULPA IN CONTRAHENDO (§§ 280 I, 311 II, 241 II BGB)

Der Gesetzgeber hat nicht nur den vertraglichen Schutzbereich auf die Rechte, Rechtsgüter und Interessen des Gläubigers ausgeweitet, sondern will diese Rechtsgüter auch auf den vorvertraglichen Bereich anwenden.

Bereits vor dem Vertragsschluss sind die Rechte, Rechtsgüter und Interessen des anderen Teils gem. § 241 II BGB deswegen geschützt, allerdings ist das Entstehen eines vorvertraglichen Schuldverhältnisses an gewisse Voraussetzungen geknüpft, um den Schutzbereich nicht unendlich groß werden zu lassen.

I. Anspruch entstanden

1. Wirksames vorvertragliches Schuldverhältnis
2. Pflichtverletzung des Schuldners gem. § 241 II BGB
3. Vertretenmüssen (gesetzlich vermutet, gem. § 280 I 2 BGB)
4. Rechtsfolge: Schadensersatz neben der Leistung

II. Anspruch untergegangen
III. Anspruch durchsetzbar

1. Wirksames vorvertragliches Schuldverhältnis (§ 280 I 1 i.V.m. § 311 II BGB)

Ein Schuldverhältnis entsteht nicht nur durch den Abschluss eines Vertrags gem. § 311 I BGB, sondern auch gem. § 311 II BGB durch:

- die Aufnahme von Vertragsverhandlungen gem. § 311 II Nr. 1 BGB,
- durch die Anbahnung eines Vertrags gem. § 311 II Nr. 2 BGB oder
- durch ähnliche geschäftliche Kontakte § 311 II Nr. 3 BGB.

Die Anbahnung eines Vertrags ist zeitlich der erste Schritt, der unternommen wird, um in Richtung eines Vertrags zu gehen, beispielsweise das Betreten eines Supermarkts.

Die Anbahnung eines Vertrags ist damit der Grundtatbestand und umfasst auch die Aufnahme von Vertragsverhandlungen.

Einen Auffangtatbestand bildet § 311 II Nr. 3 BGB, bei dem es um ähnliche geschäftliche Kontakte geht, die über die sozialen Kontakte hinausgehen, wie beispielsweise Bankauskünfte.

2. Pflichtverletzung des Schuldners (§ 280 I 1 BGB i. v. § 241 II BGB)

Vgl. oben.

3. Vertretenmüssen (gesetzlich vermutet gem. § 280 I 2 BGB)

Vgl. oben.

4. Rechtsfolge

Die Rechtsfolge ist das Entstehen einer Schadensersatzverpflichtung neben der Leistung, die obigen Ausführungen zur Prüfung von Art und Umfang des Schadensersatzes gem. §§ 249 ff. BGB und zur Kausalität gelten.

VII. SCHADENSERSATZPFLICHT STATT DER LEISTUNG BEI SCHUTZPFLICHTVERLETZUNG UND UNZUMUTBARKEIT (§§ 280 I, III, 282 BGB)

Zuletzt sei noch eine Anspruchsgrundlage genannt, die sich ergibt, wenn wegen Verletzung einer Schutz- oder Rücksichtnahmepflicht der Vertragspartner nicht mehr an der Leistung interessiert ist und stattdessen Schadensersatz statt der Leistung begehrt.

In Praxis und Klausur finden sich wenige Fälle, zur vollständigen Darstellung der Schadensersatzansprüche der §§ 280 ff. BGB gehört sie trotzdem dazu.

I. Anspruch entstanden

1. Wirksames Schuldverhältnis
2. Pflichtverletzung des Schuldners gem. § 241 II BGB
3. Vertretenmüssen (gesetzlich vermutet, gem. § 280 I 2 BGB)
4. Rechtsfolge: Schadensersatz statt der Leistung

II. Anspruch untergegangen
III. Anspruch durchsetzbar

1. Wirksames Schuldverhältnis

Vgl. oben.

2. Pflichtverletzung des Schuldners

Der Schuldner verletzt eine Pflicht gem. § 241 II BGB, nimmt also durch ein Verhalten keine Rücksicht auf Rechte, Rechtsgüter und Interessen des anderen Teils des Schuldverhältnisses. Zur Nebenpflichtverletzung hinzu kommt die Prüfung der Unzumutbarkeit hinsichtlich des Festhaltens an dem Vertrag. Zu prüfen ist, ob es dem Gläubiger angesichts der Nebenpflichtverletzung noch zumutbar ist, sich weiterhin an die Primärleistung zu halten. Einmalige Pflichtverletzungen sind für diese Unzumutbarkeit nach § 282 BGB in aller Regel nicht ausreichend - handelt es sich **indes** um besonders schwerwiegende Verletzungen wie Straftaten, wird auch eine einmalige Pflichtverletzung ausreichen. Begeht der Schuldner **indes** mehrere Pflichtverletzungen, so kann Unzumutbarkeit aus der Unzuverlässigkeit des Schuldners angenommen und bejaht werden.

3. Vertretenmüssen (gesetzlich vermutet, gem. § 280 I 2 BGB)

Vgl. oben.

4. Rechtsfolge

Rechtsfolge bei Vorliegen eines Schadens ist Schadensersatz statt der Leistung, die Ausführungen zu Art und Umfang des Schadensersatzes gem. §§ 249 ff. BGB und zur Kausalität gelten.

VIII. ANSPRUCH AUF RÜCKGEWÄHR AUS RÜCKGEWÄHRSCHULDVERHÄLTNIS NACH ERFOLGTEM RÜCKTRITT I.S.D. § 346 I BGB

Hat sich eine Vertragspartei vertraglich den Rücktritt vorbehalten oder steht ihr ein gesetzliches Rücktrittsrecht zu, so sind im Falle des Rücktritts die empfangenen Leistungen zurückzugewähren und die gezogenen Nutzungen herauszugeben. Bei dem Rücktritt handelt es sich um eine Umwandlung des Ursprungsschuldverhältnisses. In der Folge sind bereits erbrachte Leistungen zurückzugewähren und Nutzungen herauszugeben. Daraus ergibt sich, dass die §§ 346 ff. BGB lediglich die Folgen des Rücktritts regeln. Ob ein Rücktrittsrecht gegeben ist, ergibt sich entweder aus Gesetz oder Vertrag, die Zitierung in der Anspruchsgrundlage – dem Anspruch auf Rückgewähr aus Rückgewährschuldverhältnis, ist deswegen zwingend mit § 346 I BGB zu beginnen.

I. Anspruch entstanden

1. Wirksamer gegenseitiger Vertrag
2. Rücktrittsgrund
3. Rücktrittserklärung
4. Ablauf oder Entbehrlichkeit der Rücktrittsfrist
5. Kein Ausschluss des Rücktrittsrechts
6. Rechtsfolge

II. Anspruch untergegangen
III. Anspruch durchsetzbar

1. Wirksamer gegenseitiger Vertrag

Bei einem gegenseitigen Vertrag verpflichtet sich jede Vertragspartei, damit sich die andere Partei ebenfalls verpflichtet, so etwa bei einem Kaufvertrag, Mietvertrag oder Dienstvertrag sowie jedem anderen entgeltlichen Vertrag.

2. Rücktrittsgrund

Ob ein Rücktrittsrecht gegeben ist, ergibt sich entweder aus Gesetz oder Vertrag. Im BGB existieren – wie bereits erwähnt – viele gesetzliche Rücktrittsrechte sowie Verweisungen auf die §§ 346 ff. BGB.

Das Rücktrittsrecht ist ein sogenanntes dispositives Recht und kann abbedungen werden. Das Rücktrittsrecht gemäß § 323 BGB knüpft an eine Leistungspflichtverletzung in Form der nicht oder nicht vertragsgemäß erbrachten Leistung an.

3. Rücktrittserklärung

Das Rücktrittsrecht ist ein Gestaltungsrecht und muss ausgeübt werden. Als Gestaltungsrecht bezeichnet man grundsätzlich Rechte, welche bei Vorliegen ihrer Voraussetzungen die Rechtslage durch einseitige Erklärung ändern können. Diese Erklärung ist jedoch nötig, damit publik wird, wann die Rechtsfolge eintreten soll – es bedarf folglich einer Rücktrittserklärung i.S.d. § 349 BGB. Voraussetzung für eine wirksame Erklärung ist die Geschäftsfähigkeit. Bei mehreren Beteiligten ist dieses Rücktrittsrecht unteilbar, § 351 BGB, die Rücktrittserklärung ist zudem bedingungsfeindlich und muss wie eine normale Willenserklärung abgegeben werden und zugehen, um wirksam zu werden.

4. Ablauf der Rücktrittsfrist

Das Rücktrittsrecht erfordert weiterhin grundsätzlich eine erfolglos abgelaufene Frist. Eine Erfüllung innerhalb dieser gesetzten Frist schließt ein Rücktrittsrecht nach § 323 BGB aus. Die Prüfung erfolgt hier wie bei § 281 BGB.

Die Fristsetzung kann, wie aus der Prüfung des Anspruchs §§ 280 I, III, 281 BGB bekannt, entbehrlich sein. Dies ist möglich, wenn gem. § 323 II Nr. 1 BGB der Schuldner die Leistung nach Fälligkeit ernsthaft und endgültig verweigert, wenn gem. § 323 II Nr. 2 BGB der Schuldner die Leistung zu einem im Vertrag bestimmten Termin oder innerhalb einer bestimmten Frist nicht bewirkt und der Gläubiger im Vertrag den Fortbestand seines Leistungsinteresses an die Rechtzeitigkeit der Leistung gebunden hat und wenn gem. § 323 II Nr. 3 BGB besondere Umstände vorliegen, die unter Abwägung der beiderseitigen Interessen den sofortigen Rücktritt rechtfertigen.

5. Kein Ausschluss des Rücktrittsrechts

Das Gesetz geht davon aus, dass der Gläubiger einer teilbaren Leistung bei Nicht- oder Schlechtleistung einer Teilleistung grundsätzlich mit dem bereits erhaltenen Teil etwas anfangen kann. Er gibt ihm deshalb als Regelfall nur die Möglichkeit, vom „gestörten" Vertragsteil zurückzutreten und so die Leistungspflichten zu verkürzen. Der vom Gesetz als Regelfall angestrebte Teilrücktritt in diesen besonderen Fällen setzt logischerweise eine Teilbarkeit von Leistung und Gegenleistung voraus und ist gleichzeitig Ausschluss des Rücktrittsrechts für den nicht gestörten Teil der Schuld.

Nach § 326 IV BGB ist das Rücktrittsrecht auch ausgeschlossen, wenn der Gläubiger den Umstand, der zu der Leistungsverzögerung geführt hat, ganz oder weit überwiegend zu verantworten hat.

6. Rechtsfolge

Durch die Ausübung des Rücktrittsrechts wandelt sich das Schuldverhältnis in ein Rückgewährschuldverhältnis, sofern bereits Leistungen ausgetauscht wurden. Das Schuldverhältnis erlischt also nicht, sondern ändert sich vom ursprünglichen Schuldverhältnis zum Rückgewährschuldverhältnis.

Gezogene Nutzungen i.S.d. § 100 BGB sind herauszugeben, hierzu zählen Früchte und Gebrauchsvorteile. Sind diese nicht in natura herauszugeben, greift insofern § 346 II 1 Nr. 1 BGB. Wertminderungen bleiben allerdings außer Betracht.

Das Rücktrittsrecht bleibt bestehen, wenn eine wesentliche Verschlechterung, ein Untergang der Sache oder sonstige Unmöglichkeit vorliegt. Sollte eine Herausgabe in natura nicht oder nicht mehr möglich sein, greift insoweit § 346 II BGB ein, der Wertersatz anordnet.

Ein beachtenswerter Unterfall der Regelung ist § 346 II S. 1 Nr. 2 BGB. Hiernach muss der Schuldner Wertersatz leisten, wenn er den empfangenen Gegenstand verbraucht, veräußert, belastet, verarbeitet oder umgestaltet hat.

Gem. § 346 II S. 1 Nr. 3 Alt. 2 BGB ist zudem Wertersatz zu leisten, wenn die Leistung untergeht.

Zuletzt ist gem. § 346 II S. 1 Nr. 3 Alt. 1 BGB auch Wertersatz zu leisten, wenn sich die Sache verschlechtert hat. Bei der Berechnung der Höhe des Wertersatzes ist zusätzlich § 346 II S. 2 BGB zu beachten. Es wird insoweit die vertragliche Gegenleistung angerechnet. Zudem ist beachtlich, dass gem. § 348 BGB die Pflichten aus dem Rückgewährschuldverhältnis Zug-um-Zug erfüllt werden sollen.

IX. PRÜFUNG DER AUFRECHNUNG IM ANSPRUCHSUNTERGANG

Schulden sich zwei Parteien gleichartige Leistungen ermöglicht die Aufrechnung eine vereinfachte Abwicklung, in aufgerechneter Höhe der Schuld geht der Anspruch mit Erfüllungswirkung unter. Die Aufrechnung ist mithin unter „Anspruch untergegangen" oder „Anspruch erloschen" zu prüfen.

I. Anspruch entstanden
II. Anspruch untergegangen

1. Aufrechnungslage gem. § 387 BGB
a. Gegenseitige Forderungen
aa. Forderung des Aufrechnungsgegners gegen den Aufrechnenden (Hauptforderung)
bb. Forderung des Aufrechnenden gegen den Aufrechnungsgegner (Gegenforderung)
b. Gleichartigkeit der Forderungen
c. Bestehende, fällige und durchsetzbare Gegenforderung
d. Erfüllbare Hauptforderung
2. Aufrechnungserklärung gem. § 388 BGB
3. Kein Aufrechnungsausschluss
a. Vertraglicher Ausschluss der Aufrechnung
b. Gesetzlicher Ausschluss der Aufrechnung

III. Anspruch durchsetzbar

1. Aufrechnungslage

In der Aufrechnungslage ist zunächst zu prüfen, ob sich zwei Forderungen gegenseitig gegenüberstehen. Die Forderung des Aufrechnenden bezeichnet man hierbei als Gegenforderung, die Forderung des Aufrechnungsgegners als Hauptforderung. Die Gegenforderung muss dem Aufrechnenden selbst zustehen. Mit der Forderung eines Dritten kann nicht einmal aufgerechnet werden, auch wenn dessen Einwilligung vorliegt. Die geschuldeten Leistungen müssen ihrem Gegenstand nach auch gleichartig sein. Eine Aufrechnung kommt daher wohl nur bei Geld und vertretbaren Sachen im Sinne des § 91 BGB in Betracht. Zur vollständigen Prüfung gehört ebenfalls die Feststellung des Bestehens der Gegenforderung und die Prüfung und Feststellung ihrer Fälligkeit und Durchsetzbarkeit. Die Hauptforderung muss erfüllbar sein und ist mithin an weniger Bedingungen als die Gegenforderung geknüpft. Dies ergibt sich daraus, dass der Aufrechnende der Schuldner der Hauptforderung ist.

2. Aufrechnungserklärung

Die Aufrechnungserklärung steht nur dem Aufrechnenden zu, sie kann nicht von einem Dritten erklärt werden. Es gibt wenige, in der Ausbildung kaum relevante Ausnahmen von dieser Regel, beispielsweise, wenn ein ablöseberechtigter Dritter mit einer ihm zustehenden Forderung aufrechnen will oder in den §§ 1142, 1150 und 1249 BGB. Die Aufrechnung ist ein Gestaltungsrecht, entsprechend tritt die Wirkung erst mit wirksamer Erklärung ein, es handelt sich um eine empfangsbedürftige Willenserklärung, auf welche die §§ 104 ff. BGB Anwendung finden.

3. Kein Aufrechnungsausschluss

Ein Aufrechnungsausschluss kann sowohl durch Vertrag, als auch durch Gesetz bestehen. Hinsichtlich der vertraglichen Möglichkeit, eine Aufrechnung auszuschließen ist beachtlich, dass gegenüber Verbrauchern gem. § 309 Nr. 3 BGB die Aufrechnung nicht per se in Allgemeinen Geschäftsbedingungen ausgeschlossen werden darf. Neben § 392 und § 394 BGB ist § 393 BGB der wohl wichtigste gesetzliche Aufrechnungsausschluss. § 393 BGB begründet ein Aufrechnungshindernis gegen eine Forderung aus einer vorsätzlich begangenen unerlaubten Handlung, wichtiges gesetzgeberisches Motiv hinter der Regelung ist die Vermeidung von Privatrache und Selbstjustiz.

X. PRÜFUNG DER WIRKSAMKEIT EINER ABTRETUNG

Die Abtretung, auch Zession, ist in den §§ 398 ff. BGB geregelt. Gegenstand der Abtretung sind Ansprüche i.S.d. § 194 I BGB, es handelt es sich bei der Abtretung mithin um eine Verfügung. Der Schuldner kann dem Neugläubiger, also demjenigen, der etwas durch Abtretung erlangt hat, Einwendungen entgegensetzen, die zur Zeit der Abtretung der Forderung gegen den Altgläubiger begründet waren. Typisches Beispiel hierfür ist eine zwischen Altgläubiger und Schuldner vereinbarte Stundung.

I. Anspruch entstanden

1. Bestehen der Forderung
2. Abtretungseinigung
3. Abtretbarkeit der Forderung
4. Berechtigung zur Abtretung

II. Anspruch untergegangen
III. Anspruch durchsetzbar

1. Bestehen der Forderung

Erster Prüfschritt bei der Wirksamkeit der Abtretung ist die Feststellung des Bestehens der abzutretenden Forderung. Das Bestehen meint in diesem Fall nicht bloß die Entstehung der Forderung, auch darf diese nicht erloschen, bzw. untergegangen sein und muss durchsetzbar sein.

2. Abtretungseinigung

Die Abtretung kommt durch Einigung zustande, sie ist ein Vertrag zwischen dem alten Schuldner der Forderung und dem neuen Gläubiger der Forderung.

3. Abtretbarkeit der Forderung

Eine Forderung kann gemäß § 399 BGB nicht abgetreten werden, wenn die Abtretung durch Vereinbarung ausgeschlossen ist. Gemäß § 399 BGB ist die Abtretung ebenfalls ausgeschlossen, wenn die Leistung an einen anderen als den ursprünglichen Gläubiger nicht ohne Veränderung ihres Inhalts erfolgen kann. Eine Inhaltsänderung durch die Abtretung liegt insbesondere bei höchstpersönlichen Ansprüchen vor. Gem. § 400 BGB sind unpfändbare Forderungen nicht abtretbar, um dem Gläubiger das Existenzminimum zu sichern.

4. Berechtigung zur Abtretung

Der Altgläubiger muss berechtigt sein. Da bei einer Forderung, als bloß geistiges Konstrukt, ein gutgläubiger Forderungserwerb grundsätzlich aus, die bekannten Schemata und Rechtsscheinsannahmen aus dem Sachenrecht sind deswegen nicht anwendbar. Eine Ausnahme besteht gemäß § 405 BGB, wenn der Schuldner eine Urkunde über die Schuld ausgestellt hat.

C. ÜBUNGSKLAUSUREN

In diesem Teil werden zwei Übungsklausuren mit Lösung vorgestellt. Die erste Klausur befasst sich mit der Verletzung von Schutz- und Rücksichtnahmepflichten und thematisiert mithin die Anspruchsgrundlage §§ 280 I, 241 II BGB.

Die zweite Klausur befasst sich mit einem Anspruch auf Schadensersatz statt der Leistung wegen Nicht- oder Schlechtleistung trotz Fälligkeit, Fristablauf und Möglichkeit im Sinne der §§ 280 I, III, 281 BGB.

I. SACHVERHALT, DER BLUMENKÜBEL

F benötigt, um sich nach dem anstrengenden Lernen entspannen zu können, eine neue Couch. Er geht daher zu Möbelhändler M und erwirbt eine Couch zum Preis von 1.500,00 Euro inklusive Mehrwertsteuer, zudem vereinbart er mit dem Möbelhändler M, dass ihm diese frei Haus am nächsten Montag hinter die erste verschließbare Tür geliefert wird.

Vereinbarungsgemäß steht der Lieferwagen des Möbelhändlers M am nächsten Montag vor der Tür. Beim Ausladen der Couch stößt Möbelhändler M, der die Lieferung selbst ausführt, gegen den einen Blumenkübel des F. Dieser geht zu Bruch, die sich darin befindenden Blumen sind ebenfalls zerstört, beides hat einen Wert von zusammen 150,00 Euro. Dieses Geld verlangt F, er möchte die Sachen gern neu beschaffen.

F begehrt von Möbelhändler M vertraglichen Schadensersatz in Höhe von 150,00 Euro. Zu Recht?

II. LÖSUNGSVORSCHLAG, DER BLUMENKÜBEL

F könnte einen Anspruch auf Schadensersatz in Höhe von insgesamt 150,00 Euro gem. §§ 280 I, 241 II BGB gegen M haben.

1. Anspruch entstanden

Zunächst müsste der Anspruch entstanden sein. Dies ist der Fall, wenn die Tatbestandsmerkmale der Anspruchsgrundlage erfüllt sind.

a. Wirksames Schuldverhältnis

Zwischen F und M müsste ein wirksames Schuldverhältnis gem. § 311 I BGB zustande gekommen sein. Ein Schuldverhältnis bezeichnet die schuldrechtliche Sonderverbindung zwischen zwei oder mehr Parteien, welche wenigstens eine Leistungspflicht enthält. Hier könnte ein Schuldverhältnis gem. § 311 I BGB durch einen Vertrag entstanden sein.

Zwischen F und M ist ein wirksamer Kaufvertrag über eine Couch zu einem Preis von 150,00 Euro inklusive Lieferung gem. § 433 BGB geschlossen worden. Damit besteht eine schuldrechtliche Sonderverbindung zwischen zwei oder mehr Parteien mit einer Leistungspflicht. Ein wirksames Schuldverhältnis ist gegeben.

b. Pflichtverletzung

Weiterhin müsste eine Pflichtverletzung vorliegen. Eine Pflichtverletzung liegt grundsätzlich in jedem negativen Abweichen vom geschuldeten Pflichtenprogramm.

M könnte eine Pflicht aus dem Schuldverhältnis verletzt haben. Gem. § 433 I 1 BGB schuldet M die Übergabe der Sache. Diese Pflicht hat M ordnungsgemäß erfüllt. Eine Pflicht nach § 433 I 1 BGB wurde von M daher nicht verletzt.

M könnte allerdings eine Nebenpflichtpflicht gem. § 241 II BGB verletzt haben. Nach § 241 II BGB hat der Schuldner Rücksicht auf die Rechte, Rechtsgüter und Interessen des anderen Teils zu nehmen. Es könnte ein Rechtsgut des F verletzt sein. Ein Rechtsgut ist u.a. das Eigentum. Das Eigentum könnte durch fehlende Rücksichtnahme beschädigt worden sein. Eine Eigentumsverletzung liegt vor, wenn eine fremde Sache, beschädigt, zerstört oder entzogen wird. M hat bei der Lieferung der Couch den Blumenkübel von F umgestoßen und damit den Blumenkübel und die darin befindlichen Blumen zerstört.

Der Kübel und die Blumen stehen im Eigentum von F, sie sind somit eine fremde Sache für M und wurden zerstört. Eine Eigentumsverletzung liegt vor, somit wurde ein Rechtsgut von F verletzt. Gem. § 241 II BGB liegt folglich eine Nebenpflichtverletzung vor, eine Pflichtverletzung ist gegeben.

c. Vertretenmüssen

Weiterhin müsste M die Pflichtverletzung nach § 280 I 2 BGB zu vertreten haben. Nach § 280 I 2 BGB wird das Verschulden des Schuldners gesetzlich vermutet. Die Verschuldensvermutung ist eine widerlegbare Vermutung, das heißt, dass M sich entlasten könnte. M trägt hier nichts zur Entlastung vor, daher bleibt es bei der Verschuldensvermutung gem. § 280 I 2 BGB und M hat die Pflichtverletzung somit zu vertreten.

d. Rechtsfolge

Letztlich müsste ein Schaden entstanden sein. Ein Schaden ist jede unfreiwillige Vermögenseinbuße. Der Blumenkübel und die Blumen waren 150,00 Euro wert und sind nunmehr zerstört. F war auch nicht mit der Zerstörung einverstanden. Folglich liegt eine unfreiwillige Vermögenseinbuße vor. Ein Schaden ist entstanden.

Weiterhin müsste der Schaden kausal durch die Pflichtverletzung verursacht worden sein (haftungsausfüllende Kausalität). Dies wäre der Fall, wenn die Nebenpflichtverletzung nicht hinweggedacht werden kann, ohne dass der Schaden entfiele. Vorliegend ist durch den Stoß mit der Couch von M der Blumenkübel von F umgestoßen und zerstört worden. Hätte M seine Nebenpflicht, hier Rücksicht auf das Rechtsgut Eigentum zu nehmen, beachtet, hätte F keinen Ersatz in Höhe von 150,00 Euro beschaffen müssen. Folglich ist die Pflichtverletzung ursächlich für den Schadenseintritt gewesen. Somit liegt die haftungsausfüllende Kausalität vor.

Art und Umfang des Schadensersatzes bemessen sich nach §§ 249 ff. BGB. Nach § 249 I BGB ist Schadensersatz in Form der Wiederherstellung des ursprünglichen Zustandes zu leisten (Naturalrestitution). Gemäß § 249 II 1 BGB kann bei Beschädigung einer Sache Geldersatz verlangt werden. Vorliegend begehrt F als Art des Schadenersatzes die Erstattung der Kosten für die Neuanschaffung. Somit hat F einen Anspruch Schadensersatzes in Form der aufzuwendenden Kosten in Höhe von 150,00 Euro. Ein Mitverschulden von F gem. § 254 BGB ist nicht ersichtlich. Demnach ist der Anspruch entstanden.

2. Anspruch nicht untergegangen

Anhaltspunkte für einen Untergang des Anspruchs sind nicht ersichtlich.

3. Anspruch durchsetzbar

Gleiches gilt im Hinblick auf mögliche rechtshemmende Einreden des Schuldners. Der Anspruch ist durchsetzbar.

4. Ergebnis

F hat einen Anspruch auf Schadensersatz in Höhe von 150,00 Euro gem. §§ 280 I, 241 II BGB gegen M.

III. SACHVERHALT, DER POOL

Am 13.08. hat der Sohn der K Geburtstag und sie will für ihn eine Party ausrichten. Dieses Jahr hat sie sich überlegt, eine Poolparty zu veranstalten.

Da sie noch keinen Pool besitzt, geht sie zum örtlichen Baumarkt von B. Dort sind mehrere Pools in der Ausstellung aufgebaut, sie entscheidet für einen Aufstellpool 357 x 122 cm zu einem Werbepreis von 200,00 Euro.

Nach Rücksprache mit B erfährt sie, dass der Pool bestellt und dann geliefert werde, dies sei alles zu einem Preis von 200,00 Euro inklusive Mehrwertsteuer möglich.

K schildert B ihr Vorhaben, dass sie eine Poolparty am 13.08. veranstalten will und vereinbart daraufhin mit B, dass der Pool spätestens am 11.08. um 15.00 Uhr geliefert wird, damit K noch alles für die Party vorbereiten und den Pool auch noch befüllen könne.

Am 11.08. um 15.00 Uhr liefert B den Pool jedoch nicht an. K ruft gegen 16.00 Uhr bei B an. In dem Telefonat erläutert B der K, dass heute keiner seiner Auslieferungsfahrer den Pool ausliefern könne, das Lieferfahrzeug sei defekt und er könne daher leider nicht mehr termingerecht liefern. Zudem sei es nicht absehbar, wann das wieder ginge. Eine andere Firma wolle er mit der Lieferung nicht beauftragen, das sei ihm zu teuer, ein Fahrzeug wolle er für so einen Kleinauftrag auch nicht extra anmieten. Als K daraufhin sagt, dass B sich absprachewidrig verhalte, antwortet B, sie könne sich den Pool sonst wo holen, von ihm bekomme sie ihn jedenfalls nie mehr.

K möchte die Poolparty keinesfalls absagen und fährt daher in den nächstgelegenen Ort. Dort findet sie im Baumarkt von H einen Pool desselben Modells noch einmal, dort kostet der Pool allerdings inklusive Mehrwertsteuer und Lieferung 50,00 Euro, was aber marktüblich ist.

K begehrt von B den Ersatz der in Höhe von 50,00 Euro entstandenen Mehrkosten für die anderweitige Beschaffung des Pools.

Bearbeitervermerk: Ein wirksamer Kaufvertrag zwischen K und B ist zustande gekommen.

IV. LÖSUNGSVORSCHLAG, DER POOL

K könnte einen Anspruch auf Schadensersatz statt der Leistung in Höhe von 50,00 Euro gem. §§ 280 I, III, 281 BGB gegen B haben.

1. Anspruch entstanden

Der Anspruch müsste entstanden sein. Ein Anspruch entsteht, wenn die Tatbestandsmerkmale der Anspruchsgrundlage gegeben sind.

a. Wirksames Schuldverhältnis

Zunächst müsste ein wirksames Schuldverhältnis gem. § 280 I 1 vorliegen. Ein Schuldverhältnis bezeichnet die schuldrechtliche Sonderverbindung zwischen zwei oder mehr Parteien, welches wenigstens eine Leistungspflicht enthält. Hier könnte ein Schuldverhältnis gem. § 311 I BGB durch einen Vertrag entstanden sein. Laut Bearbeitervermerk haben K und B einen wirksamen Kaufvertrag gem. § 433 BGB über den Aufstellpool zu einem Preis von 200,00 Euro inklusive Mehrwertsteuer und Lieferung geschlossen. Damit besteht eine schuldrechtliche Sonderverbindung mit mindestens einer Leistungspflicht, folglich liegt ein wirksames Schuldverhältnis gem. § 311 I BGB vor.

b. Pflichtverletzung

Des Weiteren müsste gem. § 280 I 1 BGB eine Pflichtverletzung des B vorliegen. Eine Pflichtverletzung bezeichnet grundsätzlich jedes negative Abweichen vom Pflichtprogramm, im Falle des § 281 BGB kommt hierfür eine Nicht- oder Schlechtleistung einer fälligen, möglichen und durchsetzbaren Pflicht bei fruchtloser Fristsetzung in Betracht.

Gem. § 433 I 1 BGB schuldet B der K die Übergabe des Pools bei ihr zu Hause.

Mit dieser Leistung könnte B gem. § 281 BGB in Verzug geraten sein. Dazu müsste die Leistung zunächst fällig sein. Gem. § 271 II BGB ist die Leistung fällig, wenn ein Termin zur Leistung bestimmt wurde. B und K hatten sich darauf geeinigt, dass B den Pool am 11.08. um 15.00 Uhr liefert, ein Termin zur Leistung war mithin bestimmt. Die Leistung war am 11.08. um 15.00 Uhr fällig.

Weiterhin müsste die Leistung möglich sein. Das ist der Fall, wenn keine Unmöglichkeit der Leistung nach § 275 I BGB vorliegt. Der Pool ist verfügbar und damit grundsätzlich lieferbar, die Leistung ist möglich, ein Fall des § 275 I BGB liegt nicht vor.

Die Leistung müsste darüber hinaus durchsetzbar sein. Entgegenstehende Leistungsverweigerungsrechte sind nicht ersichtlich. Folglich ist die Leistung durchsetzbar.

B müsste zum Fälligkeitszeitpunkt trotz möglicher, durchsetzbarer Leistung die Leistung nicht oder schlecht erbracht haben. Am 11.08. um 15.00 Uhr liefert B den Pool nicht. B hat also die Leistung zum Fälligkeitszeitpunkt trotz möglicher, durchsetzbarer Leistung die Leistung nicht erbracht, eine Nichtleistung liegt mithin vor.

K müsste den B zudem zur Erbringung der Leistung gem. § 281 I 1 Alt. 1 BGB mit Setzen einer angemessenen Frist aufgefordert haben. K hat B hier weder beim Kauf, noch in ihrem Telefonat eine Frist gesetzt, eine Fristsetzung liegt mithin nicht vor.

Die Fristsetzung könnte jedoch nach § 281 II BGB ausnahmsweise entbehrlich sein. Gem. § 281 II Alt. 1 BGB könnte eine ernsthafte und endgültige Leistungsverweigerung durch den Schuldner gegeben sein. B teilt K mit, dass er zurzeit nicht liefern könne und auch nicht absehbar sei, wann das wieder der Fall sein werde, und beendet das Telefonat mit den Worten, dass er nie mehr an sie liefern werde. B verweigert also ernsthaft und endgültig die Leistung. Folglich ist die Fristsetzung entbehrlich. Eine Pflichtverletzung durch Nichterbringen der Leistung trotz Fälligkeit und bei entbehrlicher Fristsetzung liegt vor.

c. Vertretenmüssen

B müsste die Pflichtverletzung zu vertreten haben. Nach § 280 I 2 BGB wird das Verschulden des Schuldners gesetzlich vermutet.

Die Verschuldensvermutung ist eine widerlegbare Vermutung, B kann sich durch geeigneten Tatsachenvortrag exkulpieren. Als Entlastungsversuch könnte die Einlassung von B, sein Fahrzeug sei defekt zu werten sein. Fraglich ist, ob dieser Vortrag dazu führt, dass kein vorsätzliches oder fahrlässiges Handeln mehr vorliegt. Mithin ist zu prüfen, ob B unter Beachtung seines Vortrages vorsätzlich oder fahrlässig gehandelt hat.

Es kommt ein fahrlässiges Handeln von B in Betracht. Gem. § 276 II BGB handelt derjenige fahrlässig, der die im Verkehr erforderliche Sorgfalt außer Acht lässt.

Das Lieferfahrzeug von B ist defekt, allerdings hat B die Lieferung des Pools zu einem bestimmten Termin zugesagt, er muss dann Sorge dafür tragen, dass er die Leistung auch vereinbarungsgemäß ausführen kann. Zudem wäre es möglich, einen Transporter zu mieten oder eine andere Firma mit der Lieferung zu beauftragen. Zudem war der Umstand, dass er vermutlich nicht liefern könne, dem B bereits seit Anfang des Monats bekannt, so dass er sich um eine andere Lieferoption hätte kümmern müssen. Er hat mithin die im Verkehr erforderliche Sorgfalt außer Acht gelassen. B kann fahrlässiges Handeln vorgeworfen werden, eine Entschuldigung gelingt ihm nicht. B hat die Pflichtverletzung zu vertreten.

d. Rechtsfolge

K kann von B den durch die Pflichtverletzung entstehenden Schaden ersetzt verlangen.

Dafür müsste ein Schaden entstanden sein. Ein Schaden ist jede unfreiwillige Vermögenseinbuße. K muss 50,00 Euro mehr für den Pool bei dem anderen Händler bezahlen, diese Vermögenseinbuße ist unfreiwillig. Ein Schaden liegt somit vor.

Weiterhin müsste die haftungsausfüllende Kausalität gegeben sein, dies ist der Fall, wenn ein ursächlicher Zusammenhang zwischen Pflichtverletzung und Schaden derart gegeben ist, dass die Pflichtverletzung nicht hinweggedacht werden kann, ohne dass der Schaden in seiner konkreten Gestalt entfiele und der Schadenseintritt auch adäquate Folge der Pflichtverletzung gewesen ist.

Hätte B den Pool zum vereinbarten Zeitpunkt geliefert, hätte K keinen Pool von einem anderen Händler zu einem Preis von 50,00 Euro mehr erwerben müssen, dass es zu einem derartigen Ersatzkauf kommt, ist auch nicht außerhalb jedes erwartbaren Geschehensverlaufes. Der Schaden ist mithin ursächlich auf die Pflichtverletzung zurückzuführen, die haftungsausfüllende Kausalität ist damit gegeben.

Art und Umfang des Schadensersatzes bemessen sich nach §§ 249 ff. BGB. K ist so zu stellen, wie sie ohne das schädigende Ereignis, d.h. ohne die Pflichtverletzung in Form der Nichtleistung stehen würde. Es gibt keine Anhaltspunkte für ein Mitverschulden der K gem. § 254 BGB. Somit hat K einen Anspruch auf Schadensersatz in Höhe von 50,00 Euro. Der Anspruch ist folglich entstanden.

2. Anspruch nicht untergegangen

Anhaltspunkte für rechtsvernichtende Einwendungen und somit einen Untergang (Erlöschen) des Anspruchs sind nicht ersichtlich.

3. Anspruch durchsetzbar

Gleiches gilt im Hinblick auf rechtshemmende Einwendungen des Schuldners. Der Anspruch ist durchsetzbar.

4. Ergebnis

K hat einen Anspruch auf Erstattung der entstandenen Kosten für den Pool in Höhe von 50,00 Euro aus §§ 280 I, III, 281 als Schadensersatz statt der Leistung gegen B.

TEIL 4: SCHULDRECHT – BESONDERER TEIL

Das besondere Schuldrecht ist in den §§ 433 BGB–853 BGB geregelt, es geht bei gleichem Regelungsinhalt dem allgemeinen Schuldrecht als speziellere Regelung vor und beinhaltet sowohl Regeln zu vertraglichen Schuldverhältnissen, wie auch zu gesetzlichen Schuldverhältnissen. In dem vorliegenden Teil vier wird ein Überblick über die vertraglichen, besonderen Schuldverhältnisse gewährt, das Bereicherungs- und Deliktsrecht sind aufgrund ihrer eigenen Systematiken in den Teilen sechs und sieben aufbereitet.

A. EINFÜHRUNG

Der besondere Teil des Schuldrechts befasst sich mit konkreten Typen von Schuldverhältnissen, zum Beispiel dem Kaufvertrag, dem Mietvertrag oder Werkvertrag. Anders als der allgemeine Teil des Schuldrechts, dessen vor die Klammer gezogene Regelungen für jedes Schuldverhältnis gelten, gelten die Vorschriften des besonderen Teils jeweils nur für den jeweiligen Typ von Schuldverhältnis.

Man unterscheidet insoweit zwischen vertraglichen Schuldverhältnissen, die durch Rechtsgeschäft zwischen den Parteien zustande kommen, und gesetzlichen Schuldverhältnissen, die unabhängig von einer vertraglichen Abrede entstehen. In diesem Zusammenhang hilft es, sich einige Grundsätze des Bürgerlichen Gesetzbuches in Erinnerung zu rufen. Privatautonomie, jeweils in der Ausprägung der Vertragsabschluss- und der Vertragsgestaltungsfreiheit findet ebenso Eingang in das Schuldrecht, wie der Grundsatz des Schwächerenschutzes, der sich auch bereits im Allgemeinen Teil niederschlägt, das Erfüllungsprinzip und der Kompensationsgrundsatz.

Beim Kaufvertrag (§ 433 BGB) handelt es sich um ein vertragliches Schuldverhältnis, weil es durch Einigung zustande kommt.

A fährt mit seinem Pkw auf den des B auf. Bei einem hier entstandenen Anspruch des B gegen den A aus Delikt (§ 823 BGB) handelt es sich um ein gesetzliches Schuldverhältnis, weil es ohne eine vertragliche Abrede zwischen den Parteien zustande kommt.

Grundprinzip des Schuldrechts ist der Vorrang der Vorschriften des Besonderen Teils vor den Vorschriften des Allgemeinen Teils. Grundsätzlich ist daher bei jedem Schuldverhältnis in der Klausur immer erst zu prüfen, ob die Vorschriften des besonderen Teils eine Regelung zu dem jeweiligen Problem enthalten, da diese dann den Normen des allgemeinen Teils vorgehen.

Andererseits verweisen Vorschriften des besonderen Teils häufig auf Normen aus dem allgemeinen Teil zurück.

§ 437 BGB verweist für die kaufrechtliche Gewährleistung auf allgemeine Vorschriften, beispielsweise auf die des Rücktritts- (§§ 323, 326 V BGB) und Schadensersatzrechts (§§ 280, 281, 283, 311a BGB); § 634 BGB tut dasselbe für die werkvertragliche Gewährleistung.

Die im besonderen Teil des Schuldrechts geregelten Vertragstypen sind im Übrigen nicht abschließend. Die Parteien können jederzeit Vertragsformen mischen bzw. eigene Vertragstypen entwickeln.

B. KAUFRECHT

Das Kaufrecht bildet den Anfang des besonderen Schuldrechts und ist in den §§ 433–480 BGB geregelt. Während sich der erste Untertitel in den Vorschriften der §§ 433–453 BGB mit den wichtigen allgemeinen Vorschriften befasst, werden in der Folge die eher am Rande ausbildungsrelevanten Geschäfte des Kaufs auf Probe, des Wiederkaufs und des Vorkaufs geregelt. Besondere Aufmerksamkeit ist sodann auf den dritten Untertitel zu lenken, der spezielle Regeln für den Verbrauchsgüterkauf enthält, Verbrauchsgüterkäufe sind Verträge, durch die ein Verbraucher (§ 13 BGB) von einem Unternehmer (§ 14 BGB) eine Ware (§ 241a I BGB) kauft.

I. EINFÜHRUNG

Durch den Kaufvertrag wird der Verkäufer einer Sache in § 433 I 1 BGB verpflichtet, die Sache zu übergeben und dem Käufer Eigentum daran zu verschaffen. § 433 I 2 BGB verpflichtet den Verkäufer dazu, die Sache frei von Sach- und Rechtsmängeln zu verschaffen und ist damit Ausgangspunkt des Gewährleistungsrecht

Der Käufer ist verpflichtet, die Sache abzunehmen und den vereinbarten Kaufpreis zu zahlen, § 433 II BGB.

Gegenstand des Kaufvertrages ist i.d.R. eine Sache i.S.d. § 90 BGB, es können indes auch Rechte wie Forderungen oder Sachgesamtheiten wie Unternehmen ver- und gekauft werden. In aller Regel wird nicht erforderlich sein, zu prüfen, ob es sich bei dem Erwerbsgegenstand um ein taugliches Kaufobjekt handelt. Fälle in denen hier Probleme liegen, sind in der Regel Abseits der Praxis und beschäftigen sich eher mit Fragen der Wirksamkeit eines Vertrages im Kontext der §§ 134, 138 BGB. Der Kaufvertrag selbst kommt – wie die anderen rechtsgeschäftlichen Schuldverhältnisse auch – durch Einigung, also zwei übereinstimmende Willenserklärungen, Angebot und Annahme zustande. Ist der Vertrag zustande gekommen, besteht die Möglichkeit, dass die Pflichten des Verkäufers i.S.d. § 433 I 2 BGB nicht oder schlecht erfüllt werden, sprich, die Kaufsache sach- oder rechtsmangelhaft ist. Für diese Fälle sind im besonderen Teil Schuldrechts Regelungen getroffen worden, die sich mit den speziellen Gewährleistungsvoraussetzungen und Rechtsfolgen des Kaufrechts beschäftigen. Die nachfolgend dargestellten Gewährleistungsrechte.

Die diesbezüglichen Regeln des Kaufrechts (und des Werkvertragsrechts) stehen im Kontext des Rechts der zweiten Andienung oder des sog. „Vorrangs der Nacherfüllung", auch „Recht der zweiten Andienung" genannt. Im Kaufrecht gilt der Vorrang der Nacherfüllung gemäß §§ 437 Nr. 1, 439 BGB, der Verkäufer soll eine zweite Chance bekommen, eine mangelfreie Sache zu liefern und seine ursprünglichen Verpflichtungen zu erfüllen.

Erst beim Scheitern der Nacherfüllung stehen dem Käufer weitere Gewährleistungsrechte wie Rücktritt, Schadensersatz oder Minderung zu, dies drückt sich durch das Fristsetzungserfordernis in allen Gewährleistungsrechten außer dem Nacherfüllungsanspruch au Erst wenn der die Frist zur Nacherfüllung erfolglos verstrichen ist – oder diese ausnahmsweise entbehrlich ist – ist es möglich ein Gewährleistungsrecht außer der Nacherfüllung erfolgreich geltend zu machen.

Für die Fallbearbeitung bedeutet das, dass bei offenen Aufgabenstellungen wie „Wie ist die Rechtslage?" oder „welche Rechte kann K geltend machen?" auch sinnvollerweise zuerst die Nacherfüllung geprüft werden sollte, bevor sich der Rücktrittsprüfung, der Minderungsprüfung oder Untersuchung von Schadensersatzansprüchen zugewandt wird.

Erwähnenswerter Sonderaspekt sind die §§ 474 ff. BGB, die Vorschriften zum Verbrauchsgüterkauf. Kauft ein Verbraucher i.S.d. § 13 BGB von einem Unternehmer i.S.d. § 14 BGB eine Ware i.S.d. § 241a BGB, so sind die Vorschriften den dritten Untertitels „Verbrauchsgüterkauf" auf den Kaufvertrag anwendbar. Sie dienen dem Schwächerenschutz – der Verbraucher bekommt durch die enthaltenen Regelungen Privilegien gegenüber dem Unternehmer zugesprochen. Der klausurrelevanteste Fall ist der § 477 BGB, welcher sich mit einer Beweislastumkehr zu Gunsten des ansonsten beweispflichtigen Verbrauchers, im Falle des Gefahr- und Lastenübergangs beschäftigt. Seltener, aber nicht völlig ohne Bedeutung, erscheint § 476 BGB – er beschäftigt sich mit der Wirksamkeitskontrolle sog. „abweichender Vereinbarungen", manchmal auch Negativbeschaffenheitsvereinbarung genannt. Die Vereinbarung hinsichtlich der Möglichkeit des Abweichens von objektiven Anforderungen aus § 434 III BGB im Verbraucher-Unternehmer-Verhältnis unterliegt gem. § 476 BGB einer Ausdrücklichkeits- und Absonderungskontrolle.

II. EINZELNE ANSPRUCHSGRUNDLAGEN

Im nachfolgenden Teil werden die zentralen Anspruchsgrundlagen des kaufrechtlichen Gewährleistungsrechts dargestellt, bei den Aufbauhinweisen handelt es sich um Vorschläge, die eine Orientierung ermöglichen und gleiche Tatbestandsmerkmale an gleicher Stelle prüfen, um so ein systematisiertes Lernen zu erleichtern. Letztlich sind die allermeisten Tatbestandsmerkmale in ihrer Reihenfolge austauschbar, auch existieren leicht divergierende Benennungen und selbstverständlich ist auch in der konkreten Prüfungssituation Schwerpunktsetzung gefragt: Sind im Sachverhalt nicht mit einer Zeile Allgemeine Geschäftsbedingungen erwähnt und diese spielen schlicht keine Rolle, so wird es gut vertretbar sein, den Gewährleistungsausschluss aufgrund von AGBen nicht zu prüfen oder ihn gar überhaupt nicht anzusprechen.

1. Nacherfüllung i.S.d. §§ 437 Nr. 1, 439 I BGB

1.	Anspruch entstanden
a.	Wirksamer Kaufvertrag (§ 433 BGB)
b.	Mangel (§§ 434, 435 BGB)
c.	Zum Zeitpunkt des Gefahrübergangs (§§ 446 S. 1, 447 BGB)
d.	Kein Ausschluss der Gewährleistung
aa.	Kein vertraglicher Ausschluss (vgl. § 444 BGB)
bb.	Kein gesetzlicher Ausschluss (§§ 442, 445 BGB oder § 377 HGB)
cc.	Kein Ausschluss durch Allgemeine Geschäftsbedingungen
2.	Anspruch untergegangen
3.	Anspruch durchsetzbar
a.	Besondere Unverhältnismäßigkeit i.S.d. § 439 IV BGB
b.	Unverhältnismäßigkeit i.S.d. §§ 275 II, III BGB
c.	Verjährung i.S.d. § 438 BGB

Der **Nacherfüllungsanspruch** knüpft an die Pflicht des Verkäufers aus § 433 I 2 BGB an, dem Käufer eine mangelfreie Sache zu übergeben und zu übereignen. Im Falle der Lieferung einer Sache, die dieser Anforderung nicht genügt, besteht der Anspruch des Käufers auf Lieferung eines erfüllungstauglichen Kaufgegenstands grundsätzlich fort, der Erfüllungsanspruch modifiziert sich zum Nacherfüllungsanspruch.

Der Verkäufer hat seine Vertragspflicht mithin erst erfüllt, wenn er dem Käufer eine mangelfreie Sache verschafft; ist bereits mangelhaft geleistet worden, kommt der Ursprungserfüllungsanspruch nicht mehr in Betracht, die erstrebte Leistung ist dann durch Nacherfüllung zu erreichen. Der Anspruch auf Nacherfüllung ist eine modifizierte Form des Erfüllungsanspruchs, der sich grundsätzlich dann zum Nacherfüllungsanspruch wandelt, wenn die nicht vertragsgemäße Leistung erbracht wird, ein Kaufvertrag zwischen den Parteien besteht und die Mangelhaftigkeit bei Gefahrübergang und ohne Haftungsausschluss gegeben ist. Diese Umwandlung hat häufig Auswirkungen auf die rechtlichen Rahmenbedingungen, beispielsweise gelten für den umgewandelten Anspruch andere Verjährungsregeln.

Das Gesetz sieht zwei Formen der Nacherfüllung vor, zwischen denen der Käufer wählen darf: Nachbesserung und Nachlieferung. Bei der Nachbesserung beseitigt der Verkäufer den Mangel an der gelieferten Sache. Bei der Nachlieferung, selten auch Neulieferung genannt, übergibt der Verkäufer dem Käufer eine neue, erfüllungstaugliche Sache, häufig wird deswegen auch im Gesamtergebnis formuliert, dass der Käufer „einen Anspruch auf Nacherfüllung, nach Wahl in Form der Nachbesserung oder der Nachlieferung" hat. Beachtenswert bei der Prüfung des Nacherfüllungsanspruches sind auch die weiteren Absätze der Vorschrift des § 439 BGB, sie sind quasi die „Durchführungsbestimmungen" zur

Nacherfüllung. Die Pflicht, die vom Käufer gewählte Art der Nacherfüllung vorzunehmen, entfällt, wenn sie gemäß § 275 BGB unmöglich ist.

§ 439 IV 1 BGB räumt einem Verkäufer das Recht ein, die vom Käufer gewählte Form der Nacherfüllung zu verweigern, wenn sie mit unverhältnismäßigen Kosten verbunden ist. § 439 VI BGB verpflichtet den Käufer im Fall der Nachlieferung dazu, dem Verkäufer den mangelhaften Kaufgegenstand nach Maßgabe des Rücktrittsrechts zurückzugewähren. Gemäß § 346 I BGB schuldet er die Rückübertragung des Gegenstands sowie die Herausgabe gezogener Nutzungen i.S.d. § 100 BGB. Gemäß § 347 I BGB schuldet er weiterhin den Ersatz von Nutzungen, die er nach den Regeln der ordnungsgemäßen Wirtschaft hätte ziehen können. Die Pflicht zu Herausgabe und Ersatz von Nutzungen soll vermeiden, dass der Käufer dadurch einen ihm nicht zustehenden Vorteil erlangt, dass er im Austausch für eine gebrauchte Sache eine neue erhält.

a. Wirksamer Kaufvertrag gem. § 433 BGB

Der Anspruch auf Nacherfüllung i.S.d. §§ 437 Nr. 1, 439 I BGB setzt einleuchtenderweise voraus, dass zwischen den Anspruchsparteien ein wirksamer **Kaufvertrag** besteht. Das Zustandekommen des Kaufvertrages ist nach den allgemeinen Regeln in der Fallbearbeitung gegebenenfalls zu prüfen und nicht stets bloß „festzustellen". Das Vorhandensein des Kaufvertrages sollte stets erster Prüfungspunkt das Nacherfüllungsanspruches sein und mit der gebotenen Sorgfalt geprüft werden, sollten weitere kaufrechtliche Gewährleistungsansprüche zu prüfen sein, kann so guten Gewissens nach oben verwiesen werden. Besondere Relevanz erlangt der Punkt, wenn es darum geht, die Einigung der Parteien ihrem Inhalte nach einer Vertragstypus zuzuordnen. So kann es Fälle geben, in denen erörterungsbedürftig ist, ob die Schuld zwischen den Parteien dem Kaufrecht zuzuordnen ist, als ein Kaufvertrag geschlossen worden ist, oder ob ein Werkvertrag oder gar ein Werklieferungsvertrag die beste Beschreibung für das geschlossene Schuldverhältnis sind.

b. Mangel gem. §§ 434, 435 BGB

Eine Mangelhaftigkeit im Sinne des § 437 BGB kann sowohl in einer Rechtsmangelhaftigkeit als auch einer Sachmangelhaftigkeit begründet liegen.

§ 435 BGB beschränkt sich auf die Definition des **Rechtsmangel** Dieser steht dem Sachmangel in Bezug auf die in §§ 437 ff. BGB genannten Rechtsfolgen gleich, ist in der Ausbildung allerdings weit weniger häufig anzutreffen. Ein Rechtsmangel im Sinne des § 435 BGB besteht, wenn der verkaufte Gegenstand nicht frei von Rechten ist, die Dritte gegen den Käufer geltend machen können. Bei ergänzenden oder abw. vertraglichen Vereinbarungen ist von einem Rechtsmangel auszugehen, wenn der Verkäufer dem Käufer zwar den Kaufgegenstand, aber nicht in vollem Umfang die vertraglich vorgesehene Rechtsstellung verschafft. Typische Beispiele für Rechte Dritter sind anhaftende Pfandrechte, Hypotheken oder Grunddienstbarkeiten, andere absolute Rechte wie das Namensrecht und das allg. Persönlichkeitsrecht, Urheber-, Lizenz- und Patentrechte. Dies gilt auch für persönliche Rechte, soweit sie den Dritten zum Besitz des Kaufgegenstandes berechtigen und den Käufer in seiner Verfügungs- und Nutzungsmöglichkeit beeinträchtigen. Öffentlich-rechtliche Bindungen des Kaufgegenstandes können je nach ihrer Art Rechtsmängel oder Sachmängel sein. Rechtsmängel sind beispielsweise solche öffentlichen Rechte, die einen Entzug der Kaufsache bewirken bzw. die Gebrauchstauglichkeit vermindern können und die nicht an die Beschaffenheit der Kaufsache anknüpfen. Hierunter fallen gesetzliche Beschränkungen für öffentlich geförderte Eigentumswohnungen, Verpflichtungen zur Veräußerung eines Grundstücksteils an die Gemeinde zum Straßenbau, Abwasserleitungsrechte eines Zweckverbandes, Beschlagnahmen zur Einziehung bzw. mit Verfügungsverboten, rechtmäßigen Beschlagnahmen in einem strafrechtlichen Ermittlungsverfahren und bei Eintragung eines Kfz in die Fahndungsliste aufgrund einer SIS-Ausschreibung [Beispiele aus *Schulze*, Bürgerliches Gesetzbuch, 11. Auflage 2021, § 435 Rn. 4].

Der **Sachmangel**begriff ist mit der Schuldrechtsreform 2022 inhaltlich weitgehend gleichgeblieben, obwohl sich Formulierungen und damit auch Prüfungspunkte geändert haben.

Vor der Reform war eine Sache frei von Sachmängeln, wenn sie bei Gefahrübergang die vereinbarte Beschaffenheit aufwies oder sich für die vertraglich vorausgesetzte Verwendung eignet oder sich für die gewöhnliche Verwendung eignet und eine übliche Beschaffenheit aufweist.

Die Neufassung des § 434 BGB erweitert nun die Voraussetzungen einer Mangelfreiheit, indem sie Anforderungen an die Mangelfreiheit einer Kaufsache formuliert, von denen insgesamt nicht negativ abgewichen werden darf. Eine Sache ist nunmehr nach § 434 BGB mangelfrei, wenn sie bei Gefahrübergang den subjektiven **und** den objektiven Anforderungen **und** den Montageanforderungen der Vorschrift entspricht. Andersherum ergibt sich aus dieser kumulativen Anforderung, dass ein Abweichen von den Anforderungen schon ausreicht, um eine Sachmangelhaftigkeit zu begründen. In der Ausbildung taucht deswegen häufig die Frage auf, ob es ausreichend sei, sogleich auf den vorliegenden Mangel eizugehen und sich nicht an eine gewisse Prüfungsreihenfolge zu halten. Eine pauschale Beantwortung dieser Aufbaufrage erscheint nicht geboten, in die Abwägung sind einerseits der Vollständigkeitsgrundsatz des Rechtsgutachtens und andererseits das Bedürfnis nach gelungener Schwerpunktsetzung einzubeziehen. Eine sichere, empfehlenswerte Variante kann es deswegen sein, selbst im Falle des Nichtvorliegens subjektiver Anforderungen mangels einer dahingehenden Vereinbarung, die Nichteinschlägigkeit des § 434 II BGB zu prüfen und so letztlich dem Korrektor einer Prüfungsleistung so nicht nur mitzuteilen, dass der Aufbau von § 434 BGB bekannt ist, sondern auch, dass der Sachverhalt ordentlich ausgewertet wurde. Eine typische Formulierung – die sicher auch nicht zu viel Zeit kosten wird – könnte lauten:

Hierzu müsste die ein Sachmangel i.S.d. § 434 BGB vorliegen. Dies ist der Fall, wenn die Kaufsache den subjektiven oder objektiven Anforderungen oder Montageanforderungen nicht entspricht. Es könnte ein Abweichen von subjektiven Anforderungen vorliegen. Dies ist gem. § 434 II BGB der Fall, wenn von einer gesondert vereinbarten Beschaffenheitsanforderung, einer solchen Verwendungszweckvereinbarung oder einer Vereinbarung hinsichtlich Zubehör oder Anleitungen abgewichen wird. Hier haben die Parteien sich nicht über derartigen Anforderungen ausgetauscht, mithin liegen keine subjektiven Anforderungen vor. Ein subjektives Anforderungsabweichen i.S.d. § 434 II BGB ist nicht gegeben.

Weiterhin könnten objektive Anforderungsabweichungen gegeben sein. [...]

Die subjektiven Anforderungen sind in § 434 II BGB normiert. Den subjektiven Anforderungen entspricht der Kaufgegenstand, soweit er die vereinbarte Beschaffenheit hat und sich für die nach dem Vertrag vorausgesetzte Verwendung eignet und mit dem vereinbarten Zubehör und den vereinbarten Anleitungen übergeben wird. Es wird damit gesetzlich klargestellt, dass auch Art, Menge, Qualität, Funktionalität, Kompatibilität und Interoperabilität Teil der Beschaffenheit sind. Die drei Ziffern von Absatz 2 Satz 1 müssen kumulativ erfüllt sein, damit die Sache mangelfrei ist. Wenn also sowohl eine Beschaffenheit vereinbart als auch eine bestimmte Verwendung vertraglich vorausgesetzt ist, die noch nicht durch die vereinbarte Beschaffenheit ermöglicht wird, und beide miteinander in Einklang stehen, muss die Kaufsache beiden Anforderungen genügen. Stehen vereinbarte Beschaffenheit und vorausgesetzte Verwendung miteinander in Widerspruch, ist durch Vertragsauslegung zu ermitteln, was vorgeht.

Die objektiven Anforderungen sind im neuem § 434 III BGB geregelt. Den objektiven Anforderungen entspricht die Sache, wenn sie sich für die gewöhnliche Verwendung eignet und eine Beschaffenheit aufweist, die bei Sachen der gleichen Art üblich ist. Die Art der Sache und die öffentlichen Äußerungen des Verkäufers und anderen Gliedern der Vertragskette, insbesondere in Form von Werbung oder Etiketten, sollen Berücksichtigung finden. Für die Prüfung bedeutet das, dass mit den Möglichkeiten der Sachmangelhaftigkeit wegen objektiver Anforderungsabweichung dezidiert umgegangen werden muss. Zunächst – und nicht mit anderen Prüfungen vermischt – ist deswegen zu prüfen, ob sich für die gewöhnliche Verwendung eignet. Danach soll überprüft werden, ob die Sache eine Beschaffenheit aufweist, die Käufer unter Berücksichtigung entweder der Art der Sache oder Werbungs- oder Werbeähnlicher Aussagen erwarten darf. Erst dann sollte zur Probe- und Musterabweichung und zu den objektiven Zubehör-, Verpackungs- und Anleitungsabweichungen übergegangen werden.

Letztlich kann auch, in der Ausbildung selten, ein Abweichen von der Montageanforderung vorliegen. Montage ist in einem umfassenden Sinn zu verstehen, davon erfasst sind alle Handlungen, die den Gebrauch der Kaufsache durch den Käufer ermöglichen sollen. Dazu gehört das Zusammensetzen der Kaufsache selbst aus Einzelteilen, die Verbindung der Kaufsache mit anderen Sachen des Käufers, das Aufhängen von Oberschränken, das Montieren von Anhängerkupplungen oder der Einbau einer Grafikkarte oder einer Festplatte in den Computer des Käufer Eine unsachgemäße Montage liegt vor, wenn die Montage nicht den Anforderungen entspricht. Unerheblich ist, ob dies vom Verkäufer verschuldet ist. Montiert der Käufer die Sache oder lässt er sie durch von ihm beauftragte Personen montieren, sind die Montageanforderungen erfüllt, wenn die Montage sachgemäß durchgeführt worden ist oder die unsachgemäße Montage nicht auf einem Mangel der vom Verkäufer überlassenen Montageanleitung beruht.

c. Zum Zeitpunkt des Gefahrübergangs gem. §§ 446 S. 1, 447 BGB

Die beschriebene und zuvor geprüfte Mangelhaftigkeit muss, um Gewährleistungsrechte i.S.d. § 437 BGB geltend zu machen, auch bereits zum Zeitpunkt des Gefahrübergangs vorliegen. Zentrale Vorschrift hinsichtlich des Gefahrübergangs ist § 446 BGB. Die Vorschrift bezweckt eine auf den Kauf bezogene Abwandlung des regelmäßigen Übergangs der Leistungs- und der Gegenleistungsgefahr bei Leistungsstörungen nach Vertragsschluss. Geht die Kaufsache vor Kaufabschluss unter, richten sich die Folgen nach § 311a BGB, erfolgt der Untergang nach Vertragsschluss, so würde an sich der Verkäufer frei (§ 275 I BGB), nach § 326 I BGB verlöre er aber den Anspruch auf die Gegenleistung. Demgegenüber ordnet § 446 BGB die Sache mit der Übergabe, wenn diese nicht schon vollständige Erfüllung des Kaufvertrages bewirkt, im Innenverhältnis dem Käufer zu – er hat damit außer der Leistungs- auch die Gegenleistungsgefahr zu tragen, also den vollen Kaufpreis zu zahlen hat. Durch die Gleichstellung von Untergang und Verschlechterung wird dasselbe für den Fall angeordnet, dass die Kaufsache nach Vertragsabschluss, aber vor der Erfüllung verschlechtert wird, was dann angesichts der Maßgeblichkeit des Zeitpunkts des Gefahrübergangs für die Mangelhaftigkeit dem Käufer Gewährleistungsansprüche nimmt. Diese Regelungen entsprechen der Interessenlage insofern, als bei einer Übergabe der Kaufsache, die vor der endgültigen Erfüllung geschieht, der Verkäufer in der Regel vorgeleistet hat, so dass der Käufer die mit dem Besitz verbundenen Risiken und Gefahren übernehmen muss. Grundgedanke des § 446 BGB ist, dass diejenige Vertragspartei, die die tatsächliche Sachherrschaft übernommen hat, das Risiko des Untergangs oder der Verschlechterung der Sache jedenfalls dann tragen soll, wenn die Ursachen hierfür „zufällig" sind, dass sie aber von der Übernahme der Gefahr an auch die Lasten der Sachen tragen und die Nutzungen haben soll; auf die Eigentumsverhältnisse kommt es demgegenüber noch nicht an.

Gefahrübergang tritt mit der Übergabe ein, worunter Verschaffung unmittelbaren Besitzes i.S.d § 854 BGB zu verstehen ist.

Selten wird es nötig sein, den Übergabeakt weiter in die – möglichen – Prüfungspunkte des vollständigen Besitzverlustes des Veräußerers, den Besitzerwerb des Käufers und die entsprechende Veranlassung des Veräußerers zu unterteilen. Im Gegenteil, die richtige Schwerpunktsetzung in der Prüfung wird es zuallermeist gebieten, sich darauf zu konzentrieren, dass Übergabe wegen unmittelbarer Besitzverschaffung vorliegt, weil die tatsächliche Sachherrschaft an der Kaufsache eingeräumt worden ist. Letztlich ist erwähnenswert, nicht aber immer prüfungsrelevant, dass die Übergabe im Zuge der Durchführung des vertraglichen Pflichtenprogramms erfolgt sein muss, um den Gefahrübergang auszulösen, so reicht eine vor Fälligkeit gefälligkeitshalber geschehene Überlassung der Kaufsache hierfür nicht aus. Ebenso wie im Haftungsausschluss ergeben sich auch bei der Prüfung zum Gefahrübergang Besonderheiten beim Verbrauchsgüterkauf. Kauf ein Verbraucher i.S.d. § 13 BGB von einem Unternehmer i.S.d. § 14 BGB eine Ware i.S.d. § 241a BGB, so wird der Verbraucher in gewissen Hinsichten privilegiert. Eines dieser Privilegien findet sich in § 477 BGB – der Beweislastumkehr. Zeigt sich innerhalb eines Jahres seit Gefahrübergang ein von den Anforderungen nach § 434 oder § 475b abweichender Zustand der Ware, so wird vermutet, dass die Ware bereits bei Gefahrübergang mangelhaft war, es sei denn, diese Vermutung ist mit der Art der Ware oder des mangelhaften Zustands unvereinbar. Beim Kauf eines lebenden Tieres gilt diese Vermutung für einen Zeitraum von sechs Monaten seit Gefahrübergang. Typische solcher Unvereinbarkeiten liegen bei Verbrauchs- oder Verschleißgütern vor. Die Beweislastumkehr ist nach ganz herrschender Auffassung aber auch auf gebrauchte Sachen anwendbar, die bloße Tatsache, dass es sich um gebrauchte Sachen handelt, führt also zu keiner Unvereinbarkeit mit der Beweislastumkehr.

d. Kein Ausschluss der Gewährleistung / Haftung

Grundsätzlich sollte in der Falllösung kurz angesprochen worden, ob und wenn ja, wie, ein Gewährleistungsausschluss den Fortgang der Prüfung beeinflusst. Kannte der Käufer den Mangel bei Vertragsschluss, so sind seine Gewährleistungsrechte ausgeschlossen, § 442 I 1 BGB. Dies gilt grundsätzlich auch, wenn der Käufer den Mangel nur infolge grober Fahrlässigkeit nicht kannte. Allerdings macht § 442 I 2 BGB für den Fall eine Ausnahme, dass der Verkäufer den Mangel entweder arglistig verschwieg oder eine Garantie für die Beschaffenheit der Sache übernommen hat. Die Gewährleistung kann auch durch eine Vereinbarung ausgeschlossen werden, der § 444 BGB beschränkt die Wirksamkeit solcher Vereinbarungen, falls der Verkäufer den Mangel arglistig verschwiegen oder eine Garantie für die Beschaffenheit übernommen hat.

Ausnahmen gelten für den Verbrauchsgüterkauf; von den Gewährleistungsvorschriften kann gem. § 476 I BGB nicht zu Lasten des Verbrauchers abgewichen werden. Lediglich in Bezug auf Schadensersatzansprüche sind andere Vereinbarungen auch im Sinne des § 476 III BGB möglich. Möglich, wenn auch selten in der Prüfung relevant, kann unter der o.g. Überschrift auch der § 476 II BGB angesprochen werden, bei gebrauchten Sachen kann die Verjährung zulässigerweise gegenüber § 438 BGB auf ein Jahr reduziert werden. Während der Vollständigkeit halber das Fehlen eines Gewährleistungsausschlusses i.S.d. §§ 442 I und 444 BGB häufig noch in aller Kürze in das Gutachten aufgenommen wird – auch um dem Prüfer zu signalisieren, dass der Prüfungspunkt bekannt und gewahr ist – empfiehlt sich die Prüfung des § 476 BGB nur bei entsprechender Sachverhaltsveranlagung. Möglich ist auch, ggf. die Wirksamkeitsprüfung Allgemeinen Geschäftsbedingungen in diesem Punkt abzuhandeln, da sich diese häufig mit dem Ausschluss von Gewährleistung beschäftigen.

e. Rechtsfolge

Ist die Kaufsache bei Übergabe mangelhaft, so besteht der Anspruch aus § 433 I 2 BGB auf Übergabe einer mangelfreien Sache ab dem Zeitpunkt des Gefahrübergangs nach § 446 1 BGB als Nacherfüllungsanspruch nach §§ 437 Nr. 1, 439 I BGB fort. Damit ist der Nacherfüllungsanspruch mit dem ursprünglichen Erfüllungsanspruch aus § 433 I 1 BGB identisch. Der einzige Unterschied zwischen beiden Ansprüchen besteht in der Verjährung. So verjährt der ursprüngliche Primäranspruch aus § 433 I 1 BGB in der regulären Frist von drei Jahren nach § 195 BGB. Der Nacherfüllungsanspruch hingegen verjährt, zumindest in Bezug auf bewegliche Sachen, in der kurzen Frist von zwei Jahren nach § 438 I Nr. 3 BGB.

Hat der Verkäufer eine mangelhafte Sache geliefert, so gewährt § 439 I BGB dem Käufer das Recht, als Nacherfüllung „nach seiner Wahl" entweder die Beseitigung des Mangels oder aber die Lieferung einer mangelfreien Sache zu verlangen. Die (noch) nicht Ausübung dieses Wahlrechts sollte in der Prüfungs- und Fallbearbeitung nicht schockieren und möglichst kurz, aber souverän abgehandelt werden. Formulierungen wie:

> *K hat einen Nacherfüllungsanspruch gem. § 439 I BGB gegen V, nach seiner Wahl entweder in Form der Nachbesserung i.S.d. des § 439 I Alt. 1 BGB oder in Form der Neulieferung i.S.d. § 439 I Alt. 2 BGB.*

Nachlieferung, Neulieferung und Ersatzlieferung werden hier in der Literatur und Rechtsprechung häufig synonym verwendet, so geraten die Begriffe in der Ausbildung auch gelegentlich durcheinander. Gemeint ist in aller Regel immer die gleiche Rechtsfolge: Sie bedeutet Lieferung einer mangelfreien Sache, als Ersatz für die mangelhafte Sache. Beachtlich ist in diesem Zusammenhang das logischerweise bestehende Rückgaberecht des Käufers (Zug-um-Zug) der defekten, mangelhaften Sache.

f. Besondere Unverhältnismäßigkeit i.S.d. § 439 IV BGB

Gem. § 439 IV BGB kann der Verkäufer die vom Käufer gewählte Art der Nacherfüllung unbeschadet des § 275 II und III BGB verweigern, wenn sie nur mit unverhältnismäßigen Kosten möglich ist. Die Vorschrift setzt also die beiden Arten der Nacherfüllung in ein Verhältnis und soll – in einem gewissen Rahmen – das schikanöse Auswählen einer der Nacherfüllungsarten ausschließen, um den Verkäufer nicht über Gebühr zu belasten. Dabei sind insbesondere der Wert der Sache in mangelfreiem Zustand, die Bedeutung des Mangels und die Frage zu berücksichtigen, ob auf die andere Art der Nacherfüllung ohne erhebliche Nachteile für den Käufer zurückgegriffen werden könnte. Der Anspruch des Käufers beschränkt sich in diesem Fall auf die andere Art der Nacherfüllung.

g. Unverhältnismäßigkeit i.S.d. §§ 275 II, III BGB

Nach § 275 II BGB liegt Unmöglichkeit auch dann vor, wenn die Leistung zwar theoretisch noch erbracht werden kann, jedoch von dem Schuldner Aufwendungen erfordert, die wirtschaftlich in keinem Verhältnis zum Wert der Leistung stehen. Ein Fall der Unmöglichkeit liegt nach § 275 III BGB auch dann vor, wenn der Schuldner die Leistung persönlich zu erbringen hat, diese ihm aber aus bestimmten Gründen nicht zugemutet werden kann. § 275 II und III BGB sind als bloße Einreden ausgestaltet, der Schuldner kann die Leistung verweigern, muss dies aber nicht – gelegentlich wird der Merksatz: „Über Einreden muss man reden!" verwendet.

Die Zuordnung der §§ 275 II und III sowie des § 439 IV BGB wird unterschiedlich vorgenommen, einige verorten diese aufgrund ihres Einredecharakters in der Prüfung von „Anspruch durchsetzbar", Teil der Begründung ist, dass eine Erklärung hinsichtlich der Einredegeltendmachung auch theoretisch zurückgenommen werden könne – der Anspruch dürfe dann nicht untergegangen sein, um wieder „aufzuleben", sondern nur sein Durchsetzbarkeitshindernis verlieren. Andere stellen indes auf den vom Gesetzgeber so intendierten, rechtsvernichtenden Charakter der Einwendungen ab und verorten die o.g. Vorschriften im Anspruchsuntergang. Werde ein Recht vernichtet, so gehe der zu prüfende Anspruch unter und existiere nicht weiter, um nur an Durchsetzbarkeit zu verlieren.

h. Verjährung i.S.d. § 438 BGB

Die Rechte aus § 437 Nr. 1 und 3 BGB unterliegen der Verjährung des § 438 BGB, also einer spezialgesetzlichen Verjährungsregel. Hiernach verjähren Gewährleistungsansprüche regelmäßig in zwei Jahren und damit früher als im Regelfall des § 195 BGB, dieser liegt bei drei Jahren. Für den Rücktritt nach § 437 Nr. 2 BGB gelten die Verjährungsregeln des § 438 I BGB nicht unmittelbar. Dies liegt daran, dass Rücktritt und Minderung keine Ansprüche, sondern Gestaltungsrechte sind, die erst in Ansprüchen münden. Ein Recht als solches kann jedoch nicht verjähren. Daher erklären §§ 438 IV, V, 218 BGB den Rücktritt bzw. das Recht auf Minderung für ausgeschlossen, soweit auch der Nacherfüllungsanspruch verjährt ist.

2. Anspruch aus Rückgewährschuldverhältnis wegen Rücktritts

1. Anspruch entstanden

a. Wirksamer Kaufvertrag (§ 433 BGB)
b. Mangel (§§ 434, 435 BGB)
c. Zum Zeitpunkt des Gefahrübergangs (§§ 446 1, 447 BGB)
d. Fruchtlose Fristsetzung / Entbehrlichkeit der Frist (§ 323 BGB)
e. Keine Unerheblichkeit der Pflichtverletzung (§ 323 V BGB)
f. Kein Ausschluss der Gewährleistung
aa. Kein vertraglicher Ausschluss (vgl. § 444 BGB)
bb. Kein gesetzlicher Ausschluss (§§ 442, 445 BGB oder § 377 HGB)
cc. Kein Ausschluss durch Allgemeine Geschäftsbedingungen
g. Rücktrittserklärung (§ 349 BGB)
h. Rechtsfolge

2. Anspruch untergegangen
3. Anspruch durchsetzbar

Ist eine Nacherfüllung innerhalb der gesetzten Frist nicht vorgenommen worden oder im Sinne des § 440 BGB fehlgeschlagen oder gar unmöglich, kann der Käufer gem. §§ 437 Nr. 2, 346 I, 323 ff. BGB **vom Vertrag zurücktreten**. Wichtig ist darauf zu achten, dass bei der Rücktrittsprüfung eine gelungene Obersatzbildung erfolgt. In dem weit überwiegenden Teil von möglichen Prüfungskonstellationen wird die Fallfrage nicht untersuchen lassen, ob ein „Recht auf Rücktritt" oder etwas Ähnliches besteht, sondern es wird nach den Rechten des Käufers gefragt sein. Das aus dem Rücktritt resultierende Recht des Käufers ist indes nicht der Rücktritt selbst. Entsprechend muss bekannt sein, dass Rechtsfolge des Rücktritts die Umwandlung des ursprünglichen Schuldverhältnisses in ein sogenanntes Rückgewährschuldverhältnis ist und sich die Pflichten zur jeweiligen Rückgewähr nach erfolgtem Rücktritt aus ebendiesem i.S.d. § 346 I BGB ergeben, entsprechend ist § 346 I BGB bei derartigen Fallfragen zwingend in den Obersatz aufzunehmen.

§ 326 V BGB ist indes nur dann zu zitieren, wenn eine Behebung des Mangels unmöglich ist, also nicht in jedem Fall. Die Verjährungsregeln richten sich zwar nach den oben dargestellten Grundsätzen und können hier in der Anspruchsdurchsetzbarkeit geprüft werden, beachtlich ist allerdings, dass Ansprüche des Käufers aus dem durch den Rücktritt entstehenden **Rückgewährschuldverhältnis** nicht der Verjährung nach § 438 BGB unterliegen, sondern der regelmäßigen Verjährung nach §§ 195, 199 BGB, für das in § 437 BGB bezeichnete Rücktrittsrecht gilt § 218 BGB. Der Käufer kann trotz einer Unwirksamkeit des Rücktritts nach § 218 I BGB die Zahlung des Kaufpreises insoweit verweigern, als er auf Grund des Rücktritts dazu berechtigt sein würde. Macht er von diesem Recht Gebrauch, kann der Verkäufer vom Vertrag zurücktreten.

a. Wirksamer Kaufvertrag gem. § 433 BGB

Vgl. oben.

b. Mangel gem. §§ 434, 435 BGB

Vgl. oben.

c. Zum Zeitpunkt des Gefahrübergangs gem. §§ 446 S. 1, 447 BGB

Vgl. oben.

d. Fruchtlose Fristsetzung

Erbringt bei einem gegenseitigen Vertrag der Schuldner eine fällige Leistung nicht oder nicht vertragsgemäß, so kann der Gläubiger nur dann zurücktreten, wenn er dem Schuldner erfolglos eine angemessene Frist zur Leistung oder Nacherfüllung bestimmt hat. Die Fristsetzung verfolgt grundsätzlich den Zweck, dass nicht vorschnell von einem bestehenden Vertragsverhältnis abgerückt werden soll, der Verkäufer soll zudem sein Recht zur zweiten Andienung verwirklichen können. Geschieht dies indes in der gesetzten Frist nicht, ist die Frist fruchtlos verstrichen und die Tatbestandsvoraussetzung ist erfüllt. Ist die Frist nicht gesetzt oder eben nicht fruchtlos verstrichen, kann es trotzdem sein, dass der Tatbestand wegen Entbehrlichkeit einer Fristsetzung erfüllt wird. Die Entbehrlichkeitsgründe hinsichtlich der Fristsetzung finden sich in den §§ 323 II, 326 V und 439 IV, 440 BGB. Zusammenfassend lässt sich sagen, dass eine Fristsetzung i.S.d. § 323 I BGB entbehrlich ist, wenn ein Fall der § 323 II Nr. 1–3 BGB, also beispielsweise endgültige und ernsthafte Verweigerung der Nacherfüllung vorliegt, wenn Unmöglichkeit der Nacherfüllung i.S.d. § 326 V BGB gegeben ist oder wenn die Nacherfüllung zwar möglich ist, aber in beiden Varianten für den Verkäufer mit unverhältnismäßigen Kosten verbunden i.S.d. §§ 439 IV 1, 3, 440 1 BGB ist und letztlich auch, wenn eine Nachbesserung auch nach zwei Versuchen immer noch nicht gelungen ist (§ 440 S. 1, 2 BGB).

e. Kein Ausschluss der Gewährleistung / Haftung

Vgl. oben. Neben den oben erläuterten Ausschlüssen für die Geltendmachung eines Rücktrittsrechts kommt ebenfalls der besondere § 323 V BGB in Betracht, er regelt die den Ausschluss des Rücktritts bei Teilleistungen und Unverhältnismäßigkeit des Mangel Dabei geht die höchstrichterliche Rechtsprechung von Erheblichkeit in diesem Sinne aus, wenn die Reparaturkosten 5 % des Wertes der Sache übersteigen, auch hier sind häufig leicht anders gelagerte Ergebnisse vertretbar. Bei der Prüfung von § 323 V BGB handelt es sich um rücktrittsspezifische Ausschlussgründe, es kann sich deswegen anbieten, sie gedanklich nicht mit den allgemeinen Ausschlüssen einer Gewährleistung, welche auch bei der Nacherfüllung, der Minderung oder dem Schadensersatz eine Rolle spielen können, zu vermischen. Es kann deswegen, wie oben vorgeschlagen, auch eine separate Überschrift im Aufbau gebildet werden.

f. Rücktrittserklärung

Ist die Rücktrittserklärung nach § 349 BGB noch nicht erfolgt, so ist in der Klausurbearbeitung oder in der Prüfung darauf hinzuweisen, dass diese vom Käufer noch vorgenommen werden muss. Keinesfalls ist die Prüfung abzubrechen oder verneinend zu beenden. Bedeutsam ist auch, dass – ähnlich wie bei der Anfechtungserklärung – auch hier eine laiengünstige Auslegung der etwaigen Erklärung des Käufers zu erfolgen hat, ausdrücklich muss das Gestaltungsrecht nicht benannt werden, auch beim Rücktritt muss deswegen das Wort „Rücktritt" nicht fallen. Es reicht aus, wenn aus dem Geäußerten erkennbar ist, dass der Erklärende vom Vertrag Abstand nehmen will.

g. Rechtsfolge

Besondere Beachtung sollte der Rechtsfolge der obigen Prüfung zuteilwerden. Ein Anspruch „auf Rücktritt" wird nicht geprüft, entsprechend ist auch das Ergebnis der Anspruchsprüfung nicht, dass ein Anspruch „auf Rücktritt" entstanden ist. Vielmehr ist die Rechtsfolge der Erfüllung obiger Tatbestandsmerkmale, dass ein Rückgewährschuldverhältnis im Sinne des § 346 I BGB entstanden ist, aus dem die Parteien die ausgetauschten Leistungen zurückzufordern jeweils berechtigt sind. Diese Erkenntnis muss Berücksichtigung sowohl in der Obersatzbildung, als auch in der Ergebnis-, bzw. Gesamtergebnisniederschrift finden. Ist der jeweilige Schuldner der Rückgewährleistung nicht in der Lage, entweder die empfangene Leistung zurückzugewähren oder die gezogenen Nutzungen herauszugeben, hat er gemäß § 346 II BGB Wertersatz zu leisten. § 346 III BGB nennt indes einige Fälle, in denen die unter § 346 II BGB festgestellte Wertersatzpflicht wieder entfällt und nur noch eine verbleibende Bereicherung gemäß § 346 III 2 BGB herauszugeben ist. § 346 III Nr. 1 BGB bezieht sich auf § 346 II Nr. 2 BGB und schließt die Wertersatzpflicht für den Fall aus, dass sich der Mangel, der zum Rücktritt berechtigt, erst während der Umgestaltung oder Verarbeitung zeigt, in der Prüfung handelt es sich hier sich eher um Sonderwissen. Die Regelung ergibt sich daraus, dass der Verarbeitende durch den Mangel nicht die mit der Verarbeitung bezweckte Wertsteigerung erreichen kann, es wäre unbillig, ihn trotzdem zum Wertersatz zu verpflichten. § 346 III Nr. 2 BGB schließt die Wertersatzpflicht in § 346 II Nr. 3 BGB aus, wenn der Gläubiger die Verschlechterung oder den Untergang zu vertreten hat oder der Schaden bei ihm gleichfalls eingetreten wäre. Zu beachten ist hier, dass der Gläubiger der Rückgewährgläubiger ist. § 346 III Nr. 3 BGB, der nur für den gesetzlichen Rücktritt gilt, enthält die Regelung bzgl. des Erlöschens der Wertersatzpflicht. Demnach schuldet der Rücktrittsberechtigte im Fall des Untergangs oder der Verschlechterung des zurückzugewährenden Gegenstands bei ihm nur dann Wertersatz, wenn er die eigenübliche Sorgfalt außer Acht gelassen hat. Wichtig für Prüfungssituationen mit weiten Bearbeitervermerken ist zu wissen, dass wenn der Rücktritt ausgeübt wurde und ein Rückabwicklungsschuldverhältnis entstanden ist, ein Rechtsgrund i.S.d. §§ 812 ff. BGB vorliegt, diese Vorschriften des Bereicherungsrechts also nicht positiv geprüft werden können.

3. Minderung i.S.d. §§ 437 Nr. 2 Alt. 2, 441 BGB

1. Anspruch entstanden

a. Wirksamer Kaufvertrag (§ 433 BGB)
b. Mangel (§§ 434, 435 BGB)
c. Zum Zeitpunkt des Gefahrübergangs (§§ 446 S. 1, 447 BGB)
d. Fruchtlose Fristsetzung / Entbehrlichkeit der Frist (§ 323 BGB)
e. Kein Ausschluss der Gewährleistung
aa. Kein vertraglicher Ausschluss (vgl. § 444 BGB)
bb. Kein gesetzlicher Ausschluss (§§ 442, 445 BGB oder § 377 HGB)
cc. Kein Ausschluss durch Allgemeine Geschäftsbedingungen
f. Minderungserklärung (§ 441 I BGB)
g. Minderungshöhe

2. Anspruch untergegangen
3. Anspruch durchsetzbar

Die Formulierung „statt zurückzutreten" in §§ 437 Nr. 2, 441 I 1 BGB zeigt in aller Deutlichkeit, dass dem Käufer ein Rücktrittsrecht zustehen muss, wenn der Kaufpreis gemindert werden soll.

Dabei erfährt die Rücktrittsprüfung allerdings eine wichtige Modifikation. Auf die Erheblichkeit des Mangels kommt es für die Minderung nach § 441 I 2 BGB nicht an, die Minderung ist also gerade nicht wegen Unerheblichkeit des Mangels ausgeschlossen. Dass die Erheblichkeit des Mangels bei der Minderung keine Rolle spielt, ist in der Sache naheliegend, der Rücktritt hat umfassende Folgen, der ganze Vertrag muss im Rahmen des Rückabwicklungsschuldverhältnisses rückabgewickelt werden – wegen einer Kleinigkeit soll das nicht passieren. Die Minderung indes kann in der Minderungshöhe, also ihrer Folgenschwere, genau angepasst werden und das Äquivalent zum – auch geringen – Mangelunwert bilden. So kommt es, dass die Erheblichkeitsprüfung in der Prüfung der Minderung im Gegensatz zur Rücktrittsprüfung fehlt. Achtsamkeit ist auch hier bei der Formulierung des Obersatzes und der präzisen Beantwortung der jeweiligen Fallfrage geboten. Ist beispielsweise der Kaufpreis schon bezahlt, richtet sich die Rückgewähr des überzahlten Kaufpreises nach §§ 441 IV, 346 I BGB, will der Bearbeitervermerk indes „nur" den geminderten Kaufpreis ermittelt wissen, geht es nicht um die Rückgewähr.

a. Wirksamer Kaufvertrag gem. § 433 BGB

Vgl. oben.

b. Mangel gem. §§ 434, 435 BGB

Vgl. oben.

c. Zum Zeitpunkt des Gefahrübergangs gem. §§ 446 S. 1, 447 BGB

Vgl. oben.

d. Fruchtlose Fristsetzung

Da der Käufer nur zurücktreten oder mindern kann (§ 441 I 1 BGB), gelten für die Minderung die gleichen Voraussetzungen wie für den Rücktritt. Daher ist auch für die Minderung eine Fristsetzung mit Recht zur zweiten Andienung nötig, auch die Entbehrlichkeitsgründe sind mithin übertragbar.

e. Kein Ausschluss der Gewährleistung / Haftung

Mit der Einschränkung, dass bei der Minderung der Ausschlussgrund des § 323 V 2 BGB nicht gilt, wird auf oben verwiesen. Der rücktrittsspezifische Ausschlussgrund ist hier gerade nicht anwendbar weil auch Minderung in sehr geringen Höhen in Betracht kommen und das Schuldverhältnis durch die Minderung nicht gänzlich untergeht, bzw. umgewandelt wird. So kann genauer, unter Erhaltung des Schuldverhältnisses, auf Äquivalenzstörung reagiert werden.

f. Minderungserklärung

Die Minderungserklärung im Sinne des § 441 I BGB kann mündlich oder schriftlich gegenüber dem Verkäufer erfolgen. Das Wort „mindern" muss nicht verwendet werden, es muss aber eindeutig zum Ausdruck kommen, dass der Käufer wegen eines bestimmten Mangels eine entsprechende Reduzierung des Kaufpreises beansprucht. Hierbei gelten die grundsätzlichen Hinweise aus der Rücktrittserklärung, die Erklärung muss laiengünstig ausgelegt werden. Die Minderungserklärung hat gestaltende Wirkung und führt damit ohne weiteres Zutun des Verkäufers oder Käufers zur Reduzierung des Kaufpreises in Höhe des zutreffenden Minderungsbetrage Ist der Kaufpreis schon gezahlt hat der Käufer bei Vorliegen der übrigen Tatbestandsmerkmale einen Rückforderungsanspruch der überbezahlten Summe aus § 441 IV 1 BGB. Ein Rücktritt wegen derselben Mängel ist dann nicht mehr möglich.

g. Minderungshöhe

Die Berechnung der Minderungshöhe ergibt sich aus § 441 III 1 BGB. Der Kaufpreis ist in dem Verhältnis herabzusetzen, in welchem zur Zeit des Vertragsschlusses der Wert der Sache in mangelfreiem Zustand zu dem wirklichen Wert gestanden haben würde. Die vergleichsweise einfach zu merkende Formel zur Ermittlung des Minderungsbetrages gebietet es, den Wert der mangelhaften Sache zuerst mit dem vereinbarten Kaufpreis zu multiplizieren und dieses Ergebnis dann durch den Wert der Sache ohne Mangel zu teilen.

4. Schadensersatz i.S.d. §§ 437 Nr. 3, 280 ff. BGB

1. Anspruch entstanden

a. Wirksamer Kaufvertrag (§ 433 BGB)
b. Mangel (§§ 434, 435 BGB)
c. Zum Zeitpunkt des Gefahrübergangs (§§ 446 S. 1, 447 BGB)
d. Spezifische Voraussetzungen des Schadensersatzes nach den §§ 280 ff. BGB
e. Kein Ausschluss der Gewährleistung
aa. Kein vertraglicher Ausschluss (vgl. § 444 BGB)
bb. Kein gesetzlicher Ausschluss (§§ 442, 445 BGB oder § 377 HGB)
cc. Kein Ausschluss durch Allgemeine Geschäftsbedingungen
f. Schaden

2. Anspruch untergegangen
3. Anspruch durchsetzbar

Der Schadensersatz im Rahmen der Gewährleistungsrechte im Kaufrecht ist in den §§ 437 Nr. 3, 280 ff. BGB geregelt. Im kaufrechtlichen Gewährleistungsrecht sind Schadensersatzansprüche statt der Leistung und Schadensersatzansprüche neben der Leistung möglich. Anknüpfungspunkt für die Schadensersatzansprüche ist die Verletzung der Pflicht zur Lieferung einer mangelfreien Kaufsache i.S.d. § 433 I 2 BGB, die Pflichtverletzung eines Schadensersatzes statt der Leistung muss sich indes bis auf wenige Ausnahmen darauf beziehen, dass sie im Zusammenhang mit der Nacherfüllung passiert ist. Dem Gedanken folgend, dass auch ein Schadensersatz statt der Leistung nicht das Recht der zweiten Andienung verhindern oder aushebeln soll, ist dies geboten.

a. Wirksamer Kaufvertrag gem. § 433 BGB

Vgl. oben.

b. Mangel gem. §§ 434, 435 BGB

Vgl. oben.

c. Zum Zeitpunkt des Gefahrübergangs gem. §§ 446 S. 1, 447 BGB

Vgl. oben.

d. Spezifische Voraussetzungen des Schadensersatzes nach den §§ 280 ff. BGB

§ 437 BGB regelt in seiner Nummer 3 die Berechtigung „nach den §§ 440, 280, 281, 283 und 311a Schadensersatz oder nach § 284 Ersatz vergeblicher Aufwendungen verlangen" und überträgt damit die wichtigsten Schadensersatzansprüche des allgemeinen Teils in das kaufrechtliche Gewährleistungsrecht und stellt ihnen die Sachmangelhaftigkeits- und Gefahrübergangsprüfung voran.

Schadenersatz statt der Leistung wegen nachträglicher Unmöglichkeit der Nacherfüllung nach §§ 437 Nr. 3, 280 I, III, 283 BGB ist hier ebenso möglich, wie bei einer möglichen Nacherfüllung, die vom Verkäufer jedoch nicht trotz Fälligkeit innerhalb einer Frist oder ihrer Entbehrlichkeit erbracht wird, also Schadensersatz statt der Leistung wegen Nichtleistung der Nacherfüllung nach §§ 437 Nr. 3, 280 I, III, 281 BGB.

Bei der Verletzung von besonderen **Schutzpflichten gemäß § 241 II BGB**, kann ein Schadenersatz nach §§ 437 Nr. 3, 280 I, III, 282 BGB entstehen, was die absolute Ausnahme in der Prüfung sein sollte – auch Schadensersatz neben der Leistung nach § 437 Nr. 3, 280 I, 241 II BGB ist möglich und denkbar. Bei anfänglicher oder nachträglicher Unmöglichkeit sowie leistungsbezogener oder nicht-leistungsbezogener Nebenpflichtverletzung des Nacherfüllungsanspruchs nach § 439 BGB, ferner bei Verzug des Schuldners mit der Nacherfüllung kann ein Anspruch auf Schadensersatz statt der Leistung geltend gemacht werden, eine genaue Unterscheidung ist hier – genau wie im Allgemeinen Teil – besonders wichtig.

Die in der Prüfung kaum relevante Schadensersatzanspruchsprüfung wegen anfänglicher Unmöglichkeit i.S.d. § 311a BGB richtet sich nach den allgemeinen Vorschriften: Möchte der Käufer bei anfänglicher Unmöglichkeit der Nacherfüllung entgangenen bspw. Gewinn geltend machen, richtet sich die einschlägige Anspruchsgrundlage nach §§ 437 Nr. 3, 311a II, 275 I, 252 BGB.

Bei Verzug mit der Nacherfüllung ist ein Schadensersatz neben der Leistung bei Verletzung einer vertraglichen Hauptpflicht denkbar. Ein solcher Anspruch kommt etwa bei einem mangelbedingten Betriebsausfallschaden in Betracht oder bei Rechtsverfolgungskosten. Grundsätzlich muss hierbei sorgfältig geprüft werden, ob es sich nicht um die Geltendmachung eines Verzögerungsschadens handelt, welcher sich nach §§ 437 Nr. 3, 280 II, 286 I BGB richtet und ausschließlich auf der Verzögerung der Leistung beruht.

Während sich bei der Nacherfüllung i.S.d. § 439 BGB, beim Rücktritt i.S.d. § 323 BGB und der Minderung i.S.d. § 441 BGB mangels Vertretenmüssens nur die Frage stellt, auf welche Pflichtverletzung im Einzelfall abzustellen ist, ergibt sich für die Schadensersatzansprüche des Gläubigers nach Gefahrübergang die Frage, auf welche der in Frage kommenden Pflichtverletzungen sich das Vertretenmüssen des Schuldners gemäß § 280 I 2 BGB beziehen muss, auf die Sachmangelhaftigkeit oder die Pflichtverletzung im Rahmen der Nacherfüllung.

In einigen Konstellationen ist es umstritten, ob Anknüpfungspunkt für ein Vertretenmüssen die ursprüngliche Nicht- oder Schlechtleistung sein soll, oder die Nicht- oder Schlechtleistung der Nacherfüllung, relevant wird dieses Problem insbesondere bei der Prüfung des Anspruchs nach § 437 Nr. 3, 280 I, III, 281 BGB. Die Regelung des § 283 BGB ist hier eindeutiger, dadurch, dass der Tatbestand der Pflichtverletzung ein Freiwerden von der Leistungspflicht nach den §§ 275 I–III BGB verlangt, stellt sich die Frage nicht in gleicher Art und Weise wie bei § 281 BGB. Im Falle des § 283 BGB ist es nicht die Lieferung eines mangelhaften Kaufgegenstands die zur Leistungsbefreiung gemäß §§ 275 I–III BGB führt, es ist der Umstand, der den Eintritt der Unmöglichkeit bedeutet, und hierauf muss sich das Vertretenmüssen beziehen. Besteht der Tatbestand des Nacherfüllungsanspruches und tritt dadurch die Modifikation des ursprünglichen Primäranspruches zum modifizierten Erfüllungsanspruch in Form des Nacherfüllungsanspruches ein, spricht etwas dafür, auch die Pflichtverletzung im Rahmen der Nacherfüllung als Anknüpfungspunkt für das Vertretenmüssen zu wählen.

e. Kein Ausschluss der Gewährleistung / Haftung

Vgl. oben.

f. Schaden

Art und Umfang des zu ersetzenden, kausalen Schadens richten sich nach §§ 249 ff. BGB.

C. MIETRECHT

Das Mietrecht ist im BGB im 2. Buch: „Recht der Schuldverhältnisse“ im fünften Titel: „Mietvertrag, Pachtvertrag“ in den §§ 535 ff. BGB geregelt. Die Regelungen sind in einen Allgemeinen Teil (Untertitel 1: „Allgemeine Vorschriften für Mietverhältnisse“) und zwei Besondere Teile (Untertitel 2: „Mietverhältnisse über Wohnraum“ und Untertitel 3: „Mietverhältnisse über andere Sachen“) zusammengefasst. Inhaltlich liegt der Schwerpunkt der ausgestalteten Vorschriften auf der **Wohnraummiete**, entsprechend werden auch Ansprüche und Vorschriften zur Wohnraummiete den wesentlichen Teil der Ausbildung hinsichtlich des Mietrechts einnehmen.

I. EINFÜHRUNG

Das Mietrecht wird in den allermeisten Klausur- und Prüfungskonstellation aus der Perspektive des Mieters geprüft werden, der einen Mangel an der Mietsache feststellt und nun Rechte, sei es auf Minderung oder auf außerordentliche Kündigung, geltend machen will. Nicht vergessen werden sollte indes, dass auch der Vermieter Rechte gegenüber dem Mieter hat, als wohl wichtigstes Beispiel ist die Rückgabeverpflichtung des Mieters bei Beendigung des Mietverhältnisses zu nennen. Nach Beendigung des Mietvertrages ist der Mieter verpflichtet, die Sache dem Vermieter gem. § 546 I BGB zurückzugeben. Als vertragliche Nebenleistungspflicht setzt § 546 I BGB voraus, dass zunächst ein wirksamer – jetzt aber beendeter – Mietvertrag geschlossen worden ist. Der Zustand der zurückzugebenden Mietsache muss hierbei den vertraglichen Vereinbarungen entsprechen, die Sache ist im Zweifel in dem Zustand zurückzugeben, in dem sie vom Mieter übernommen worden ist, wobei Verschlechterungen aufgrund des vertragsgemäßen Gebrauchs nur bei wirksam übernommenen Schönheitsreparaturen auszubessern sind. Der Anspruch konkurriert mit einem Herausgabeanspruch aus § 985 BGB. Bestand oder besteht kein Wirksamer Mietvertrag, kommt eine Rückgabeverpflichtung nach § 546 I BGB nicht in Betracht. Die Rückgabeverpflichtung kann sich dann selbstverständlich aus anderen Ansprüchen ergeben, beispielsweise aus den §§ 812, 861, 985 oder 1007 BGB. Da die Gewährleistungsrechte wegen Sachmängeln nach §§ 536 ff. BGB, genauso wie im Kauf- und Werkvertragsrecht eine spezifische Regelung erfahren haben und hinsichtlich der Zuschreibung von Verantwortlichkeit ebenfalls eine Überlassung der Mietsache an den Mieter voraussetzen, entstehen auch im Mietrecht Wertungswidersprüche hinsichtlich der Möglichkeit der Anfechtung nach § 119 II BGB ab dem Gefahrübergangszeitpunkt. Dieses Anfechtungsrecht ist deswegen für beide nach Überlassung des Mietobjekts ausgeschlossen, der Anspruch auf Rückgabe aus § 546 BGB verjährt nach §§ 195, 199 BGB.

II. EINZELNE ANSPRUCHSGRUNDLAGEN

Im nachfolgenden Teil werden zentrale Anspruchsgrundlagen des mietrechtlichen Gewährleistungsrechts dargestellt, bei den Aufbauhinweisen handelt es sich um Vorschläge, die eine Orientierung ermöglichen und gleiche Tatbestandsmerkmale an gleicher Stelle prüfen, um so ein systematisiertes Lernen zu erleichtern. Letztlich sind die allermeisten Tatbestandsmerkmale in ihrer Reihenfolge austauschbar, auch existieren leicht divergierende Benennungen und selbstverständlich ist auch in der konkreten Prüfungssituation Schwerpunktsetzung gefragt: Sind im Sachverhalt nicht mit einer Zeile Allgemeine Geschäftsbedingungen erwähnt und diese spielen schlicht keine Rolle, so wird es gut vertretbar sein, den Gewährleistungsausschluss aufgrund AGBen nicht zu prüfen oder ihn gar überhaupt nicht anzusprechen.

1. Minderung i.S.d. § 536 BGB

a. Wirksamer Mietvertrag (§ 535 BGB)
b. Sach- oder Rechtsmangel (§§ 535 I, 536 I BGB)
c. Keine Unerheblichkeit des Mangels (§ 536 I 3 BGB)
d. Rechtzeitige Anzeige des Mangels (§ 536c II BGB)
e. Kein Ausschluss
aa. Kein vertraglicher Ausschluss (vgl. § 536 IV, 536d BGB)
bb. Kein gesetzlicher Ausschluss (§ 536 BGB)
cc. Kein Ausschluss durch Allgemeine Geschäftsbedingungen
f. Minderungshöhe
g. Keine Verjährung

Im Falle der erfolgreichen **Minderung** schuldet der Mieter nur noch den geminderten Betrag; die überbezahlte Miete kann zurückgefordert werden. Umstritten ist, nach welcher Anspruchsgrundlage diese Rückforderung ausgestaltet sein soll, entweder nach § 536 BGB analog oder nach § 812 I 1 Alt. 1 BGB. Sicher ist indes, dass wenn die höhere Miete bereits gezahlt wurde, ein Anspruch auf Rückerstattung entsteht. Im Kaufrecht regelt § 441 IV BGB, dass eine Rückabwicklung über §§ 346 ff. BGB zu erfolgen hat, im Mietrecht fehlt eine derartige Verweisregel, deswegen liegt es nahe, dass sich die Rückforderung nach allgemeinen Vorschriften, also nach §§ 812 ff. BGB richtet. Danach müsste der Vermieter zunächst etwas erlangt haben. Dies ist das Eigentum und der Besitz an den Geldscheinen oder die entsprechende Auszahlungsforderung gegen die Bank bei unbarer Mietzahlung. Dies müsste auch durch Leistung erfolgt sein, also müsste zum Zwecke der Erfüllung einer tatsächlich oder vermeintlich bestehenden Verbindlichkeit das Vermögen des Vermieters gemehrt worden sein. Darüber hinaus dürfte kein Rechtsgrund für die zu viel gezahlte Miete bestehen, dieses ist in der Prüfung der Fall, weil der Anspruch aufgrund der Minderung bereits (teilweise) erloschen ist.

a. Wirksamer Mietvertrag gem. § 535 BGB

Notwendige Voraussetzung für die Entstehung der mietvertraglichen Gewährleistungsansprüche ist, ebenso wie im Kauf- und Werkrecht, das Zustandekommen eines **wirksamen Mietvertragses** durch Einigung. Auch hier gelten die allgemeinen Regeln zum Vertragsschluss in Form der Einigung und zu Angebot, Annahme, Geschäftsfähigkeit, Wirksamkeit, Abgabe, Zugang und ggf. Nichtigkeit. Ein Mietvertrag ist im Sinne der Nomenklatur des Besonderen Teils des Schuldrechts dann geschlossen, wenn die zwischen den Parteien vereinbarten Hauptleistungspflichten denen aus § 535 BGB entsprechen, es muss sich also, notwendigenfalls unter Heranziehung der Auslegung, über die entgeltliche, zeitweise Besitzüberlassung einer Sache geeinigt worden sein. Soll die Überlassung auf das Eigentum gerichtet sein, haben sich die Parteien womöglich auf ein Verpflichtungsgeschäft geeinigt, dass durch § 929 S. 1 BGB erfüllt wird, also zum Beispiel auf einen Kauf oder Tausch. Soll die Besitzverschaffung nicht entgeltlich erfolgen, so haben die Parteien keine Miete, sondern eine Leihe vereinbart. Soll der Besitzerwerber auch zur Fruchtziehung berechtigt sein, liegt ein Fall der Pacht, nicht der Miete, vor. Etwas exotischer ist der Abgrenzungsfall zum Sachdarlehensvertrag i.S.d. § 607 BGB, hier ist der Darlehensgeber verpflichtet, dem Darlehensnehmer eine vertretbare Sache zu überlassen. Der Darlehensnehmer verpflichtet sich indes zur Zahlung eines Darlehensentgelts, der Darlehensnehmer ist in diesem Fall auch zur Rückerstattung von Sachen gleicher Art, Güte und Menge angehalten, diese sind lediglich in gleicher Art, Güte und Menge zurückzugeben und unterscheiden sich so vom Mietvertrag. Wird eine Sache nicht zum Gebrauch, sondern unentgeltlich zur Aufbewahrung überlassen, liegt ein Verwahrungsvertrag im Sinne des § 688 BGB vor.

b. Sach- oder Rechtsmangel gem. §§ 535 I, 536 I BGB

Es ist dann von einem Mangel auszugehen, sobald für den Mieter eine nachteilige Abweichung des tatsächlichen Zustandes der Mietsache von dem vertraglich vorausgesetzten Zustand gegeben ist, damit sind zunächst die Vereinbarungen hinsichtlich der Mietsache zwischen den Mietvertragsparteien ausschlaggebend. Dieser Fokus auf das subjektive Anforderungselement ist aus dem Kauf- und Werkrecht bekannt. Allgemein liegt ein Sachmangel dann vor, wenn die für den Mieter nachteilige Abweichung des tatsächlichen Zustands der Mietsache von dem vertraglich Vereinbarten, also die negative Abweichung der Ist-Beschaffenheit von der Soll-Beschaffenheit gegeben ist. Diese Abweichung kann qualitativ oder quantitativ sein, im Rahmen der Vertragsfreiheit können die Parteien im Mietvertrag beinahe beliebige Anforderungen festlegen.

Ist in der Einigung der Parteien keine ausdrückliche Regelung zur Soll-Beschaffenheit zu finden, ist die Bestimmung des zum vertragsgemäßen Gebrauch geeigneten Zustandes nach sonstigen Vereinbarungen zum Zeitpunkt des Vertragsabschlusses, dann nach der Verkehrsanschauung zu bestimmen. Hierzu können auch ein Exposé, Fotos, ein Übergabeprotokoll oder ähnliches herangezogen werden. Auch Umstände, die zur Ermittlung des vertragsgemäßen Gebrauchs heranzuziehen sind, aber nicht konkret übersandt oder überlassen worden sind, können dienlich sein. Sowohl aus der Art der Sache, ihrer Lage, dem Alter, dem (Renovierungs-)Zustand, dem Preis, der Bezeichnung oder sogar aus Eigenschaften des Vormieters können Schlussfolgerungen abgeleitet werden. Auf ein Verschulden des Vermieters am Mangel kommt es nicht an, die Prüfung ist mithin typisch für die Gewährleistungsrechte des besonderen Teils. Unerheblich ist auch, ob der Vermieter den Mangel beseitigen kann.

c. Keine Unerheblichkeit des Mangels gem. § 536 I 3 BGB

Bei einer geminderten Tauglichkeit der Miete zum bestimmungsgemäßen Gebrauch, also dem Vorliegen eines Mangels, hat der Mieter gemäß § 536 I 2 BGB nur eine angemessen herabgesetzte Miete zu entrichten. Unerhebliche Minderungen der Tauglichkeit bleiben indes gemäß § 536 I 3 BGB außer Betracht. Unstrittig liegt diese Erheblichkeit vor, wenn von einer vollständigen Aufhebung der Tauglichkeit der Mietsache zum vertragsgemäßen

Gebrauch gesprochen werden kann. Auch die allermeisten Gebrauchseinschränkungen sind erfasst – als unerheblich ist ein Mangel insbesondere dann anzusehen, wenn er leicht erkennbar ist und schnell und mit geringen Kosten beseitigt werden kann. Beispielhaft liegen unerhebliche Mängel bei sehr kurzem Heizungsausfall oder bei vorübergehend geringfügiger Unterschreitung der erforderlichen Heizleistung, bei Ameisenbefall, leichten Fassadenverunreinigungen, Haarrissen in Deckenputz, seltenem Hundegebell oder defekten Glühbirnen vor.

d. Rechtzeitige Anzeige des Mangels gem. § 536c II BGB

Der Mieter ist verpflichtet, dem Vermieter Sach- und Rechtsmängel unverzüglich nach Kenntniserlangung anzuzeigen. Die **Anzeigepflicht** umfasst auch unerhebliche Mängel, da § 536c BGB im Unterschied zu § 536 I 3 BGB dahingehend keine Differenzierung enthält. Die Anzeige muss unverzüglich, also ohne schuldhaftes Zögern erfolgen, sie ist auch sinnvoll, um nicht nur potenzielle Abhilfemöglichkeit durch den Vermieter zu eröffnen, sondern dient auch dem Eigentumsschutz an der Mietsache, die regelmäßig nicht regelmäßig oder gar dauerhaft vom Vermieter untersucht oder überwacht wird. Gut möglich ist es, die rechtzeitige Anzeige auch unter „Kein Ausschluss" zu prüfen, denn § 536c II 2 BGB regelt gerade, dass, soweit der Vermieter infolge der Unterlassung der Anzeige nicht Abhilfe schaffen konnte, der Mieter nicht berechtigt ist, die in § 536 BGB bestimmten Rechte geltend zu machen, nach § 536a I BGB Schadensersatz zu verlangen oder ohne Bestimmung einer angemessenen Frist zur Abhilfe nach § 543 III 1 BGB zu kündigen.

Es besteht keine **Anzeigepflicht**, wenn der Vermieter bzw. dessen Vertreter, Kenntnis vom Mangel hat oder die Beseitigung des Mangels unmöglich ist. Wurde ein Mangel nur unzureichend beseitigt, lebt die Anzeigepflicht in diesem Zusammenhang wieder auf, der Mieter muss also auf die ungenügende Mängelbeseitigung wiederum hinweisen. Gem. § 536c II 1 BGB ist der Mieter zur Erstattung aller Schäden verpflichtet, die der Vermieter bei rechtzeitiger Anzeige hätte abwenden oder jedenfalls vermindern können, insoweit kommt der rechtzeitige Anzeige auch aus Perspektive des Vermieters eine besondere Bedeutung zu.

e. Kein Ausschluss

Die Minderung ist gem. § 536b S. 1, 2 BGB ausgeschlossen, wenn der Mieter den Mangel kannte oder grob fahrlässig nicht kannte. Dasselbe gilt, wenn der Mieter die Mietsache trotz des Mangels i.S.d. § 536b S. 3 BGB annimmt. Die Minderung ist weiterhin ausgeschlossen, soweit der Mieter seine Anzeigepflicht verletzt hat und der Vermieter deshalb gehindert war, Abhilfe zu schaffen. Die Minderung ist zudem ausgeschlossen, wenn der Mangel vom Mieter zu vertreten ist, auf eine Vertretenmüssensprüfung des Vermieters kommt es indes in diesem Moment nicht an. Bei einem Mietverhältnis über Wohnraum ist eine zum Nachteil des Mieters abweichende Vereinbarung hinsichtlich der Zulässigkeit von Mietminderungen i.S.d. § 536 IV BGB unwirksam.

f. Minderungshöhe

Die Höhe der Minderung richtet sich nach § 536 I BGB. Ist die Gebrauchstauglichkeit aufgehoben, so ist der Mieter von der Entrichtung der Miete befreit.

Ist die Gebrauchstauglichkeit eingeschränkt, so muss der Mieter nur eine angemessen herabgesetzte Miete zahlen, hierbei ist auf die Gebrauchstauglichkeit im konkreten Fall abzustellen, zeitliche und subjektive Elemente können eine Rolle spielen und pauschale Betrachtungen sind wenig angezeigt. So wird eine defekte Klimaanlage im Sommer eine höhere Einschränkung bedeuten, als eine defekte Heizung im Sommer.

g. Keine Verjährung

Gem. § 548 I BGB verjähren die Ersatzansprüche des Vermieters wegen Veränderungen oder Verschlechterungen der Mietsache in sechs Monaten, die Verjährung beginnt mit dem Zeitpunkt, in dem er die Mietsache zurückerhält. Mit der Verjährung des Anspruchs des Vermieters auf Rückgabe der Mietsache verjähren auch seine Ersatzansprüche.

Ansprüche des Mieters auf Ersatz von Aufwendungen oder auf Gestattung der Wegnahme einer Einrichtung verjähren in sechs Monaten nach der Beendigung des Mietverhältnisses. Ansprüche auf Zahlung der monatlichen Miete verjähren in der regelmäßigen Verjährungsfrist von drei Jahren. Diese Frist beginnt mit dem Schluss des Jahres, in dem der Mietzahlungsanspruch entstanden ist und der Vermieter von dem Rückstand erfahren hat bzw. hätte erfahren müssen. Der Anspruch auf Rückzahlung einer **Mietkaution** verjährt nach drei Jahren ab dem Ende des Jahres, in dem der Vermieter über die Kaution abrechnen muss und in dem der Anspruch entstanden ist.

2. Schadens- und Aufwendungsersatz i.S.d. § 536a BGB

1. Anspruch entstanden

a Wirksamer Mietvertrag (§ 535 BGB)
b. Sach- oder Rechtsmangel (§§ 535 I, 536 I BGB)
c. Keine Unerheblichkeit des Mangels (§ 536 I 3 BGB)
d. Spezifische Voraussetzungen des § 536a I BGB
aa. Bei anfänglichen Mängeln ist kein Vertretenmüssen erforderlich
bb. Bei nachträglichen Mängeln ist ein Vertretenmüssen erforderlich
cc. Bei Verzug des Vermieters ist ein Vertretenmüssen für den Verzug erforderlich
e. Rechtzeitige Anzeige des Mangels (§ 536c II BGB)
f. Kein Ausschluss der Gewährleistung
aa. Kein vertraglicher Ausschluss (vgl. § 536 IV, 536d BGB)
bb. Kein gesetzlicher Ausschluss (§ 536 BGB)
cc. Kein Ausschluss durch Allgemeine Geschäftsbedingungen

2. Anspruch untergegangen
3. Anspruch durchsetzbar

Im Mietverhältnis kann der Mieter bei Vorliegen eines Mangels in drei Fällen Schadensersatz verlangen, nämlich wenn der Mangel schon bei Überlassung der Mietsache vorgelegen hat, insoweit ist im Tatbestand des Schadensersatzanspruchs auch keine Vertretenmüssens- oder Verschuldensprüfung erforderlich. Der Mangel kann auch später aufgetreten sein, dann muss der Vermieter hat dies allerdings zu vertreten haben, letztlich kann es auch sein, dass der Vermieter mit der Beseitigung des Mangels in Verzug gerät.

Grundsätzlich wird der gesamte Schaden, d.h. sowohl der Schadensersatz neben der Leistung als auch der Schadensersatz statt der Leistung von § 536a I BGB erfasst. Nahe an der Prüfung des Schadensersatzes ist der Anspruch auf Aufwendungsersatz gem. § 536a II BGB.

a. Wirksamer Mietvertrag gem. § 535 BGB

Vgl. oben.

b. Sach- oder Rechtsmangel gem. §§ 535 I, 536 I BGB

Vgl. oben.

c. Keine Unerheblichkeit des Mangels gem. § 536 I 3 BGB

Vgl. oben.

d. Spezifische Voraussetzungen des § 536a I BGB

Ein Anspruch auf Schadensersatz besteht, wenn ein ursprünglicher Mangel vorliegt, in diesen Fällen muss keine Vertretenmüssensprüfung erfolgen. Die verschuldensunabhängige Haftung des § 536a I Alt. 1 BGB unterscheidet sich maßgeblich von der Prüfung des § 536a I Alt. 2 BGB. Ein Anspruch auf Schadensersatz kann hiernach geltend gemacht werden, wenn ein nachträglicher Mangel gegeben ist, hier entsteht ein Anspruch auf Schadensersatz nur, wenn ein Vertretenmüssen des Vermieters bejaht werden kann. Zuletzt ist ein Anspruch auf Schadensersatz auch gegeben, wenn nach § 286 BGB ein Verzug des Vermieters bei der Mängelbeseitigung vorliegt. Dies erfordert eine Aufforderung mit angemessener Fristsetzung sowie ein fruchtloses Verstreichen dieser Frist.

e. Rechtzeitige Anzeige des Mangels gem. § 536c II BGB

Vgl. oben.

f. Kein Ausschluss

Vgl. oben.

3. Kündigung i.S.d. § 543 BGB

a.	Wirksamer Mietvertrag (§ 535 BGB)
b.	Sach- oder Rechtsmangel (§§ 535 I, 536 I BGB)
c.	Fruchtlose Abhilfefristsetzung / Entbehrlichkeit der Abhilfefrist (§ 543 III BGB)
d.	Rechtzeitige Anzeige des Mangels (§ 536c II BGB)
e.	Kein Ausschluss der Kündigung
aa.	Kein vertraglicher Ausschluss (vgl. §§ 536 IV, 543 IV i.V.m. 536d BGB)
bb.	Kein gesetzlicher Ausschluss (§ 536 BGB)
cc.	Kein Ausschluss durch Allgemeine Geschäftsbedingungen
f.	Kündigungserklärung

Die **ordentliche Kündigung** zeichnet sich dadurch aus, dass sie stets eine Frist voraussetzt, erst nach Verstreichen der Frist kann das Mietverhältnis beendet werden, eine Vertragspartei kann sich mit einer ordentlichen Kündigung nicht fristlos vom Vertrag lösen.

Die **außerordentliche Kündigungsmöglichkeit**, ist in § 543 I 1 BGB geregelt. Außerordentlich kann sich jede Vertragspartei fristlos vom Mietvertrag lösen, wenn sie einen wichtigen Grund hat. Diese Möglichkeit der Kündigung besteht sowohl bei unbefristeten Mietverhältnissen und bei Mietverhältnissen auf Zeit und dient der Beendigung des Dauerschuldverhältnisses, ohne bspw. die Frist des § 573c I BGB achten zu müssen. Fristlosigkeit bedeutet in diesem Zusammenhang nicht, dass im Tatbestand des § 543 BGB nicht das Setzen einer angemessenen Frist erforderlich wäre.

Ein wichtiger Grund ist durch Abwägung der gegensätzlichen Interessen von Vermieter und Mieter unter Berücksichtigung aller Umstände des konkreten Einzelfalls zu ermitteln. Hinsichtlich der Vermietung von Wohnraum ist die zuvor genannte Vorschrift allerdings stets im Zusammenhang mit § 569 BGB zu lesen, der gewisse Besonderheiten für die außerordentliche Kündigung eines Wohnraummietverhältnisses regelt.

a. Wirksamer Mietvertrag gem. § 535 BGB

Vgl. oben.

b. Sach- oder Rechtsmangel gem. §§ 535 I, 536 I BGB

Vgl. oben.

c. Fruchtlose Abhilfefristsetzung / Entbehrlichkeit der Abhilfefrist gem. § 543 III BGB

Besteht der wichtige Grund in der Verletzung einer Pflicht aus dem Mietvertrag, so ist die Kündigung erst nach erfolglosem Ablauf einer zur Abhilfe bestimmten angemessenen Frist oder nach erfolgloser Abmahnung zulässig. Dies gilt nicht, wenn

1. eine Frist oder Abmahnung offensichtlich keinen Erfolg verspricht,
2. die sofortige Kündigung aus besonderen Gründen unter Abwägung der beiderseitigen Interessen gerechtfertigt ist oder
3. der Mieter mit der Entrichtung der Miete im Sinne des Absatzes 2 Nr. 3 in Verzug ist.

Die Entbehrlichkeitsgründe für die ansonsten erforderliche Fristsetzung sind einzelfallabhängig, ihre Anwendung sollte aber bereits aus dem Schuldrecht AT geübt sein.

d. Rechtzeitige Anzeige des Mangels gem. § 536c II BGB

Vgl. oben.

e. Kein Ausschluss der Kündigung

Vgl. oben.

f. Kündigungserklärung

Die Kündigung muss auch erklärt werden – die Kündigungserklärung ist eine empfangsbedürftige Willenserklärung, die durch Zugang beim anderen Vertragspartner wirksam wird. Gegebenenfalls ist die Erklärung nach §§ 133, 157 BGB auszulegen. Bei Wohnraummietverhältnissen ist für die Kündigung in § 568 I BGB die Schriftform gem. § 126 BGB vorgeschrieben. Im Falle einer außerordentlichen Kündigung eines Wohnraummietvertrages muss das Kündigungsschreiben nach den wichtigen Grund nach § 569 IV BGB enthalten.

Verletzungen der Formvorschriften haben die Nichtigkeit der Kündigung nach § 125 S. 1 BGB zur Folge.

D. DIENSTVERTRAG

Der **Dienstvertrag** ist ein gegenseitiger Vertrag, bei dem sich der eine Vertragsparteien zur Leistung eines versprochenen Dienstes und der andere Teil zur Entrichtung einer Vergütung verpflichtet, vgl. § 611 BGB.

Das Dienstverhältnis besteht dabei zwischen dem Dienstberechtigten, welcher der Gläubiger der Dienstleistung ist und dem Dienstverpflichteten, sprich dem Schuldner.

Die gesetzliche Regelung des Dienstvertrages findet sich in den §§ 611–630 BGB.

Der **Dienstvertrag** hat gem. § 611 BGB die Verpflichtung des Dienstverpflichteten zu einer bestimmten Tätigkeit gegen Vergütung durch den Dienstberechtigten zum Inhalt.

Dabei unterscheidet sich der Dienstvertrag vom Werkvertrag (§§ 631 ff. BGB) dadurch, dass beim Werkvertrag nicht ein bloßes Tätigwerden, sondern ein bestimmter Erfolg, das Werk, geschuldet ist. Beim Dienstvertrag verpflichtet sich die dienstleistende Partei indes nur, ihre Arbeitsleistung im Rahmen der versprochenen Dienstleistung einzusetzen, ohne dass jedoch Garantie, Gewähr oder sonstiges Einstehen für den ggf. bezwecken Erfolg der Arbeit übernehmen zu wollen. Deswegen kann auch formuliert werden, dass der Dienstvertrag lediglich ein Bemühen und das Zurverfügungstellen der Arbeitsleistung am richtigen Ort und zur richtigen Zeit verlangt, nicht indes einen bestimmten Erfolg.

Der **Arbeitsvertrag** ist ein Unterfall des Dienstvertrages, bestimmte Normen des Bürgerlichen Gesetzbuches, das Arbeitsrecht und bspw. §§ 612a, 613a, 619a BGG, finden nur auf den Arbeitsvertrag Anwendung, nicht indes auf den generelleren Dienstvertrag. Der Primäranspruch setzt zunächst einen wirksamen Dienstvertrag voraus, hierdurch wird einerseits der Dienstberechtigte, auch Dienstherr, zur Gewährung der Vergütung für die vereinbarten Dienste verpflichtet. Die Vergütung besteht regelmäßig in Geld. Es sind aber auch Sachleistungen denkbar. Im Sinne des § 612 BGB gilt, dass selbst wenn die Parteien über eine Vergütung der Dienstleistung keine Vereinbarung getroffen haben, eine solche als stillschweigend vereinbart gilt, wenn die Leistung nach den Umständen nur gegen Vergütung zu erwarten war. Lässt sich auch eine übliche Vergütung beispielsweise wegen fehlender Referenzen oder Vergütungsordnungen wie bei Rechtsanwälten oder Architekten nicht ermitteln, kommt im Wege der ergänzenden Vertragsauslegung eine angemessene Vergütung in Betracht.

Die Primärleistungspflichten der Parteien erlöschen für die Zukunft, wenn der Dienstvertrag beendet worden ist. Als Beendigungsgründe kommen der Fristablauf beim wirksam befristeten Dienstvertrag gem. § 620 I BGB, der Eintritt einer auflösenden Bedingung nach § 158 II BGB, der Tod des Dienstverpflichteten, die Kündigung i.S.d. §§ 621 ff. BGB und der Aufhebungsvertrag in Betracht.

Das Recht zur **ordentlichen Kündigung** setzt voraus, dass das Dienstverhältnis nicht wirksam befristet ist, sonst ist die ordentliche Kündigung ausgeschlossen. Das Dienstverhältnis kann dann grundsätzlich erst durch Zeitablauf i.S.d. § 620 I BGB enden. Für die ordentliche Kündigung eines freien Dienstvertrages gilt im Zweifel der Fristenkatalog des § 621 BGB mit den dort geregelten Fristen. Bei Pauschalhonoraren oder Provisionsvergütungen ist die ordentliche Kündigung nach § 621 Nr. 1 BGB fristlos möglich, im Arbeitsrecht gelten die besonderen Bestimmungen des § 622 BGB. Die Regelungen des § 621 BGB sind dispositiv, das heißt, dass Parteien grundsätzlich hiervon abweichende Regelungen treffen können, solange diese nicht gegen andere gesetzliche Verbote wie die §§ 134, 138 BGB oder die §§ 307 ff. BGB verstoßen.

Jede Partei kann ein geschlossenes Dienstverhältnis auch gem. §§ 626, 627 BGB **außerordentlich** kündigen. Dabei kommt es nicht darauf an, ob das Dienstverhältnis befristet war oder nicht, ob eine Partei außerordentlich kündigen will oder wollte, ist ihrer Erklärung zu entnehmen und im Zweifel durch Auslegung im Sinne der §§ 133, 157 BGB zu entscheiden, die Verwendung der Begrifflichkeit „außerordentlich" ist dabei nicht erforderlich. Die Kündigungsmöglichkeit aus wichtigem Grund gem. § 626 BGB schließt die allgemeine Regel des § 314 BGB wegen ihrer Spezialität aus. Das Kündigungsrecht ist zwingend und kann selbst individualvertraglich nicht wirksam ausgeschlossen oder erschwert werden, die Vorschriften der §§ 626, 627 BGB sollen grundlegende Rechte der Vertragsparteien im Falle eines besonderen Vertrauensbruchs oder der Nichtfortführbarkeit des Dienstverhältnisses waren, die nicht eingeschränkt werden sollen.

Für die Entscheidung, ob dem Kündigenden zum Zeitpunkt seiner Kündigungserklärung ein wichtiger Grund im Sinne des § 626 BGB zur Seite steht, kommt es darauf an, ob die Fortsetzung des Dienstverhältnisses bis zum Ablauf der ordentlichen Kündigungsfrist bzw. dem Eintritt eines sonstigen Beendigungsgrundes zumutbar erscheint. Dies ist anhand einer gründlichen Abwägung zu entscheiden. Ein Verschulden des Kündigungsgegners ist dabei zwar nicht notwendig, aber bei der Abwägung zu berücksichtigen, bei der Abwägung ist ebenso einzubeziehen, ob eine Fristsetzung bzw. Abmahnung überhaupt noch Erfolg verspricht. Das Gesetz kennt neben der außerordentlichen Kündigung aus wichtigem Grund bei bestimmten Dienstverträgen in § 627 BGB noch eine weitere Kündigungsmöglichkeit ohne Frist. Dies setzt nach § 627 BGB voraus, dass der Dienstverpflichtete sog. **Dienste höherer Art** zu leisten hat, die auf Grund besonderen Vertrauens übertragen zu werden pflegen. Diese Vertragsverhältnisse sind maßgeblich von Vertrauen in die persönliche und fachliche Geeignetheit des Diensterbringers geprägt. Im Falle eines Vertrauensverlustes soll die Zusammenarbeit deswegen vergleichsweise einfach beendet werden können, ohne dass die Frage der Berechtigung weiter geklärt werden muss. Ausgenommen sind nach § 627 II 1 BGB solche Dienstverträge, bei dem der Dienstverpflichtete nicht in einem dauernden Dienstverhältnis mit festen Bezügen steht, hiermit sind Dienstverträge mit einer Laufzeit von mehr als einem Jahr gemeint, bei denen dem Dienstverpflichteten von vorneherein ein regelmäßig zu zahlendes und nicht nur unerhebliches Entgelt zusteht.

Grundsätzlich richten sich die Rechte der Vertragspartner bei Pflichtverletzung nach den allgemeinen Regeln, also insbesondere den §§ 280 ff. BGB. Für den Fall der Schlechtleistung besteht kein besonderes Gewährleistungsrecht, es ist auch kein Minderungsrecht vorgesehen. Bei zeitgebundenen Dienstverhältnissen mit Fixschuldcharakter tritt Unmöglichkeit der Dienstleistung mit Zeitablauf ein. Die Konsequenzen für den Vergütungsanspruch ergeben sich nicht nur aus § 326 BGB, sondern ergänzend aus den §§ 615 f. BGB.

Die Rücktrittsrechte der §§ 323 ff. BGB werden durch das Recht zur Kündigung aus wichtigem Grund in § 626 BGB verdrängt, die Rücksichtspflichten des Dienstberechtigten ergeben sich nicht nur aus § 241 I 2 BGB, sondern auch aus den speziellen Regelungen in §§ 617 f. BGB.

E. WERKVERTRAGSRECHT

Der Werkvertrag ist in den §§ 631 ff. BGB geregelt. In der Praxis spielt er im Personalwesen, in der Baubranche und bei der Erstellung von Gutachten eine wichtige Rolle. Die hergestellten Werke unterliegen – ähnlich wie Kaufsachen – einer Gewährleistung, auch sie müssen zum Zeitpunkt des Gefahrübergangs, im Werkvertragsrecht in der Regel also bei der Abnahme, frei von Sach- und Rechtsmängeln sein.

I. EINFÜHRUNG

Der **Werkvertrag** ist ein Schuldverhältnis zwischen Unternehmer und Besteller, dass am Vertrag ein „Unternehmer" in Form des Werkunternehmers beteiligt ist, hat keine zwingende Gemeinsamkeit mit der Unternehmereigenschaft des § 14 BGB. Auch Verbraucher können etwas im Sinne des § 631 BGB unternehmen, ohne jedoch i.S.d. § 14 BGB als Unternehmer qualifiziert zu werden.

Durch den Werkvertrag wird der (Werk-)Unternehmer zur Herstellung des versprochenen Werkes verpflichtet, der Besteller ist zur Entrichtung der vereinbarten Vergütung verpflichtet. Diese gesetzlichen Pflichten sind die Hauptpflichten des Vertrags und werden im BGB auch als vertragstypische Pflichten des Werkvertrags bezeichnet.

Die Werkleistung des Unternehmers wird mit Vertragsschluss fällig, sofern nichts anderes vereinbart wird. Die Vergütung indes wird gem. § 641 BGB erst mit der Abnahme des Werks fällig, d.h. das Werk muss zunächst erstellt und abgenommen werden, sonst kommt eine Vergütung nicht in Betracht. So erklärt es sich, dass der Besteller ist zur Abnahme des Werkes verpflichtet ist, wenn das Werk vertragsgemäß erstellt ist; Ausnahme gelten für Werke, die nicht im klassischen Sinne abgenommen werden können. Gegenstand des Werkvertrags nach ist das Herbeiführen eines Erfolges, beispielsweise die Herstellung einer unbeweglichen Sache, die Veränderung einer Sache oder ein anderer, durch Arbeit oder Dienstleistung herbeizuführender Erfolg, z.B. Erstellen eines Gutachten, Beförderungsleistungen wie Taxifahrten oder Flugreiseverträge, Zertifizierungen, Erstellung von Bauplänen, die Aufführung eines Konzerts, Montageleistungen oder die Fertigstellung einer Dienstleistung mit Erfolgsbezug – wie das Abmähen einer gewissen Rasenfläche oder das Pflastern einer Einfahrt.

Das Bemühen zur Herstellung des versprochenen Werkes oder zur Herbeiführung des geschuldeten Erfolgs genügt nicht für die Vertragserfüllung, anders als beim Dienstvertrag steht die nicht die Arbeit, bzw. das Zurverfügungstellen von Arbeitsleistung im willensbestimmten Mittelpunkt des Vertrages, sondern das Ergebnis des Bemühens.

Gem. § 631 I BGB hat der Besteller die vereinbarte Vergütung für die Werkleistung des Unternehmers zu entrichten. Eine Vergütung gilt – was in der Prüfungs- und Ausbildungspraxis selten vorkommt – als stillschweigend vereinbart, wenn die Herstellung des Werkes den Umständen i.S.d. § 632 BGB nach nur gegen eine Vergütung zu erwarten ist. Als mit geringer Ausbildungsrelevanz versehen wird oft der § 648 BGB bewertet: Der Werkvertrag kann durch Kündigung des Bestellers nach § 648 BGB beendet werden. In diesem Falle muss der Besteller nach § 648 S. 2 BGB dem Werkunternehmer jedoch den vollen Werklohn entrichten. Der Unternehmer muss sich lediglich die Ersparnis durch nicht mehr auszuführende Arbeiten und das durch einen etwaigen anderen Einsatz seiner Arbeitskraft Erworbene anrechnen lassen. Anders ist es in Fällen eines unverbindlichen Kostenanschlags i.S.d. § 649 I BGB. Hier kann der Besteller zwar nach § 648 S. 1 BGB kündigen, doch § 648 S. 2 BGB kommt wegen § 649 I BGB nicht zur Anwendung, wenn die Kündigung aufgrund der wesentlichen Überschreitung des Kostenvoranschlags erfolgt. In diesem Fall muss der Besteller nach §§ 649 I, 645 I BGB eine Vergütung zahlen, die dem entspricht, was der Unternehmer bereits an Arbeiten vorgenommen hat. Auch die Kündigung aus wichtigem Grund i.S.d. § 648a BGB sollte bekannt sein, kündigt eine Vertragspartei aus wichtigem Grund, ist der Unternehmer nur berechtigt, die Vergütung zu verlangen, die auf den bis zur Kündigung erbrachten Teil des Werks entfällt.

II. EINZELNE ANSPRUCHSGRUNDLAGEN

Im nachfolgenden Teil werden die zentralen Anspruchsgrundlagen des werkvertraglichen Gewährleistungsrechts dargestellt, bei den Aufbauhinweisen handelt es sich um Vorschläge, die eine Orientierung ermöglichen und gleiche Tatbestandsmerkmale an gleicher Stelle prüfen, um so ein systematisiertes Lernen zu erleichtern. Letztlich sind die allermeisten Tatbestandsmerkmale in ihrer Reihenfolge austauschbar, auch existieren leicht divergierende Benennungen und selbstverständlich ist auch in der konkreten Prüfungssituation Schwerpunktsetzung gefragt: Sind im Sachverhalt nicht mit einer Zeile Allgemeine Geschäftsbedingungen erwähnt und diese spielen schlicht keine Rolle, so wird es gut vertretbar sein, den Gewährleistungsausschluss aufgrund AGBen nicht zu prüfen oder ihn gar überhaupt nicht anzusprechen.

1. Nacherfüllung i.S.d. §§ 634 Nr. 1, 635 I BGB

1.	Anspruch entstanden
a.	Wirksamer Werkvertrag (§ 631 BGB)
b.	Mangel (§ 633 BGB)
c.	Zum Zeitpunkt der Abnahme (§§ 644, 640 BGB)
d.	Kein Ausschluss der Gewährleistung
aa.	Kein vertraglicher Ausschluss (vgl. § 639 BGB)
bb.	Kein gesetzlicher Ausschluss (§ 640 III BGB)
cc.	Kein Ausschluss durch Allgemeine Geschäftsbedingungen
f.	Rechtsfolge / Zwischenergebnis
2.	Anspruch untergegangen
3.	Anspruch durchsetzbar

Der im Gesetz zuerst genannte Anspruch des Bestellers ist der auf Nacherfüllung. § 634 Nr. 1 BGB räumt dem Besteller des Werkes bei Mangelhaftigkeit das Recht ein, nach § 635 BGB Nacherfüllung zu verlangen. Die Nacherfüllung ist vorrangig vor den übrigen Gewährleistungsansprüchen geltend zu machen, Selbstvornahme, Rücktritt, Minderung und Schadensersatz setzen nämlich voraus, dass eine vom Besteller zur Nacherfüllung bestimmte angemessene Frist erfolglos verstrichen oder aufgrund besonderer Umstände entbehrlich ist.

Der Nacherfüllungsanspruch kann als Nachbesserungsanspruch oder als Anspruch auf Neuherstellung eines nicht mangelbehafteten Werks auftreten, das dahingehende Wahlrecht steht, und insofern handelt es sich um eine Abweichung vom Kaufrecht, dem Werkunternehmer und nicht dem Besteller des Werkes zu. Dieser hat indes einleuchtenderweise trotzdem eine Verweigerungsmöglichkeit i.S.d. §§ 275 II, III BGB sowie § 635 III BGB, immerhin erscheint es denkbar, dass beide Arten der Nacherfüllung unverhältnismäßig sind.

a. Wirksamer Werkvertrag gem. § 631 BGB

Der Anspruch auf Nacherfüllung i.S.d. §§ 634 Nr. 1, 635 I BGB setzt voraus, dass zwischen den Parteien ein wirksamer Werkvertrag besteht. Das Zustandekommen des Vertrages ist nach den allgemeinen Regeln in der Fallbearbeitung gegebenenfalls zu prüfen und nicht stets bloß „festzustellen". Das Vorhandensein des Werkvertrages sollte stets erster Prüfungspunkt das Nacherfüllungsanspruches sein und mit der gebotenen Sorgfalt geprüft werden, sollten weitere Gewährleistungsansprüche zu prüfen sein, kann so nach oben verwiesen werden. Besondere Relevanz erlangt der Prüfungspunkt, wenn es darum geht, die oft in Prüfungen verlangte Abgrenzung von Dienst- und Werkvertrag vorzunehmen. Unter der Prüfung des Zustandekommens eines wirksamen Werkvertrages kann dann ausgeführt werden, ob der sich deckende Wille der Parteien auf die Herbeiführung eines Erfolges oder eher auf das Zurverfügungstellen von Arbeitskraft gerichtet gewesen ist, ohne für einen Erfolg im Rahmen des Versprechens in besonderem Maße einstehen zu wollen. Hat der Vertrag die Lieferung vom Werkunternehmer selbst herzustellender Sachen zum Gegenstand, so findet gem. § 650 I 1 BGB ausschließlich Kaufrecht Anwendung, auch derartige Feststellungen können hier getroffen werden.

b. Mangel gem. § 633 BGB

Der Mangelbegriff des Werkvertragsrechts entspricht im Großen und Ganzen dem des Kaufrechts, noch eher dem Begriff vor der Schuldrechtsreform 2022. Rechtsmängel sind Sachmängeln in ihrer Relevanz gleichgestellt.

Entsprechend der Vorschrift ist das Werk von Sachmängeln frei, wenn es die vereinbarte Beschaffenheit hat und, soweit die Beschaffenheit nicht vereinbart ist, wenn es sich für die nach dem Vertrag vorausgesetzte, sonst für die gewöhnliche Verwendung eignet und eine Beschaffenheit aufweist, die bei Werken der gleichen Art üblich ist und die der Besteller nach der Art des Werkes erwarten kann. Einem Sachmangel steht es gleich, wenn der Unternehmer ein anderes als das bestellte Werk oder das Werk in zu geringer Menge herstellt. Insgesamt kann so der Sachmangelbegriff ebenfalls in einen objektiven und einen subjektiven Fehlerbegriff aufgeteilt werden, sehr ähnlich zu den Anforderungsbereichen des § 434 BGB. Logischerweise fehlen im § 633 BGB Ausführungen zu Montageanforderungen. Auf den Sinngehalt der Sachmangelprüfung des § 434 BGB kann verwiesen werden, insbesondere ist es auch in der Prüfung des werkvertraglichen Sachmangels so, dass die subjektive Fehlerbegründung einer ausdrücklichen Vereinbarung hinsichtlich Beschaffenheit und Verwendung bedarf, um subjektive und objektive Anforderungen nicht zu verwischen. Das Werk ist frei von Rechtsmängeln, wenn Dritte in Bezug auf das Werk keine oder nur die im Vertrag übernommenen Rechte gegen den Besteller geltend machen können.

c. Zum Zeitpunkt der Abnahme

Nach § 640 I BGB ist der Besteller außerdem zur Abnahme des mangelfreien und vertragsgemäß hergestellten Werks verpflichtet, der Unternehmer trägt die Gefahr bis zur Abnahme des Werkes i.S.d. § 644 I BGB. § 644 II BGB regelt dabei die Ausnahme des Versendungswerkes. Dabei ist die **Abnahme** sowohl die körperliche Entgegennahme des Werks als auch seine Billigung durch den Besteller. Diese Billigung kann sowohl ausdrücklich als auch konkludent erfolgen. Falls wegen der Beschaffenheit des Werkes eine körperliche Entgegennahme oder Abnahme im klassischen Sinne nicht möglich ist, tritt die Vollendung des Werks nach § 646 BGB an ihre Stelle.

Verweigert werden darf die Abnahme nach § 640 I 2 BGB nur bei wesentlichen Mängeln. Die Abnahme hat nicht nur hinsichtlich der Prüfung von Gewährleistungsrechten Relevanz, an eine Abnahme knüpfen auch weitere Rechtsfolgen. So ist im Sinne des § 641 BGB erst nach erfolgter Abnahme die Vergütung fällig, die Verjährungsfrist i.S.d. § 634a II BGB beginnt dann zu laufen und die Preisgefahr geht auf den Besteller über, letztlich gilt es möglicherweise zu beachten, dass eine Abnahme entbehrlich sein kann, wenn sich ein Fall des Gläubigerverzuges einstellt, gem. § 644 I 2 BGB geht die Gefahr in diesem Fall ebenfalls über; versendet der Unternehmer das Werk auf Verlangen des Bestellers nach einem anderen Ort als dem Erfüllungsort, so finden die für den Kauf geltenden Vorschriften des § 447 BGB entsprechende Anwendung.

d. Kein Ausschluss der Gewährleistung

Aus dem gedanklichen Umkehrschluss aus § 639 BGB ergibt sich, dass eine vertragliche Beschränkung der Rechte des Bestellers wegen eines Werkmangels zulässig ist. Auf einen solchen vertraglichen Haftungsausschluss kann sich der Unternehmer aber dann nicht berufen, wenn er den Mangel im Sinne des § 639 Alt. 1 BGB arglistig verschwiegen hat oder eine, wie aus dem Kaufrecht vertraut, im Sinne des § 639 Alt. 2 BGB eine Garantie für die Beschaffenheit des Werkes übernommen hat. Auch sind die Beschränkungen aus einer ggf. anzuwenden AGB-Kontrolle nach § 309 Nr. 7 und Nr. 8b BGB beachtlich, so der Werkunternehmer einen formularmäßigen Haftungsausschluss verwendet. Auch gesetzlich kommt ein Ausschluss der Gewährleistung in Betracht, diese Art von Ausschluss steht in engem Verhältnis mit der Abnahme.

Nach § 640 III BGB sind die Rechte nach § 634 Nr. 1–3 BGB ausgeschlossen, wenn der Besteller ein mangelhaftes Werk in Kenntnis der Mangelhaftigkeit (trotzdem) abnimmt und sich die Mängel dabei nicht vorbehält. Die Ersatzansprüche aus § 634 Nr. 4 BGB sind von diesem Ausschluss nicht erfasst. Eine gewisse Parallelität besteht zum Regelungsgehalt des § 442 BGB.

e. Rechtsfolge

Der Besteller hat Anspruch auf Herstellung eines mangelfreien Werks durch den Unternehmer, der nach § 635 II BGB auch die hierfür erforderlichen Kosten tragen muss. Der Unternehmer hat jedoch die Wahl, ob er die Nacherfüllung durch Nachbesserung oder Neuherstellung erbringen will. § 635 IV BGB gewährt dem Unternehmer bei einer Neuherstellung einen Herausgabeanspruch auf das mangelhafte Werk, die Nacherfüllung setzt mithin ein Nachbesserungsverlangen voraus, eröffnet indes nicht die Möglichkeit der Nacherfüllungsbestimmung. Je nach Einordnung als Untergangsgrund oder Durchsetzbarkeitshindernis eröffnet der § 635 III BGB ein Verweigerungsrecht unbeschadet der Rechte aus § 275 II BGB oder § 275 III BGB, der inhaltliche Unterschied von § 635 III BGB und § 275 II BGB ist dabei umstritten, während einerseits bei § 635 III BGB von einer Spezialvorschrift gegenüber § 275 II BGB ausgegangen wird, beziehen sich andere auf den unterschiedlichen Wortlaut der Vorschriften und meinen, bei der werkvertragsrechtlichen Vorschrift seien reine „Kosten" abzuwägen, die Worte „Aufwand" und „Gläubigerinteresse" in § 275 II BGB zeigten, dass hier auch weitere, nicht rein monetäre, Aspekte berücksichtigungsfähig seien. In der Praxis wird kaum ein merklicher Unterschied existieren, selbst wenn man sich der zweitgenannten Auffassung anschließt, da der allermeiste Aufwand und das allermeiste Interesse heutzutage in Geld ausgedrückt werden können.

f. Keine Verjährung

Für die Verjährung der Mängelgewährleistungsansprüche, typischerweise in der Anspruchsdurchsetzbarkeit zu prüfen, unterscheidet § 634a BGB nach dem Gegenstand des Werkvertrages. 2 Jahre i.S.d. § 634a I Nr. 1 BGB bei einem Werkvertrag, dessen Gegenstand die Herstellung, Veränderung oder Wartung einer Sache bzw. Planungs- oder Überwachungsleistungen hierfür ist.

Fünf Jahre i.S.d. § 634a I Nr. 2 BGB bei einem Werkvertrag, der ein Bauwerk bzw. entsprechende Planungs- oder Überwachungsarbeiten hierfür zum Gegenstand hat. Letztlich beträgt i.S.d. §§ 634a, 195 BGB die Frist drei Jahre bei allen anderen Werkverträgen. Die jeweilige Verjährungsfrist beginnt in den Fällen des § 634a I Nr. 1 und 2 BGB mit der Abnahme zu laufen. In den Fällen des § 634a I Nr. 3 BGB beginnt sie am Ende des Jahres, in dem der Anspruch entsteht und der Besteller Kenntnis vom Mangel erlangt bzw. infolge grober Fahrlässigkeit nicht erlangt hat.

2. Selbstvornahme i.S.d. §§ 634 Nr. 2, 637 I BGB

1. Anspruch entstanden

a. Wirksamer Werkvertrag (§ 631 BGB)
b. Mangel (§ 633 BGB)
c. Zum Zeitpunkt der Abnahme (§§ 644, 640 BGB)
d. Fruchtlose Fristsetzung / Entbehrlichkeit der Frist (§§ 637, 323 BGB)
e. Kein Ausschluss der Gewährleistung
aa. Kein vertraglicher Ausschluss (vgl. § 639 BGB)
bb. Kein gesetzlicher Ausschluss (§§ 640 III BGB)
cc. Kein Ausschluss durch Allgemeine Geschäftsbedingungen
f. Rechtsfolge / Zwischenergebnis

2. Anspruch untergegangen
3. Anspruch durchsetzbar

Der Anspruch auf Selbstvornahme i.S.d. §§ 634 Nr. 2, 637 BGB ermöglicht es dem Besteller nach dem Ablauf einer Frist einen Mangel an dem bestellten Werk selbst zu beseitigen und die hierfür erforderlichen Kosten vom Werkunternehmer zu fordern. Der Besteller kann den Mangel hierbei entweder selbst beheben oder beheben lassen. Zugleich kann er vom Werkunternehmer die dafür erforderlichen Aufwendungen verlangen, ebenfalls besteht die Möglichkeit, einen Vorschuss vom Werkunternehmer gem. § 637 III BGB zu fordern. Die Verjährung richtet sich innerhalb Anspruchsdurchsetzbarkeit nach den weiter oben dargestellten Regeln und differenziert nach Art der Werkleistung.

a. Wirksamer Werkvertrag gem. § 631 BGB

Vgl. oben.

b. Mangel gem. § 633 BGB

Vgl. oben.

c. Zum Zeitpunkt der Abnahme

Vgl. oben.

d. Fruchtlose Fristsetzung / Entbehrlichkeit der Frist

Ferner fordert der Aufwendungsersatz im Rahmen der Selbstvornahme eine Leistungsaufforderung mit angemessener Fristsetzung, bzw. die Entbehrlichkeit ebendieser bei fälliger Leistung. Der Besteller kann erst nach Fristablauf zur Selbstvornahme übergehen und dann die Erstattung der Kosten verlangen. Es gelten beim Aufwendungsersatz jedoch Ausnahmen vom Erfordernis der Fristsetzung gemäß § 637 II BGB. Dieser verweist auf § 323 II BGB, hiernach ist eine Leistungsaufforderung mit angemessener Fristsetzung dann entbehrlich, wenn die Nacherfüllung endgültig verweigert wird. Gleiches gilt beim Fehlschlagen der Nacherfüllung oder wenn es insgesamt aufgrund von Unzumutbarkeit angemessen erscheint, dass eine Leistungsaufforderung mit angemessener Fristsetzung nicht mehr vorgenommen werden muss.

e. Kein Ausschluss der Gewährleistung

Vgl. oben. Weiterhin darf der Unternehmer die Nacherfüllung nicht nach § 637 I BGB zu Recht verweigert haben, sonst ist der Anspruch ausgeschlossen. Dieses Recht steht dem Unternehmer beispielsweise zu, wenn die Leistung i.S.d. § 635 BGB unzumutbar oder unverhältnismäßig schwierig ist.

f. Rechtsfolge / Zwischenergebnis

Getätigte Aufwendungen zur Mangelbeseitigung durch den Besteller sind gem. der Rechtsfolge der Vorschrift zu ersetzen. Aufwendungen sind freiwillige Vermögensopfer, die der Besteller zur Beseitigung des Mangels erbringt. Der Anspruchsteller muss den Aufwand in den vertretbaren Grenzen einer zweckentsprechenden Mängelbeseitigung halten und sich an dem orientieren, was ein vernünftig und wirtschaftlich handelnder Besteller aufgrund sachkundiger Beratung im konkreten Einzelfall für geeignet halten durfte. Dabei ist auf den Zeitpunkt der geschuldeten Vertragserfüllung abzustellen. Erforderlich sind Aufwendungen also dann, wenn sie ein verständiger, wirtschaftlich denkender Mensch in der Lage des Geschädigten machen würde.

3. Rücktritt gem. § 634 Nr. 3 Alt. 1, 346 I BGB

1.	Anspruch entstanden
a.	Wirksamer Werkvertrag (§ 631 BGB)
b.	Mangel (§ 633 BGB)
c.	Zum Zeitpunkt der Abnahme (§§ 644, 640 BGB)
d.	Fruchtlose Fristsetzung / Entbehrlichkeit der Frist (§ 323 BGB)
e.	Keine Unerheblichkeit der Pflichtverletzung (§ 323 V BGB)
f.	Kein Ausschluss der Gewährleistung
aa.	Kein vertraglicher Ausschluss (vgl. § 639 BGB)
bb.	Kein gesetzlicher Ausschluss (§§ 640 III BGB)
cc.	Kein Ausschluss durch Allgemeine Geschäftsbedingungen
g.	Rücktrittserklärung (§ 349 BGB)
h.	Rechtsfolge / Zwischenergebnis
2.	Anspruch untergegangen
3.	Anspruch durchsetzbar

Die §§ 634 Nr. 3, 636, 323 BGB gewähren dem Besteller im Werkvertragsrecht das Recht vom Vertrag zurückzutreten. § 634 Nr. 3 BGB verweist bzgl. eines Rücktrittsrechts des Bestellers wegen Mangelhaftigkeit des Werkes auf die allgemeinen Regeln des Leistungsstörungsrechts, §§ 323, 326 V BGB. Der Rücktritt ist stets ausgeschlossen, wenn der Mangel unerheblich ist (§ 323 V 2 BGB) oder einer der beiden Ausschlussgründe des § 323 VI BGB vorliegen. Die Verjährung richtet sich innerhalb Anspruchsdurchsetzbarkeit nach den weiter oben dargestellten Regeln und differenziert nach Art der Werkleistung. Für das in § 634 BGB bezeichnete Rücktrittsrecht gilt § 218 BGB. Der Besteller kann trotz einer Unwirksamkeit des Rücktritts nach § 218 I BGB die Zahlung der Vergütung insoweit verweigern, als er auf Grund des Rücktritts dazu berechtigt sein würde. Macht er von diesem Recht Gebrauch, kann der Unternehmer vom Vertrag zurücktreten. Anspruchsgrundlage für die Obersatzformulierung ist auch hier §§ 634 Nr. 3, 346 I BGB immer dann, wenn es um die Prüfung des tatsächlichen Anspruchs auf Rückgewähr bereits ausgetauschter Leistungen geht.

a. Wirksamer Werkvertrag gem. § 631 BGB

Vgl. oben.

b. Mangel gem. § 633 BGB

Vgl. oben.

c. Zum Zeitpunkt der Abnahme

Vgl. oben.

d. Fruchtlose Fristsetzung / Entbehrlichkeit der Frist

Vgl. oben.

e. Keine Unerheblichkeit der Pflichtverletzung

Vgl. oben.

f. Kein Ausschluss der Gewährleistung

Vgl. oben.

g. Rücktrittserklärung

Der Rücktritt muss nach den Regelungen des § 349 BGB erklärt werden, Besonderheiten zu anderen Rücktrittserklärungsprüfungen ergeben sich nicht.

h. Rechtsfolge / Zwischenergebnis

Der erfolgreich erklärte Rücktritt wandelt den Werkvertrag nach § 346 I BGB in ein Rückgewährschuldverhältnis um. Die Vertragsparteien müssen die empfangenen Leistungen einander nach §§ 346, 348 BGB Zug um Zug zurückerstatten. Gegebenenfalls können sie voneinander auch Wertersatz verlangen – bei Teilleistungen ist ein Rücktritt vom gesamten Vertrag nur bei Gesamtinteressewegfall i.S.d. § 323 V 1 BGB möglich.

4. Minderung gem. §§ 634 Nr. 3 Alt. 2, 638 BGB

1. Anspruch entstanden

a. Wirksamer Werkvertrag (§ 631 BGB)
b. Mangel (§ 633 BGB)
c. Zum Zeitpunkt der Abnahme (§§ 644, 640 BGB)
d. Fruchtlose Fristsetzung / Entbehrlichkeit der Frist (§ 323 BGB)
e. Kein Ausschluss der Gewährleistung
aa. Kein vertraglicher Ausschluss (vgl. § 639 BGB)
bb. Kein gesetzlicher Ausschluss (§§ 640 III BGB)
cc. Kein Ausschluss durch Allgemeine Geschäftsbedingungen
f. Minderungserklärung (§ 638 I BGB)
g. Berechnung der Minderungshöhe / Rechtsfolge / Zwischenergebnis

2. Anspruch untergegangen
3. Anspruch durchsetzbar

Bei der Minderung wird der vereinbarte Werklohn nach §§ 634 Nr. 3, 638 BGB reduziert. Das Minderungsrecht steht dem Besteller – vergleichbar mit der kaufrechtlichen Gewährleistungsregel – anstatt des Rechts auf Rücktritt zu. Das heißt, die Voraussetzungen des Rücktritts müssen dem Grunde nach auch für die Minderung gegeben sein. Ein wichtiger Unterschied liegt darin, dass gem. § 638 I 2 BGB die Regelung des § 323 V 2 BGB keine Anwendung findet und damit eine Minderung bereits bei unerheblichen Pflichtverletzungen möglich ist, was ebenfalls mit der kaufrechtlichen Gewährleistungsregel vergleichbar ist. § 638 IV 1 BGB gewährt dem Besteller eine selbständige Anspruchsgrundlage für die Rückzahlung des überzahlen gezahlten Betrags, ein Rekurs auf das Bereicherungsrecht ist mithin nicht erforderlich. Die Verjährung richtet sich innerhalb Anspruchsdurchsetzbarkeit nach den weiter oben dargestellten Regeln und differenziert nach Art der Werkleistung.

a. Wirksamer Werkvertrag gem. § 631 BGB

Vgl. oben.

b. Mangel gem. § 633 BGB

Vgl. oben.

c. Zum Zeitpunkt der Abnahme

Vgl. oben.

d. Fruchtlose Fristsetzung / Entbehrlichkeit der Frist

Vgl. oben.

e. Kein Ausschluss der Gewährleistung

Vgl. oben.

f. Minderungserklärung

Die Minderung muss nach den Regelungen des § 638 I BGB erklärt werden, Besonderheiten zu anderen Minderungserklärungsprüfungen ergeben sich nicht.

g. Rechtsfolge / Zwischenergebnis

Gem. § 638 III BGB ist für die Minderung die Vergütung in dem Verhältnis herabzusetzen in welchem zur Zeit des Vertragsschlusses der Wert des Werks in mangelfreiem Zustand zur dem wirklichen Wert gestanden haben würde. Die Minderung im werkvertraglichen Gewährleistungsrecht entspricht damit ihrer Ausgestaltung nach der im Kaufrecht i.S.d. § 441 III BGB.

5. Schadensersatz i.S.d. §§ 634 Nr. 3, 280 ff. BGB

1. Anspruch entstanden

a. Wirksamer Werkvertrag (§ 631 BGB)
b. Mangel (§ 633 BGB)
c. Zum Zeitpunkt der Abnahme (§§ 644, 640 BGB)
d. Spezifische Voraussetzungen des Schadensersatzes nach den §§ 280 ff. BGB
e. Kein Ausschluss der Gewährleistung
aa. Kein vertraglicher Ausschluss (vgl. § 639 BGB)
bb. Kein gesetzlicher Ausschluss (§§ 640 III BGB)
cc. Kein Ausschluss durch Allgemeine Geschäftsbedingungen
f. Schaden

2. Anspruch untergegangen
3. Anspruch durchsetzbar

Nach § 634 Nr. 4 BGB steht dem Werkbesteller unter bestimmten Voraussetzungen ein Recht auf Schadensersatz zu. Dieses Recht kann, der Systematik der §§ 280 ff. BGB folgend, sowohl neben der Leistung als auch statt der Leistung geltend gemacht werden. Nicht im Kontext des § 634 Nr. 4 BGB zu prüfen, gleichwohl aber ein beachtenswerter Entschädigungsanspruch, ist § 642 BGB. Soweit für die Erstellung des Werks eine Mitwirkungshandlung des Bestellers erforderlich ist und der Besteller diese versäumt, ist er nach § 642 I BGB zur Entschädigung verpflichtet. Die Verjährung richtet sich innerhalb Anspruchsdurchsetzbarkeit nach den weiter oben dargestellten Regeln und differenziert nach Art der Werkleistung.

a. Wirksamer Werkvertrag gem. § 631 BGB

Vgl. oben.

b. Mangel gem. § 633 BGB

Vgl. oben.

c. Zum Zeitpunkt der Abnahme

Vgl. oben.

d. Spezifische Voraussetzungen des Schadensersatzes nach den §§ 280 ff. BGB

Die spezifischen Schadensersatzvoraussetzungen der jeweiligen Anspruchsnormen sind, genau wie im Kaufrecht, auch im werkvertraglichen Gewährleistungsrecht hinzuzuprüfen. Die Voraussetzungen umfassen nicht nur die schadensersatzspezifische Pflichtverletzung, sondern auch das Vertretenmüssen i.S.d. § 276 BGB.

Der Anspruch auf Schadensersatz statt der Leistung hat im Werkvertragsrecht seine Grundlage in § 634 Nr. 4 BGB, der auf die Vorschriften aus dem allgemeinen Teil des Schuldrechts nach §§ 280, 281, 283 bzw. 311a BGB verweist. Entsprechend Der Anspruch auf Schadensersatz statt der Leistung richtet sich bei anfänglich unbehebbaren Mängeln nach §§ 634 Nr. 4, 311a II, bei nachträglich unbehebbaren Mängeln nach §§ 634 Nr. 4, 280 I, III, 283, ist der Mangel behebbar, ist eine Fristsetzung grundsätzlich erforderlich. Der Schadensersatz statt der Leistung richtet sich dann nach §§ 634 Nr. 4, 280 I, III, 281 BGB, der Anspruch auf Schadensersatz neben der Leistung ergibt sich aus §§ 634 Nr. 4, 280 I BGB und ist bei fehlendem Vertretenmüssen des Werkbestellers ausgeschlossen. Die Differenzierung hinsichtlich der richtigen Anspruchsgrundlage folgen der normalen Systematik der §§ 280 ff. BGB, besondere Abweichungen müssen nicht beachtet werden.

e. Kein Ausschluss der Gewährleistung

Vgl. oben, bis auf die Besonderheit zu einem möglichen Gewährleistungsausschluss nach § 640 III BGB. Ob „keine Kenntnis des Bestellers i.S.d. § 640 III BGB" auch bei Schadensersatzansprüchen im Werkvertragsrecht zu prüfen ist, ist umstritten. Der Wortlaut unterstützt deutlich die These, dieses nicht zu prüfen – es heißt in § 640 III BGB, dass die Gewährleistungsrechte des § 634 Nr. 1 bis 3 BGB nach Abnahme ausgeschlossen sind, soweit kein Vorbehalt erklärt wurde. Schadensersatz steht aber gerade in der Nr. 4 des § 634 BGB und soll damit nicht ausgeschlossen sein. Die Auffassung, die auch vom OLG Köln und Teilen der Literatur vertreten wird, erlaubt es, die Prüfung des § 640 III BGB hier wegzulassen.

Andere, u.a. das OLG Schleswig, sind der Meinung, der § 640 III BGB sei auch im Kontext des Schadensersatzes zu prüfen – bei einer rügelosen Abnahme ließen sich die Voraussetzungen eines Schadensersatzanspruches gar nicht mehr erfüllen, beispielsweise, weil der Besteller aufgrund des verlorenen Anspruchs auf Nacherfüllung dem Unternehmer nicht mehr die gemäß § 281 I BGB gebotene Frist zur Mangelbeseitigung setzen könne. Da im Gutachten der Aufbau nicht erklärt werden soll, ist es gut, diese Auffassungen zu kennen, ob der § 640 III BGB letztlich dann in einer Prüfung eines werkvertraglichen Schadensersatzanspruches aus § 634 Nr. 4 BGB auftaucht, scheint aufgrund der Uneinigkeit in der Literatur und Rechtsprechung weniger entscheidend zu sein.

f. Schaden

Vgl. oben.

F. SONSTIGE VERTRÄGE

Als Sammelbegriff für weitere besondere Vertragsarten ist hier „sonstige Verträge" gewählt worden. Die dargestellten Verträge sollten geläufig sein, ihre Leistungspflichten sollten bekannt sein und ihre Spezifika können in Prüfungen eine Rolle spielen. Eine dezidierte Darstellung wie in den Teilen des Werkes zuvor bietet sich trotzdem nicht an, entweder ist sie nicht geboten, weil die Regelungen eines anderen Rechts anwendbar sind und es so zu zahlreichen Dopplungen käme, wie bei dem Werklieferungsvertrag. Auch ist möglich, dass die Verträge rechtlich einfach ausgestaltet sind und sie eher aus anderen Gründen bekannt sein sollten, etwa weil sie ein Recht zum Besitz begründen wie der Leihvertrag. Mit der Neufassung des Reisevertragsrechts hat der Gesetzgeber die Regelungen zum Reisevertrag derart dezidiert gestaltet, dass sich zahlreiche Informationen aus dem Gesetz erschließen lassen und der Vertrag kaum in Einsteigerprüfungen die Hauptrolle spielen dürfte. Die Schenkung ist letztlich in Prüfungen vergleichsweise beliebt, der grobe Undank und die Spezifika der Form oder eine Verknüpfung mit dem Minderjährigenrecht, bzw. mit dem Recht der beschränkten Geschäftsbefähigung, bieten interessanten und beinahe beliebig erweiterbaren Prüfungsstoff.

I. WERKLIEFERUNGSVERTRAG

Die Unterscheidung von Werk- und Werklieferungsverträgen ist beliebter Prüfungsstoff für jede Art von Leistungskontrolle. Der Werkvertrag ist mit seinen eigenen Vorschriften und Begrifflichkeiten in den §§ 631 ff. BGB geregelt, die Gewährleistungsrechte stehen grundsätzlich unter den Voraussetzungen der Mangelhaftigkeit und des Vorliegens ebendieser bei dem werkvertragsspezifischen Gefahrübergang, der Abnahme. Der vorherige Prüfungspunkt „Werkvertrag" oder „Wirksamer Werkvertrag" wird meistens in den Leistungskontrollen im Bereich des Besonderen Schuldrechte kurz gehalten und erfährt wenig Aufmerksamkeit – Fragen des Zustandekommens von Verträgen werden in Einzelfachkontrollen in der Regel nicht im Übermaß mit Fragen nach besonderen Gewährleistungsrechten kombiniert. Die Existenz des Werklieferungsvertrages rechtfertigt jedoch hier ein anderes vorgehen. Während sich Kaufvertrag und Werkvertrag noch leicht unterscheiden lassen und das Feststellen des wirksamen Zustandekommens des jeweiligen Vertrages unproblematisch geschehen kann, ist es beim Werklieferungsvertrag anders. Hat der Vertrag, aus dem Gewährleistungsrechte abgeleitet werden sollen, die Lieferung vom Unternehmer selbst herzustellender Sachen zum Gegenstand, so findet gem. § 650 I 1 BGB bei diesem Werklieferungsvertrag ausschließlich Kaufrecht Anwendung, es handelt sich dann um einen Werklieferungsvertrag. Soweit es sich bei den herzustellenden oder zu erzeugenden beweglichen Sachen um nicht vertretbare Sachen handelt, sind auch die §§ 642, 643, 645, 648 und 649 BGB mit der Maßgabe anzuwenden, dass an die Stelle der Abnahme der nach den §§ 446 und 447 BGB maßgebliche Zeitpunkt tritt.

Mit dem Begriff der Lieferung ist im Kontext des Werklieferungsvertrages nicht die Über- oder Versendung der Sache gemeint, sondern die Übergabe der Sache an den Besteller. Daher liegt ein Werklieferungsvertrag auch dann vor, wenn der Besteller nach dem Vertrag verpflichtet ist, die erstellte Sache beim Hersteller abzuholen.

Ein Beispiel für einen Werklieferungsvertrag ist die Neuherstellung von Uniformen für Vereine, beispielsweise Schützen- und Karnevalsvereine. Hier handelt es sich regelmäßig um die Herstellung von Einzelstücken, da sie jedem einzelnen Vereinsmitglied angepasst werden müssen. Beachtlich ist in diesem Zusammenhang dann, dass, soweit es sich bei den herzustellenden oder zu erzeugenden beweglichen Sachen um nicht vertretbare Sachen handelt, auch die §§ 642, 643, 645, 648 und 649 BGB mit der Maßgabe anzuwenden sind, dass an die Stelle der Abnahme der nach den §§ 446 und 447 BGB maßgebliche Zeitpunkt tritt. § 650 I 3 BGB regelt hier, dass, trotz der grundsätzlich anwendbaren Regelungen des Kaufrechts, gewisse werkvertragliche Vorschriften gebraucht werden sollen.

Der Werklieferungsvertrag gleicht dem Werkvertrag damit nicht jeder Hinsicht, der abgrenzungsrelevante und damit wichtigste Unterschied ist, dass die Hauptpflicht des Werklieferungsunternehmers nicht in der Herstellung eines Werks, sondern in der Lieferung einer herzustellenden Sache liegt. Der Unterschied zwischen Werkvertrag und Werklieferungsvertrag liegt mithin im Wesentlichen darin, dass bei einem Werkvertrag der Unternehmer fremde Gegenstände verarbeitet oder unkörperliche Erfolge herbeiführt, während er bei einem Werklieferungsvertrag die zur Verarbeitung erforderlichen Materialien auch liefert. Häufig ist die Abgrenzung nicht eindeutig und es ist nach dem Schwerpunkt der geschuldeten Gesamtleistung zu fragen, zur Not sollte durch Auslegung ermittelt werden, worauf es den Parteien ankommt. Zur Orientierung können die Ausführungen des OLG Köln aus 11 U 183/14 dienen:

> *Ein Werklieferungsvertrag ist ein Vertrag, der die Lieferung herzustellender oder zu erzeugender beweglicher Sachen zum Gegenstand hat. Wird zudem der Einbau oder die Montage der Sache geschuldet, so kommt es für die Einordnung des Vertrages als Kauf- bzw. Werklieferungsvertrag einerseits oder aber als Werkvertrag andererseits darauf an, auf welcher der beiden Leistungen bei der gebotenen Gesamtbetrachtung der Schwerpunkt liegt. Dabei ist vor allem auf die Art des zu liefernden Gegenstandes, das Wertverhältnis von Lieferung und Montage sowie auf die Besonderheiten des geschuldeten Ergebnisses abzustellen. Je mehr die mit dem Warenumsatz verbundene Übertragung von Eigentum und Besitz auf den „Besteller" im Vordergrund steht und je weniger die individuellen Anforderungen des Kunden und die geschuldete Montageleistung das Gesamtbild des Vertragsverhältnisses prägen, desto eher ist die Annahme [von Kaufrecht] geboten.*

II. LEIHVERTRAG

Ein **Leihvertrag** liegt im Schuldrecht vor, wenn eine Sache unentgeltlich zum Gebrauch überlassen wird, geregelt ist der zugehörige Vertrag in den §§ 594–606 BGB. Die Vertragsparteien heißen Leihgeber oder Verleiher als Eigentümer der zu verleihenden Sache und Leihnehmer oder Entleiher. Durch den Leihvertrag bleibt der Verleiher Eigentümer und wird zum mittelbaren Besitzer, der Entleiher wird unmittelbarer Besitzer der Sache, er übt die tatsächliche Sachherrschaft au Das Gesetz geht in § 604 I 1 BGB grundsätzlich von einer befristeten Leihe aus, nach Ablauf der Leihzeit oder nach Kündigung durch den Verleiher hat der Entleiher dem Verleiher die entliehene Sache zurückzugeben, also die unmittelbare Sachherrschaft wieder einzuräumen. Selbstverständlich ist, dass im Gegensatz zum Darlehensvertrag bei der Leihe dieselbe Sache zurückzugeben ist, während der Leihzeit darf die Sache vom Entleiher nur vertragsgemäß gebraucht werden; er ist gem. § 603 BGB nicht berechtigt, die Sache an Dritte weiterzugeben.

Der Entleiher muss keinen Ersatz für Abnutzungen und Verschlechterungen an der Leihsache leisten, wenn diese aus dem vertragsgemäßen Gebrauch herrühren. Bei Schäden durch nicht vertragsgemäßen Verbrauch richtet sich die Haftung des Entleihers nach dem allgemeinen Schadensersatzrecht. Der Verleiher hat hingegen gemäß § 599 BGB nur Vorsatz und grobe Fahrlässigkeit zu vertreten. Weiterhin muss der Verleiher bei einem Schadenseintritt beim Entleiher für den Schaden aufkommen, wenn er arglistig einen Mangel an der Sache verschwiegen hat, § 600 BGB. Sofern für die Sache Unterhaltungskosten anfallen, z.B. bei einem Tier, trägt diese gemäß § 601 BGB regelmäßig der Entleiher.

III. REISEVERTRAG

Das **Reiserecht** regelt das Recht der Pauschalreise, also einer Gesamtheit von mindestens zwei verschiedenen Arten von Reiseleistungen i.S.d. § 651a II BGB. Eine treffendere Bezeichnung für die §§ 651a BGB könnte deswegen auch Pauschalreiserecht lauten, da sie die vertragstypischen Rechte und Pflichten von Pauschalreisen regeln.

Als **Reiseleistungen** werden in § 651a III BGB Beförderung, Beherbergung, Vermietung von Kfz und Motorrädern sowie sonstige „touristische Leistungen" aufgezählt, die Sonderregeln des § 651a IV BGB sollten hierbei beachtet werden.

Eine **Pauschalreise** liegt auch dann vor, wenn der Reisende die umfassten Reiseleistungen nach seinem Wunsch zusammenstellt, als **Reiseveranstalter** ist auch anzusehen, wer sogenannte Reisevermittler ist, wer also ein Bündel von mindestens zwei Reiseleistungen zusammenfasst oder durch den Buchenden zusammenfassbar macht.

Bei Rücktritt vor Antritt der Reise kann der Reiseveranstalter eine angemessene Entschädigung i.S.d. § 651h I 3 BGB verlangen, die Ausnahme nach § 651h III BGB ist hier besonders beachtlich.

Der Reiseveranstalter hat dem Reisenden die Pauschalreise frei von Reisemängeln zu verschaffen (§ 651i I BGB), der Duktus der Prüfung ähnelt den Gewährleistungsrechtsprüfungen zum alten Sachmangelbegriff im Kaufrecht und ist auch nah an der Prüfung des Gewährleistungsfalles im Werkvertragsrecht.

Das Vorliegen eines Reisemangels richtet sich nämlich zunächst nach den Vereinbarungen zwischen Reisendem und Veranstalter, daneben nach dem Zweck der Reise und erst dann, nach der gewöhnlichen Beschaffenheit. Die Prüfungsreihenfolge und die Systematisierung des entsprechenden § 651i BGB dürften keine Überraschung sein, etwas eigentümlich erscheint auf den ersten Blick, dass die Vorschrift den Mangel ausweist und sich gleichzeitig in Absatz drei der Verweisung der einzelnen Rechte zuwendet – dies ist bspw. aus §§ 434, 437 BGB – eher anders geläufig, Verweisvorschrift und Mangelbegriff sind sonst getrennt geregelt.

Im Pauschalreiserecht sind echte Mängel von den üblichen und erkennbaren Übertreibungen in der touristischen Vermarktung sowie dem allgemeinen Lebensrisiko des konkreten Erlebniswertes einer Reise abzugrenzen, die Sachverhaltsausverwertung spielt deswegen eine besondere Rolle. Eine Portion gesunder Menschenverstand ist hier nicht schädlich, die Einschätzung, dass nicht jede Reise wie in den Hochglanzbroschüren der Vermarkter dargestellt abläuft, dürfte klar sein – wo jedoch ein Abweichen vom legitimerweise Erwartbaren vorliegt, ist Frage der Einzelfallabgrenzung.

Ist die Reise mangelhaft, so hat der Reisende die in § 651i III BGB aufgezählten Rechte. Beachtlich sind einige Besonderheiten der einzelnen Gewährleistungsrechte, so kann zwar der Reisende bei einem erheblichen Reisemangel nach § 651l BGB den Reisevertrag kündigen, der Reiseveranstalter muss den Reisenden dann auf seine Kosten zurückbefördern und verliert den Anspruch auf den Reisepreis, soweit die Reise noch nicht erbracht ist.

Einer Kündigung der Reise muss aber i.S.d. § 651l I 2 BGB in aller Regel ein Abhilfeverlangen vorausgehen, es sei denn, der Mangel ist ohnehin nicht behebbar.

Nach § 651m BGB tritt weiterhin eine **automatische Minderung des Reisepreises** ein, ein gesondertes Minderungsverlangen ist nicht erforderlich. Ein überzahlter Betrag kann nach §§ 651m II, 346 BGB zurückverlangt werden.

Der Reisende kann unabhängig von Minderung oder Kündigung nach § 651n I BGB Schadensersatz oder nach § 284 BGB Ersatz seiner vergeblichen Aufwendungen verlangen.

IV. SCHENKUNG

Eine **Zuwendung**, durch die jemand einen anderen aus seinem Vermögen unentgeltlich bereichert, ist eine Schenkung i.S.d. § 516 I BGB. Die Voraussetzungen einer wirksamen Schenkung sind deswegen, die Zuwendung eines Gegenstandes in unentgeltlicher Form einerseits und die Einhaltung der Form des § 518 I BGB andererseits.

Dabei setzt die Zuwendung ihrerseits zwei Dinge voraus, nämlich eine Entreicherung des Schenkers und eine Bereicherung des Beschenkten. Der Schenkungsgegenstand muss nicht unmittelbar vom Schenker stammen, solange die Voraussetzungen erfüllt handelt es sich trotzdem begrifflich um eine Schenkung.

Unentgeltlichkeit einer Zuwendung liegt vor, wenn keine Gegenleistung für sie zu erbringen ist. Bei einer zusätzlichen Zuwendung, die neben dem Entgelt für eine bereits erbrachte Leistung gewährt wird, muss indes oft ausgelegt werden; Bonuszahlungen, Weihnachtsgeld, Inflationsausgleiche, Leistungszulange (offensichtlich) oder Erfolgsprämien sind in aller Regel keine Schenkungen, sondern als besonderer Teil des Arbeitslohns zu qualifizieren.

Unentgeltlich ist auch eine Schenkung unter einer Auflage (§§ 525 ff. BGB), die der Bedachte aus dem Wert der Zuwendung zu erbringen hat. Gestalten die Parteien die „Schenkung" so aus, dass ein Teil des Vertrages als unentgeltlich zu betrachten ist, zum Teil die Leistung jedoch auch entgeltlich erbracht wird, so liegt eine gemischte Schenkung vor.

Die Schenkung ist formbedürftig, das Schenkungsversprechen bedarf nach § 518 I BGB der notariellen Beurkundung, der Mangel dieser Form wird indes durch Bewirkung der Leistung nach § 518 II BGB geheilt. Dabei wird für die sog. Handschenkung (mündlicher Schenkungsvertrag und Übereignung fallen in einem Akt zusammen) diskutiert, ob dies einen Unterfall des § 518 II BGB oder eine eigenständige Ausnahme vom Formerfordernis des § 518 I BGB darstellt, im Ergebnis spielt das in der Ausbildung eine seltene und auch untergeordnete Rolle – der Begriff der Handschenkung sollte allerdings geläufig sein.

Für das Schenkungsversprechen von Todes wegen gem. § 2301 BGB gelten die erbrechtlichen Formvorschriften, hier tritt eine Heilung nur dann ein, wenn die Zuwendung noch zu Lebzeiten erfolgt (§ 2301 II BGB).

Eine Schenkung kann wegen groben Undanks gemäß § 530 BGB widerrufen werden, wenn objektiv eine schwere Verfehlung des Beschenkten vorliegt und subjektiv eine Gesinnung des Beschenkten zutage tritt, die in erheblichem Maße die Dankbarkeit vermissen lässt, die der Schenker erwarten kann. Was genau als grober Undank gilt, ist im Gesetz nicht näher definiert. Die Auslegung des Begriffs obliegt den Gerichten, die von Fall zu Fall entscheiden müssen, ob das Verhalten des Beschenkten als grober Undank einzustufen ist. Die Rechtsprechung hat jedoch einige Beispiele für Verhaltensweisen festgelegt, die als grober Undank angesehen werden können. Dazu gehören schwere Beleidigungen, tätliche Angriffe, schwerwiegende Verleumdungen oder die vorsätzliche Schädigung des Schenkers.

Der Widerruf i.S.d. § 532 BGB ist ausgeschlossen, wenn der Schenker dem Beschenkten verziehen hat oder wenn seit dem Zeitpunkt, in welchem der Widerrufsberechtigte von dem Eintritt der Voraussetzungen seines Rechts Kenntnis erlangt hat, ein Jahr verstrichen ist. Nach dem Tode des Beschenkten ist der Widerruf nicht mehr zulässig.

Insgesamt dient die Bestimmung des groben Undanks gemäß § 530 BGB dazu, den Schenker vor schwerwiegenden Verfehlungen des Beschenkten zu schützen und ihm die Möglichkeit zu geben, die Schenkung zurückzufordern, wenn das Verhältnis zwischen den Parteien durch groben Undank erheblich gestört wurde.

G. DIE §§ 327 FF. BGB

Der deutsche Gesetzgeber hat sich zur Umsetzung der Richtlinie 2019/770 der Europäischen Union vom 20. Mai 2019 über bestimmte vertragsrechtliche Aspekte der Bereitstellung digitaler Inhalte und digitaler Dienstleistungen dafür entschieden, vertragsrechtliche Regelungen zur Bereitstellung digitaler Produkte nicht nach dem bisherigen System des Besonderen Schuldrechts einzuführen, das sich an der Rechtsposition orientiert, die der Verbraucher an dem Gut erwerben möchte.

I. EINFÜHRUNG

Die Vorschriften der §§ 327 ff. BGB sollen keinen neuen Vertragstypus begründen, vielmehr hat sich der Gesetzgeber entschlossen, die Regelungen zu digitalen Produkten in das Allgemeine Vertragsrecht des BGB aufzunehmen und so typenübergreifende Bestimmungen zu schaffen.

Da es auf den besonderen Vertragstyp im Einzelfall kaum ankommt, steht die einmalige oder dauerhafte Bereitstellung eines digitalen Produkts im Mittelpunkt der §§ 327 ff. BGB, finden sich die neu eingeführten Vorschriften nicht im Besonderen, sondern im Allgemeinen Teil des Schuldrechts. So kommt es, dass für Rechtsfragen außerhalb des Regelungsbereichs der Umsetzungsvorschriften die vertragstypologische Zuordnung unberührt bleibt und ggf. die entsprechenden Vorschriften des besonderen Schuldrechts anwendbar sind.

Während sich zwar Veränderungen in der Formulierung des § 434 BGB ergeben haben, zeigt sich die neu formulierte Sachmangelvorschrift ansonsten in ihrem Kerninhalt konsistent. Es geht bei der Prüfung weiterhin um subjektive und objektive Anforderungen an die Kaufsache. In der Prüfungspraxis hat sich deswegen kaum etwas geändert, wenn man nur auf die Absätze 2 und 3 des § 434 BGB n.F. blickt, wenngleich die im Vergleich zu vorher etwas differenziertere Vorschrift etwas genauere, dezidiertere Prüfungen ermöglicht. Auch die Neuerungen zur Beweislastumkehr beim Verbrauchsgüterkauf und die Regelung des § 475d BGB sind beachtenswert – aber übersichtlich.

Anders, zumindest hinsichtlich der Übersichtlichkeit, steht es um die einzelnen Rechte, die in den §§ 327 ff. BGB hinzugekommen sind. Der Beitrag soll nach einer kurzen theoretischen Einführung anhand eines Falles die gutachterliche Herangehensweise zur Prüfung einiger „neuer“ Vorschriften aufzeigen.

II. RELEVANZ IN DER AUSBILDUNG

Die Relevanz der „neuen" Vorschriften für die Lehre und Prüfung in schuldrechtlichen Veranstaltungen dürfte offensichtlich sein; zur Prüfung gehört es jetzt, die §§ 327 ff. BGB gleichermaßen zu beherrschen, wie die jeweiligen besonderen Schuldverhältnisse. Auch können die Vorschriften dann anwendbar sein, wenn eine Kommune gegenüber Privaten handelt, der Anwendungsbereich ist nicht entsprechend ausgeschlossen, beziehungsweise verkleinert. Juristische Personen des Öffentlichen Rechts können Unternehmer i.S.d. § 14 BGB sein, müssen es aber nicht. Dass sie nicht immer Unternehmer sein müssen, beweist unter anderem § 310 I BGB, der die sie ausdrücklich neben die von § 14 BGB erfassten Personen stellt – aber eben extra erwähnt. Dieses mögliche, begriffliche Auseinanderfallen von juristischer Person des Öffentlichen Rechts, beispielsweise der Kommune, und Unternehmereigenschaft steht allerdings der Einordnung der Kommune als Unternehmer im Einzelfall nicht entgegen. Juristische Personen des öffentlichen Rechts können also dann als Unternehmer nach § 14 BGB zu qualifizieren sein, wenn sie Leistungen am Markt anbieten, die Leistungsbeziehung wenigstens auch privatrechtlich ausgestaltet ist, und ihr Handeln als gewerblich i.S.d. § 14 I BGB anzusehen ist. Typischerweise ist die Unternehmereigenschaft gegeben, wenn fiskalisch gehandelt wird, also wenn eine Kommune erwerbswirtschaftlich auftritt und bei ihrem Handeln der Umsatzsteuerpflicht nach § 2 UStG unterliegen.

Kein unternehmerisches Verhalten ist indes gegeben, wenn es am dauerhaften und planmäßigen Agieren am Markt fehlt, da sowohl die Gewerblichkeit als auch die selbstständige Berufstätigkeit dies voraussetzen, einmalige Betätigungen am Markt aus einem speziellen Anlass begründen also in der Regel keine Unternehmereigenschaftszuschreibung einer Kommune.

Die Einordnung eines Tätigwerdens von juristischen Personen des öffentlichen Rechts als Unternehmer i.S.d. § 14 BGB – und damit auch die Einordnung in einen Verbrauchervertrag i.S.d. § 310 BGB ist seit jeher umstritten. Eine wesentliche Rolle bei der Einordnung spielt nach herrschender Auffassung, dass bei Abschluss des Rechtsgeschäfts nicht hoheitlich, sondern eben gerade am Markt, rechtsgeschäftlich derart gehandelt wird, dass der Vertrag keinem öffentlichen Zweck dient. Zur Abgrenzung gehört umfangreiche Kasuistik, die Einzelfälle anhand o.g. Kriterien einzuordnen sucht.

Fakt ist, dass juristische Personen des öffentlichen Rechts im Einzelfall auch als Unternehmer i.S.d. §§ 310 III, 14 BGB gelten können und somit mit der Geltendmachung von Rechten nach den §§ 327 ff. BGB konfrontiert werden könnten. Für Unternehmer i.S.d. § 14 BGB versteht sich obiges von selbst, mithin sind die Vorschriften sowohl im Bereich der klassischen Zivilrechtsausbildung relevant als auch in Gebieten, in denen für die öffentlich-rechtliche Verwaltung ausgebildet wird.

III. VERTRÄGE ÜBER DIGITALE PRODUKTE

Für zahlreiche alltägliche Handlungen die im Zusammenhang mit der Nutzung von Apps, Cloudservices stehen gelten seit dem 01.01.2022 die Vorschriften für Verträge über digitale Produkte. Dabei handelt es sich nicht um einen neuen, besonderen Vertragstyp des besonderen Schuldrechts, sondern vielmehr um eine Sonderform des bereits bestehenden Verbrauchervertrags, i.S.d. §§ 312 ff. BGB.

Die Regelungen über Verträge über digitale Produkte lassen sich systematisieren, indem man die §§ 327, 327a BGB dem Anwendungsbereich der Regeln zuordnet, sie legen den Vertrag als spezifischen Verbrauchervertrag fest. Hiernach folgen dann die Rechtsfolgen für die Konstellationen der Regelleistungsansprüche in den §§ 327b, 327 f. BGB, für die Leistungsstörungsrechte (§ 327c ff. BGB), für die Rückabwicklung (§§ 327m, 327o BGB) und letztlich für die Vertragsbeendigung und Schadensersatz (§ 327m BGB).

1. Anwendungsbereich

Am Anfang jeder Prüfung der Geltendmachung von Rechten aus den §§ 327 ff. BGB steht die Überprüfung der **Anwendbarkeit der Vorschriften**. Da die §§ 327 ff. BGB ihre Anwendbarkeit ausdrücklich, aber etwas komplexer in der Prüfung, regeln, liegt es nahe, dass Klausuren und andere Prüfungen auch diese zum Gegenstand der Leistungskontrolle machen werden. Anwendbar sind die Vorschriften bei Verbraucherverträgen über digitale Inhalte und digitale Dienstleistungen. Der Begriff des digitalen Produkts ist vom Gesetzgeber als Oberbegriff für digitale Inhalte und digitale Dienstleistungen gewählt und in § 327 I BGB legaldefiniert worden. Die Vorschrift führt als Sammelbezeichnung für digitale Inhalte und Dienstleistungen den Begriff „digitale Produkte“ ein, der aus der Richtlinie zwar nicht vorgezeichnet, dessen Einführung aber durchaus sinnvoll ist, da es nur selten auf die Differenzierung zwischen den mitgemeinten Inhalten und Dienstleistungen ankommt. Regelmäßig sollte geprüft werden, ob sich auch über die Bereitstellung ebendieser Inhalte oder Dienstleistungen gegen Zahlung eines Preises geeinigt wurde. Diese neuen Regelungen gelten nicht nur, wenn für die digitalen Inhalte oder Dienstleistungen Geld als Gegenleistung bezahlt wird, sondern auch, wenn elektronisch dargestellte Werte wie e-Coupons und gesetzlich anerkannte virtuelle Währungen genutzt werden und personenbezogenen Daten als Gegenleistung bereitstellt werden. Damit legitimiert der Gesetzgeber das Geschäftsmodell „Daten als Gegenleistung“.

Digitale Inhalte im Sinne des § 327 II 1 BGB sind Daten, die in digitaler Form erstellt und bereitgestellt werden. Der Begriff des digitalen Inhalts fokussiert sich auf die Existenz der dahinterstehenden Daten und wird im Fall von heruntergeladenen und digitalisierten Inhalten Anwendung finden – digitale Inhalte müssen zunächst erstellt und dann auch in digitaler Form vertrieben werden. Der Verkauf ursprünglich digitaler Bilder, die zum Zweck des Verkaufs ausgedruckt und dann physisch verkauft werden, soll nicht erfasst sein, ansonsten ist der Begriff bewusst weit gefasst, um auch zukünftige Entwicklungen aufnehmen zu können; teilweise wird für Daten definitorisch vertreten, dass es sich um maschinenlesbare, kodierte Information handeln soll. Bei der umfassenden Verarbeitungsfähigkeit und Erfassbarkeit von Bild, Ton, Schrift, Sprache oder kodierten Informationen anderer Art durch Computer, dürfte diese Einordnung aber nur selten zur Abgrenzung beitragen.

Digitale Dienstleistungen sind solche, die einem Verbraucher entweder die Erstellung, die Verarbeitung oder die Speicherung von Daten in digitaler Form oder den Zugang zu solchen Daten ermöglichen, oder die gemeinsame Nutzung der vom Verbraucher oder von anderen Nutzern der entsprechenden Dienstleistung in digitaler Form hochgeladenen oder erstellten Daten oder sonstige Interaktionen mit diesen Daten möglich machen. Der Begriff der „digitalen Dienstleistung" als zweite Erscheinungsform digitaler Produkte ist eine Neuschöpfung der Digitale-Inhalte-RL und findet im bisherigen Recht keine begriffliche Entsprechung; im Gegensatz zum Begriff der „digitalen Inhalte", steht bei den „digitalen Dienstleistungen" die Interaktion mit dem Verbraucher und damit ein in der Tendenz aktives Moment im Vordergrund. Die Verwendung von ausschließlich digitalen Kommunikationsmitteln lässt die Dienstleistung indes logischerweise nicht zu einer digitalen Dienstleistung werden. Ebenfalls nicht ausreichend ist, dass eine analoge Dienstleistung bloß auf digitalem Wege erbracht wird, wie etwa die persönliche Beratung durch einen Anwalt per E-Mail.

Erfasst sind indes „Dienstleistungen, die dem Verbraucher die gemeinsame Nutzung der vom Verbraucher oder von anderen Nutzern der entsprechenden Dienstleistung in digitaler Form hochgeladenen oder erstellten Daten oder sonstige Interaktionen mit diesen Daten ermöglichen". Umfasst sind beispielsweise die Bereitstellung von Cloudspeicher und die Nutzung von Streaming-Services, Messenger-Dienste, Online-Spiele und soziale Netzwerke, Legal-Tech-Angebote, wie etwa Tools zur automatisierten Prüfung von Ansprüchen oder Vertragsgeneratoren, Blogportale, Suchmaschinen, Navigationsdienste, SaaS- und AaaS-Angebote, Webhostingangebote oder Vergleichs- und Vermittlungsportale. Auch Online-Partnervermittlungsverträge werden von den §§ 327 ff. BGB erfasst, wie Avatare in Metaverseinhalten.

§ 327a I BGB führt den Begriff des **Paketvertrags** in das BGB ein, wobei die Begriffsbestimmung weitgehend dem Wortlaut von Art. 3 VI Digitale-Inhalte-RL folgt, abweichend von der Digitale-Inhalte-RL spricht § 327a I BGB von Sachen und nicht von Waren, um auf diese Weise auch Verbindungen von digitalen Produkten mit unbeweglichen Sachen einzubeziehen. Entsprechend bleibt es dabei, dass § 241a I BGB im Verbrauchsgüterkauf i.S.d. § 474 BGB eine Rolle spielt, wenn es um die Anwendbarkeit der §§ 327 ff. BGB geht, allerdings nicht.

Die Regel des § 327a BGB verfolgt grundsätzlich das Ziel, so viele Verträge wie möglich einerseits den §§ 327–327s BGB oder den Regelungen des Kaufvertrags zuzuordnen und auf diese Weise ein lückenloses Verbraucherschutzregime für digitale Produkte zu bieten. Es handelt sich um Verträge, die neben der Bereitstellung digitaler Produkte die Bereitstellung anderer Sachen oder die Bereitstellung anderer Dienstleistungen zum Gegenstand haben – diese Verträge sind aufzuspalten und auf den jeweiligen Vertragsteil sollen die jeweilig entsprechenden Vorschriften angewandt werden. Für die nicht-digitalen Bestandteile eines

Vertrags kommen weiterhin die Vorschriften des jeweils anwendbaren Vertragstyps (Kauf-, Dienst- und Werkvertrag dürften die häufigsten Typen darstellen) und des allgemeinen Schuldrechts zur Anwendung.

§ 327b I BGB gestaltet die Bereitstellungspflicht für Unternehmer aus, Leistungszeit und Leistungsmodalitäten für Verträge über digitale Produkte werden geregelt. Gem. § 327b BGB kann ein Verbraucher vorbehaltlich anderweitiger Abreden die Bereitstellung des digitalen Produkts sofort verlangen und ein Unternehmer sie sofort bewirken. Wohl wichtigste Regel ist gem. § 327b VI BGB, dass die Beweislast für die Leistungsbewirkung den Unternehmer trifft.

Für die Anwendbarkeit der Rechte ist weiterhin entscheidend, dass die (digitale) Leistung mit einer **Gegenleistung** versehen ist, also ein Preis im Austauschverhältnis gezahlt werden soll. Unter der Zahlung eines Preises i.S.d. § 327 I 1 BGB sind Geldzahlungen aller Art zu verstehen, unabhängig vom gewählten Zahlungsmittel. Die Tatbestandsalternativen erfassen daher neben der Barzahlung sämtliche Formen des elektronischen Zahlungsverkehrs wie etwa Überweisungen, Kreditkartenzahlungen, aber auch Transaktionen via **Paypal** und ähnliche Zahlungsdienstleistungen. Die gesetzliche „Anerkennung" für virtuelle Währungen im Sinne des § 327 I 2 BGB nach nationalem Recht setzt nicht die Anerkennung als gesetzliches Zahlungsmittel i.S.d. § 14 I 2 BBankG voraus. Die Regelung ist vielmehr als Vorbehalt zugunsten mitgliedstaatlicher Bereichsausnahmen zu verstehen, Deutschland hat hiervon keinen Gebrauch gemacht. Die gesetzliche Anerkennung von Bitcoin drückt sich bspw. durch die Einstufung als Rechnungseinheit i.S.d. § 1 XI 1 Nr. 7 KWG au Neben einer Geldleistung oder der Leistung eines elektronisch dargestellten Wertes finden die §§ 327 ff. auch auf jene Verträge Anwendung, in denen der Verbraucher dem Unternehmer personenbezogene Daten bereitstellt oder sich zu einer Bereitstellung personenbezogener Daten verpflichtet. er Begriff der personenbezogenen Daten ist im BGB nicht näher definiert und entspricht jenem der unmittelbar anwendbaren Datenschutzgrundverordnung. Er umfasst alle Informationen, die sich auf eine identifizierte oder identifizierbare natürliche Person beziehen, erfasst sind Identifikationsmerkmale, äußere Merkmale und innere Zustände, aber auch sachbezogene Informationen und alle sonstigen Beziehungen der Person zu Dritten und ihrer Umwelt.

2. Mängel

Der Unternehmer hat dem Verbraucher das Produkt frei von **Produkt- und Rechtsmängeln** i.S.d. §§ 327e–327g BGB bereitzustellen. Der Zeitpunkt, in dem das Produkt mangelfrei sein muss, ist bei einmalig zur Verfügung gestellten Produkten der Zeitpunkt der Bereitstellung selbst, bei Zeitverträgen und/oder Dauerschuldverhältnissen der gesamte Zeitraum der Bereitstellung. Darüber hinaus differenziert das Gesetz zwischen subjektiven Anforderungen, objektiven Anforderungen und Anforderungen an die Integration des digitalen Inhalts.

Zentrale Voraussetzung der Rechte des Verbrauchers bei Mängeln ist ein Mangel am digitalen Produkt, dieses ist frei von Produktmängeln, wenn es den subjektiven Anforderungen, den objektiven Anforderungen und den Anforderungen an die Integration entspricht, diese Voraussetzungen müssen kumulativ vorliegen.

Die Regelungen über die subjektiven Anforderungen an die Beschaffenheit des Produkts knüpfen, wie im § 434 BGB, ausschließlich an die Parteivereinbarung an. Dabei ist der Begriff der Beschaffenheit dem Kaufrecht entnommen und ebenso wie dort weit zu verstehen. Das Produkt ist i.S.d. § 327e II BGB subjektiv mangelhaft, wenn es nicht die vereinbarte Beschaffenheit aufweist, sich nicht für die nach dem Vertrag vorausgesetzte Verwendung eignet, es entgegen der Vereinbarung ohne Zubehör oder Anleitung bzw. Kundendienst bereitgestellt wird oder die im Vertrag vereinbarten Aktualisierungen nicht vorgenommen werden.

Ein **Sachmangel** kann ebenfalls im Sinne § 327e II BGB objektiver Natur sein. Das Produkt entspricht den objektiven Anforderungen, wenn es sich für die gewöhnliche Verwendung eignet (Nr. 1), eine Beschaffenheit aufweist, die bei digitalen Produkten derselben Art üblich ist und die der Verbraucher erwarten durfte (Nr. 2), es der Beschaffenheit eines Testprodukts entspricht (Nr. 3), es mit Anleitungen bereitgestellt wird, die ein Verbraucher erwarten kann (Nr. 4), einem Verbraucher die Aktualisierungen nach § 327f BGB bereitgestellt werden und der Verbraucher über diese informiert wird (Nr. 5) und soweit nichts anderes vereinbart war, mit der zum Zeitpunkt des Vertragsschlusses neusten verfügbaren Version bereitgestellt wird (Nr. 6).

Die Möglichkeiten die Sachmangelfreiheit festzustellen, gleichen in den ersten vier Nummern der Prüfung eines Sachmangels im Kaufrecht, die Nummern fünf und sechs sind in ihrem objektiven Anforderungsbereich spezifischer auf digitale Inhalte und Dienstleistungen zugeschnitten.

Wird ein digitales Produkt in die Umgebung des Verbrauchers eingefügt, ist es gem. § 327e IV BGB frei von Sachmängeln, wenn dessen Integration sachgemäß durchgeführt wurde oder die unsachgemäße Integration dem Unternehmer nicht anzulasten ist. Integration bezeichnet hierbei die Verbindung und/oder Einbindung eines digitalen Produkts mit den / in die Komponenten der digitalen Umgebung des Verbrauchers.

Es bleibt bei der Einschränkung aus § 476 BGB, dass objektive Anforderungen nur eingeschränkt durch Parteivereinbarung geändert werden können, dies ist nur möglich, wenn der Verbraucher davon vor Vertragsschluss in Kenntnis gesetzt worden ist und die Abweichung im Vertrag ausdrücklich und gesondert i.S.d. § 327h BGB vereinbart wurde.

Nach § 327f I BGB ist ein Unternehmer verpflichtet, einem Verbraucher **Aktualisierungen für das digitale Produkt** zur Verfügung zu stellen, die für den Erhalt des vertragsgemäßen Gebrauchs erforderlich sind.

Hierbei muss der Unternehmer sicherstellen, dass dem Verbraucher während des maßgeblichen Zeitraums Aktualisierungen, die für den Erhalt der Vertragsmäßigkeit des digitalen Produkts erforderlich sind, bereitgestellt werden und ein Verbraucher über diese Aktualisierungen informiert wird. Diese Aktualisierungspflicht wird auch dann verletzt, wenn die Software zwar funktioniert, aber Sicherheitslücken aufweist. Sowohl die Bereitstellung als auch die Information über Aktualisierungen gehören zu den objektiven Konformitätskriterien. Die zu erwartende Dauer der Informations- und Bereitstellungspflicht ist nicht auf die Gewährleistungsdauer beschränkt und kann innerhalb dieser enden oder auch über diese hinausreichen, zu erwartende Nutzungsdauer und Gewährleistungsfrist sind nicht zwangsläufig deckungsgleich, insbesondere wenn es sich um dauerhafte Bereitstellungen handelt. Da auch Sicherheitsupdates sind von der **Aktualisierungspflicht** erfasst sind, muss in die Dauer der Aktualisierungspflicht die Größe des Risikos einberechnet werden, das dem Verbraucher ohne Aktualisierungen droht.

3. Resultierende Verbraucherrechte

Der Aufbau und die Struktur der Rechte des Verbrauchers sind denen des Kaufrechts sehr ähnlich, der Verbraucher kann nach § 327 I BGB Nacherfüllung verlangen, den Preis mindern oder Aufwendungsersatz verlangen. Der Vorrang der Nacherfüllung findet auch hier Berücksichtigung und äußert sich in den zusätzlichen Voraussetzungen der Vertragsbeendigung nach § 327 I BGB. Auslöser einer Gewährleistung ist das Vorliegen eines Produkt- oder Rechtsmangels (§ 327d BGB), wobei die Ausgestaltung in den §§ 327e und 327g BGB erfolgt.

Durch die **Nacherfüllung gem. § 327 I 1 BGB** muss ein Unternehmer den vertragsgemäßen Zustand herstellen und die dazu erforderlichen Aufwendungen zu tragen. Die Nacherfüllung ist, wie gewohnt, ausgeschlossen, wenn sie unmöglich oder für den Unternehmer nur mit unverhältnismäßig hohen Kosten verbunden ist, auch § 275 I BGB findet entsprechende Anwendung. Ebenso wird bei der Auslegung der Vorschrift die bereits erfolgten Wertungen zum § 439 BGB zurückgegriffen werden können, Zurückhaltung ist indes bei der Übertragbarkeit der Wertungen aus § 275 II und III BGB geboten, die vorgesehene Abwägung zwischen Schuldner- und Gläubigerinteresse ist nicht per se übertragbar.

Der Verbraucher kann nach § 327m III i.V.m. § 327m I BGB **Schadensersatz statt der Leistung** verlangen, wenn

- der Nacherfüllungsanspruch ausgeschlossen (Nr. 1) oder
- nicht erfüllt worden ist (Nr. 2),
- der Mangel trotz Nacherfüllung weiterbesteht (Nr. 3),
- die Schwere des Mangels die sofortige Vertragsbeendigung rechtfertigen würde (Nr. 4),
- der Unternehmer die Nacherfüllung zu Unrecht verweigert (Nr. 5) oder
- es aus den Umständen offensichtlich wird, dass der Unternehmer nicht ordnungsgemäß nacherfüllen wird (Nr. 6).

Die Norm verweist nicht auf die Anspruchsgrundlagen des allgemeinen Leistungsstörungsrechts, sondern stellt eine eigene Anspruchsgrundlage dar. Sowohl die Erheblichkeitsprüfung aus § 281 III BGB sowie der Ausschluss der Leistungspflicht nach § 281 IV BGB sind gem. § 327m III 2 BGB entsprechend anzuwenden. Wird Schadensersatz statt der ganzen Leistung verlangt, so kann der Anspruchsgegner seinerseits das Geleistete nach §§ 327o und 327p BGB zurückverlangen.

Ist das digitale Produkt in einer Weise mangelhaft, die den Verbraucher zur Beendigung des Vertrags berechtigt, kann der Verbraucher den Preis durch Erklärung gegenüber dem Unternehmer gem. § 327n I BGB **mindern**. Die Minderungshöhe ist, falls erforderlich gem. § 327n III BGB zu schätzen, die etablierten Regeln der kaufrechtlichen Minderung finden Anwendung. Beachtlich erscheint, dass für die Minderung im Unterschied zur Vertragsbeendigung keine Erheblichkeitsschwelle vorgesehen ist, selbst bei Mangelunerheblichkeit kann – in entsprechend niedrigem Umfang – gemindert werden.

§ 327m BGB regelt die **Vertragsbeendigung bei einem Mangel des digitalen Produkt** Mit der Vertragsbeendigung übernimmt die Vorschrift aus der Terminologie der Digitalen Inhalte-RL einen Begriff, der für das deutsche Allgemeine Schuldrecht neu ist, um sowohl den einmaligen Leistungsaustausch als auch Dauerschuldverhältnisse zu erfassen; die Vertragsbeendigung ist Oberbegriff für Rücktritt und Kündigung. Voraussetzung für die Vertragsbeendigung ist nach § 327m I BGB, dass das digitale Produkt einen Produkt- oder Rechtsmangel aufweist und dass eine der Nummern 1 bis 6 des § 327m I BGB einschlägig ist. Im Wesentlichen geht es hierbei um den Vorrang der Nacherfüllung und die zugehörigen Entbehrlichkeitstatbestände. Eine darüber hinausführende Ausdehnung des Rechts zur Vertragsbeendigung für die Zeit vor dem Eintritt der Fälligkeit in dem Fall, dass offensichtlich die Voraussetzungen für eine Vertragsbeendigung eintreten werden – in entsprechender Anwendung von § 323 IV BGB – kommt jedoch für Verträge über digitale Produkte nicht in Betracht, da sie in der Digitalen Inhalte-RL nicht vorgesehen ist und die Regelungen der Richtlinie dahingehend abschließenden Charakter haben. Beachtlich ist § 372m II 1 BGB, der das Recht des Verbrauchers zur Vertragsbeendigung nach § 327m I BGB bei einem unerheblichen Mangel ausschließt. Unerheblich ist ein Mangel, wenn er das Leistungsinteresse des Verbrauchers in Abwägung der beiderseitigen Interessen im Einzelfall und unter Berücksichtigung von Art und Zweck des digitalen Produkts (einschl. seiner vorgesehene Nutzungsdauer) nicht spürbar beeinträchtigt.

Nach § 327r I BGB ist das Recht des Unternehmers, Änderungen an den digitalen Produkten vorzunehmen beschränkt. Neben den zur Erhaltung des Produkts notwendigen Maßnahmen dürfen nur solche Änderungen vorgenommen werden, wenn der Vertrag dies vorsieht, dem Verbraucher dadurch keine zusätzlichen Kosten entstehen und der Verbraucher über die Änderung klar und verständlich informiert worden ist. Wird die Nutzung des digitalen Produkts durch eine Änderung mehr als nur unerheblich beeinträchtigt, steht einem Verbraucher gem. § 327r III BGB ein Recht zur Vertragsbeendigung innerhalb von 30 Tagen zu. Beachtlich ist, dass das Beendigungsrecht des Verbrauchers unabhängig davon besteht, ob der Unternehmer seinen Pflichten nach § 327r I oder II BGB nachkommt, die Information des Verbrauchers ist Voraussetzung dafür, dass der Unternehmer das digitale Produkt zum Nachteil des Verbrauchers ändern darf. Sie ist aber nicht Voraussetzung für das Recht des Verbrauchers auf Vertragsbeendigung.

Darüber hinaus kann der Verbraucher nach §§ 327i Nr. 3, 280 I BGB **Schadensersatz neben der Leistung** oder gem. §§ 327i Nr. 3, 284 BGB den **Ersatz vergeblicher Aufwendungen** verlangen. § 327m III BGB regelt den Schadensersatz statt der Leistung, ein Rückgriff auf § 281 BGB über § 327i Nr. 3 BGB ist mithin weder möglich noch notwendig.

Unterbleibt die in § 327b I BGB konkretisierte **Bereitstellung** des Unternehmers, stehen dem Verbraucher die in § 327c BGB normierten Rechte zu. Der Verbraucher kann den **Vertrag beenden**, wenn der Unternehmer ihm nach Aufforderung das digitale Produkt nicht unverzüglich zur Verfügung stellt, der Verbraucher muss in Fällen der unterbliebenen Bereitstellung den Unternehmer zunächst zur Leistung aufzufordern. Die Funktionsweise der Aufforderung entspricht dem aus den §§ 281, 323 BGB bekannten Erfordernis der Fristsetzung. Wie die Fristsetzung kann auch die Aufforderung nach § 327c III BGB entbehrlich sein.

Die Rechtsfolgen der Vertragsbeendigung ergeben sich aus einer entsprechenden Anwendung der §§ 327o, 327p BGB, der § 327c IV BGB regelt die entsprechende Anwendung. Mit der Einführung der §§ 327 ff. BGB geht die Anwendbarkeit der Regeln über Verträge über digitale Produkte auf alle anderen Vertragstypen einher. Hierdurch kommt es zu Präzisierungserfordernissen, insbesondere auf Rechtsfolgenseite, z.B. ist § 323 BGB nur auf gegenseitige Verträge anwendbar, was die §§ 327 ff. BGB nicht zwingend voraussetzen; die notwendige Präzisierung im Hinblick auf den Umgang mit Dauerschuldverhältnissen erfährt das Gesetz mit den extra eingeführten Vorschriften der Vertragsbeendigung. Die Vertragsbeendigung erfolgt durch Erklärung gegenüber dem Unternehmer, § 327o I BGB, und kann nicht mit der Aufforderung zur Bereitstellung verbunden werden. Die Rechtsfolgen der Vertragsbeendigung richten sich gemäß Absatz 4 nach den Vorschriften der §§ 327o, 327p BGB. Die Regelungen über den Rücktritt in den §§ 346 ff. BGB sind verdrängt. Das beendete Vertragsverhältnis wandelt sich nach der Erklärung der Vertragsbeendigung zu einem Rückgewährschuldverhältnis. Nach der Vertragsbeendigung hat der Unternehmer dem Verbraucher die bereits geleisteten Zahlungen zu erstatten, für noch zu leistende Zahlungen erlischt der Anspruch des Unternehmers gem. § 327o II BGB. Das Rückgewährschuldverhältnis ist somit ein solches des § 327o BGB, nicht eines nach den § 346 ff. BGB.

Mit Beendigung des Vertrags erlischt gem. § 327p I BGB das Nutzungsrecht des Verbrauchers am digitalen Produkt, ein Unternehmer darf Inhalte, die ein Verbraucher bei der Nutzung des digitalen Produkts erstellt hat und die nicht personenbezogene Daten sind, nicht weiter nutzen. Ausdrücklich von einer Folgenutzungsmöglichkeit sind digitale Bilder, Video- und Audiodateien, die der Verbraucher mit dem digitalen Produkt erstellt oder für die Nutzung des Produkts bereitgestellt hat ausgeschlossen, dies setzt eine aktive Handlung des Verbrauchers voraus, beispielsweise das Hochladen von Inhalten, Schreiben von Texten oder Erstellen von Grafiken, Fotografien, Video- oder Musikdateien oder anderen Inhalten mit dem digitalen Produkt.

Gem. § 327c II BGB besteht auch das Recht auf Schadensersatz, der Rechtsgrundverweis auf die bekannten §§ 280 ff. BGB verwiesen. Bei diesem Verweis handelt es sich um einen Rechtsgrundverweis, wie § 327c II 1 BGB ausdrücklich klarstellt. Der Anspruch auf

Schadensersatz statt der Leistung erfordert gem. § 327c I 1 BGB die Aufforderung, nicht die Fristsetzung wie sie aus 281 BGB sonst bekannt ist; hierdurch wird der Verbraucher etwas bessergestellt als im allgemeinen Anwendungsbereich beim § 281 BGB der Fall ist; die Fristsetzung setzt voraus, dass ein Gläubiger einem Schuldner zumindest konkludent eine zeitliche Grenze aufzeigt, § 327c I 1 BGB tut dies nicht.

4. Begleitregeln

Zeigt sich innerhalb eines Jahres ab Bereitstellung ein von den Anforderungen der § 372e BGB oder § 327g BGB abweichender Zustand, wird vermutet, dass das digitale Produkt bereits bei Bereitstellung mangelhaft war. Abweichend von den allgemeinen Grundsätzen der **Beweislastverteilung** muss nicht der Verbraucher den Beweis dafür erbringen, dass ein Produkt- oder Rechtsmangel bereits zum maßgeblichen Zeitpunkt vorgelegen hat, sondern der Unternehmer muss beweisen, dass das digitale Produkt insoweit mangelfrei war. Die zum Kaufvertragsrecht entwickelten Grundsätze zur Beweislastumkehr sind auch für die Auslegung des § 327k BGB von Bedeutung, weil in der Begründung des Regierungsentwurfs zu § 327k BGB auf die EuGH-Rechtsprechung verwiesen wird. Hieraus und der aus der übertragbaren herrschenden Meinung im Kaufrecht wird der Umfang der Beweislastumkehr und die Relevanz für die betreffenden Unternehmer deutlich, um die Vermutung des § 327k BGB zu widerlegen, muss der Unternehmer beweisen, dass der abweichende Zustand, der sich innerhalb der maßgeblichen Frist gezeigt hat, bei Bereitstellung bzw. während des bisherigen Bereitstellungszeitraums nicht vorhanden war. Zudem muss der Unternehmer beweisen, dass der abweichende Zustand nicht auf einem anderen, schon bei Bereitstellung bzw. während des bisherigen Bereitstellungszeitraums vorliegenden anderen Mangels beruht, den Unternehmer trifft die Last des Beweises des Gegenteils, die bloße Erschütterung der Vermutung genügt nicht.

Die Rechte des Verbrauchers aus § 327i I BGB **verjähren** im Fall der einmaligen Bereitstellung in zwei Jahren. Im Fall der dauerhaften Bereitstellung ist die Verjährung bis zum Ablauf von zwölf Monaten nach Ende des Bereitstellungszeitraums i.S.d. § 327j II BGB gehemmt.

H. ÜBUNGSKLAUSUREN

In diesem Teil werden zwei Übungsklausuren mit Lösung vorgeschlagen. Die erste Klausur soll einen Überblick über die Gewährleistungsrechte im Kaufrecht gewähren und stellt entsprechend die §§ 434, 437 BGB in den Mittelpunkt der Untersuchung. Die zweite Klausur widmet sich Ansprüchen aus mangelhafter Leistung bei Vorliegen eines Werkvertrages.

I. SACHVERHALT, DER MILCHMANN

Student S reicht es. Zivilrecht hatte er sich leichter vorgestellt und das Studium ist ohnehin nicht der erhoffte Halbtagsjob. Er entschließt sich, eine Karriere als Milchmann zu verfolgen und meldet sogleich ein entsprechendes Gewerbe an. Für diesen Zweck kauft er bei V einen gebrauchten Lieferwagen für 36.000,00 Euro. Nach der Ablieferung und Bezahlung des Fahrzeugs stellt S fest, dass sich die Tür zur Ladefläche nicht öffnen lässt. Der Defekt war auch bei gründlichem Nachsehen nicht vorher zu erkennen, gleichwohl aber bereits bei Übergabe vorhanden.

Am nächsten Tag begibt sich S in die Werkstatt des V. V erkennt sofort, dass es sich bei dem Defekt um eine Kleinigkeit handelt und der Defekt schnell behoben werden könnte, verweigert jedoch die Reparatur mit der Begründung, der Kaufvertrag sei erfüllt und damit erledigt. Die Gefahr, dass etwas nicht funktionieren würde, sei auf S übergegangen. Der Wagen sei so alt, dass es ihn sonst nirgendwo mehr auf dem Markt gäbe und auch ein neues Schloss nicht mehr gebaut würde – S solle sich nicht so haben.

Die Reparaturkosten für das Türschloss würden in diesem Fall 89,00 Euro betragen. Welche kaufrechtlichen Gewährleistungsrechte kann S gegen V erfolgreich geltend machen?

Bearbeitervermerk: Vorschriften des HGB sind nicht zu prüfen, der inhaltliche Anwendungsbereich der §§ 327 ff. BGB ist nicht eröffnet.

II. LÖSUNGSVORSCHLAG, DER MILCHMANN

A. Anspruch des S auf Nachbesserung gem. §§ 437 Nr. 1, 439 I Alt. 1 BGB

S könnte einen Anspruch gegen V auf Nacherfüllung in Form der Nachbesserung gem. §§ 437 Nr. 1, 439 I Alt. 1 BGB haben. S hat diesen Anspruch, wenn er entstanden, nicht untergegangen und durchsetzbar ist.

Hinweis: Uneinheitlich wird gehandhabt, welche Vorschriften im Obersatz (wo) zu zitieren sind. Manche sind der Auffassung, die tatbestandsbegründenden Vorschriften wie §§ 434, 446 S. 1 oder gar § 433 BGB seien ebenfalls zu zitieren. Andere beschränken die Zitierung auf die Anspruchsgrundlage selbst, in diesem Fall § 439 I Alt. 1 BGB, wieder andere wählen einen Kompromiss und zitieren die Verweisvorschrift, hier § 437 Nr. 1 BGB und die Anspruchsgrundlage, sonst aber keine weitere Vorschriften.

I. Anspruch entstanden

Zunächst müsste der Anspruch entstanden sein. Dies ist der Fall, wenn die Tatbestandsmerkmale der Anspruchsgrundlage gegeben sind.

1. Wirksamer Kaufvertrag

S und V haben einen wirksamen Kaufvertrag gem. § 433 BGB geschlossen.

2. Sachmangel bei Gefahrübergang

Gem. § 437 BGB müsste die Kaufsache mangelhaft sein, d.h. die Sache müsste einen Sachmangel bei Gefahrübergang gem. §§ 434, 446 S. 1 BGB oder einen Rechtsmangel bei Erwerb gem. § 435 BGB haben.

Prüfungsbedürftig erscheint, ob der Lieferwagen einen Sachmangel im Sinne des § 434 BGB aufweist. Gemäß § 434 I 1 BGB ist eine Sache mangelhaft, wenn die Ist-Beschaffenheit negativ von der vertraglich vereinbarten Soll-Beschaffenheit abweicht und mithin nicht den subjektiven Anforderungen entspricht. Da dem Sachverhalt keine Informationen zu einer konkreten Beschaffenheitsvereinbarung zwischen S und V entnommen werden können und auch nicht ersichtlich ist, ob S dem V mitteilte, dass er den Lieferwagen zum Zwecke der täglichen Belieferung seiner Kunden kaufen möchte, muss das Fahrzeug gem. § 434 III 1 Nr. 1 BGB zur gewöhnlichen Verwendung geeignet sein und eine Beschaffenheit i.S.d. § 434 III 1 Nr. 2 lit. a BGB aufweisen, die bei Sachen gleicher Art üblich ist und die ein durchschnittlicher Käufer aufgrund der Art der Sache erwarten kann.

Die gewöhnliche Verwendung eines Lieferwagens ist das Transportieren von Gegenständen, wobei insbesondere die große Ladefläche benötigt wird. Kann diese nicht genutzt werden, eignet sich das Fahrzeug nicht zur gewöhnlichen Verwendung. Im Übrigen ist es üblich, dass sich bei einem Fahrzeug alle Türen und der Kofferraum öffnen und schließen lassen. Folglich ist der Lieferwagen mangelhaft.

Gem. §§ 434 I 1, 437 BGB müsste der Mangel bei Gefahrübergang vorgelegen haben. Gem. § 446 S. 1 BGB geht die Gefahr mit Übergabe der Sache auf den Käufer über. Der Defekt der Tür lag schon bei Ablieferung des Fahrzeugs bei S und somit bei Gefahrübergang vor. Somit ist der Lieferwagen i.S.d. §§ 437, 446 S. 1, 434 BGB bei Gefahrübergang mangelhaft.

Hinweis: Vertretbar ist selbstverständlich auch, die Prüfung an dieser Stelle anders zu gliedern und zuerst das Vorliegen eines Sachmangels und sodann in einem eigenen Punkt die Gefahrübergangszeitigkeit zu prüfen.

3. Kein Ausschluss der Mängelgewährleistungsrechte

Ein gesetzlicher oder vertraglicher Ausschluss von Gewährleistungsrechten ist vorliegend nicht einschlägig. Insbesondere greift § 442 I BGB nicht, da S den Mangel bei Übergabe unverschuldet nicht bemerkt hat.

4. Rechtsfolge

Gem. § 437 Nr. 1 BGB kann S Nacherfüllung nach § 439 I BGB verlangen. Hierbei kann der Käufer gem. § 439 I BGB zwischen Nachbesserung, beispielsweise durch Reparatur der Sache und Nachlieferung, beispielsweise durch Lieferung einer neuen, mangelfreien Sache, wählen. Im Falle der Nachbesserung ist V verpflichtet, den Mangel an dem Lieferwagen zu beseitigen.

5. Zwischenergebnis

Der Anspruch auf Nacherfüllung ist entstanden.

II. Anspruch nicht untergegangen

Anhaltspunkte für einen Untergang des Anspruchs sind nicht ersichtlich.

III. Anspruch durchsetzbar

Gleiches gilt im Hinblick auf mögliche Einreden des Schuldners. Der Anspruch ist durchsetzbar.

IV. Ergebnis

S hat gegen V einen Anspruch auf Nacherfüllung durch Nachbesserung durch Beseitigung des Mangels durch Reparatur gem. § 437 Nr. 1, § 439 I Alt. 1 BGB.

B. Anspruch des S gegen V auf Nacherfüllung durch Nachlieferung gem. §§ 437 Nr. 1, 439 I Alt. 2 BGB

S könnte einen Anspruch auf Nacherfüllung in Form der Nachlieferung Zug um Zug gegen Rückgabe des mangelhaften Lieferwagens gem. §§ 437 Nr. 1, 439 I Alt. 2 BGB gegen V haben.

I. Anspruch entstanden

Zunächst müsste der Anspruch müsste entstanden sein.

1. Wirksamer Kaufvertrag und Sachmangel bei Gefahrübergang

S und V haben einen wirksamen Kaufvertrag gem. § 433 BGB geschlossen und der Lieferwagen war bei Gefahrübergang mangelhaft, auch ein Ausschluss der Haftung ist nicht gegeben.

2. Rechtsfolge

Nach §§ 437 Nr. 1, 439 I BGB kann der Käufer zwischen Nachbesserung und Nachlieferung wählen. Im Falle der Nachlieferung ist der Verkäufer verpflichtet, dem Käufer eine mangelfreie Sache zu liefern. Im Gegenzug kann der Verkäufer bei Nachlieferung die Rückgabe der bereits gelieferten mangelhaften Sache i.S.d. § 439 V BGB fordern.

3. Zwischenergebnis

Ein Anspruch auf Nachlieferung eines neuen Lieferwagens ist entstanden.

II. Anspruch nicht untergegangen

Der Anspruch dürfte nicht untergegangen sein. Hier kommt ein Vorliegen objektiver, nachträglicher Unmöglichkeit in Betracht. Demnach könnte die Lieferung eines mangelfreien Lieferwagens an S gem. § 275 I BGB unmöglich sein. Dies ist der Fall, wenn die Leistung nach Vertragsschluss nach dem aktuellen Stand von Wissenschaft und Technik dauerhaft nicht mehr durch den Schuldner oder Jedermann erbracht werden könnte. Bei einem Kaufvertrag über gebrauchte Sachen, insbesondere im Falle gebrauchter Fahrzeuge, handelt es sich regelmäßig um Stückschulden. Die Ersatzlieferung ist damit zwar nicht von vornherein ausgeschlossen, jedoch ist hier nicht ersichtlich, dass V ein mangelfreies, gleichwertiges und gleichartiges Fahrzeug oder gar Schloss nachliefern könnte, er beruft sich sogar darauf, dass keine Fahrzeuge und Schließmechanismen gleicher Serien mehr vorhanden wären und gebaut würden. Mithin kann die Leistungshandlung der Nachlieferung nach aktuellem Stand von Wissenschaft und Technik dauerhaft von niemandem mehr erbracht werden. Die Nachlieferung eines mangelfreien Lieferwagens ist dem V somit gem. § 275 I BGB unmöglich, sodass der Anspruch erloschen ist.

III. Ergebnis

Ein Anspruch auf Nachlieferung gem. §§ 437 Nr. 1, 439 I Alt. 2 BGB besteht nicht.

C. Anspruch des S gegen V auf Rückzahlung des Kaufpreises gem. §§ 437 Nr. 2 Alt. 1, 346 I, 440, 323 BGB

S könnte einen Anspruch auf Rückzahlung des gezahlten Kaufpreises i.H.v. 36.000,00 Euro aus Rückgewährschuldverhältnis gem. §§ 437 Nr. 2 Alt. 1, 346 I BGB haben. Dies ist der Fall, wenn der Anspruch entstanden, nicht untergegangen und durchsetzbar ist.

I. Anspruch entstanden

Der Anspruch müsste entstanden sein. S steht ein Anspruch auf Rückzahlung des Kaufpreises aus §§ 437 Nr. 2, 346 I BGB zu, wenn er wirksam vom Kaufvertrag mit V zurückgetreten ist.

1. Rücktrittsgrund

Fraglich ist, ob ein Rücktrittsgrund besteht. Ein solcher könnte sich aus §§ 437 Nr. 2, 440, 323 BGB ergeben.

a. Wirksamer Kaufvertrag und Sachmangel bei Gefahrübergang

S und V haben einen wirksamen Kaufvertrag gem. § 433 BGB geschlossen und der Lieferwagen war bei Gefahrübergang mangelhaft.

b. Kein grundsätzlicher Ausschluss der Mängelgewährleistungsrechte

Ein gesetzlicher oder vertraglicher Ausschluss von Gewährleistungsrechten i.S.d. §§ 442, 444 BGB ist vorliegend nicht einschlägig. Insbesondere greift § 442 I BGB nicht ein, da S den Mangel bei Übergabe unverschuldet nicht bemerkt hat und ihn nicht erkennen musste.

c. Fälliger Nacherfüllungsanspruch (§ 323 I BGB)

S hat gegen V einen fälligen Anspruch auf Nacherfüllung durch Nachbesserung gem. § 437 Nr. 1, § 439 I Alt. 1 BGB.

d. Fristsetzung oder Entbehrlichkeit

Gem. § 323 I BGB müsste der Gläubiger dem Schuldner eine angemessene Frist zur Nacherfüllung gesetzt haben. Vorliegend hat S jedoch nur die Reparatur des Fahrzeugs gefordert, ohne hierzu eine Frist gesetzt zu haben.

Die Fristsetzung könnte jedoch gem. § 323 II Nr. 1 BGB entbehrlich sein. V erklärte dem S, er werde dem Reparaturverlangen auf keinen Fall nachkommen. Hierin ist eine ernsthafte und endgültige Erfüllungsverweigerung zu sehen. Die Fristsetzung war somit gem. § 323 II Nr. 1 BGB entbehrlich.

e. Kein gesetzlicher Ausschluss des Rücktrittsrechts

Das Rücktrittsrecht des S ist jedoch gem. § 323 V 2 BGB ausgeschlossen, wenn die Pflichtverletzung des V, also der Mangel an dem Fahrzeug, unerheblich ist.

Unerheblich ist eine Pflichtverletzung jedenfalls, wenn durch sie das Leistungsinteresse des Gläubigers unter Berücksichtigung einer umfassenden Interessenabwägung nicht spürbar gestört wird.

Eine Unerheblichkeit der Pflichtverletzung ist aber auch anzunehmen, wenn durch sie das Leistungsinteresse des Gläubigers zwar beeinträchtigt wird, die Beeinträchtigung gegenüber dem Interesse der Parteien am Bestand des Vertrages in seiner Gesamtheit – unter Berücksichtigung aller Umstände des Einzelfalles – jedoch als nachrangig anzusehen ist.

Es ist somit eine umfassende Interessenabwägung anzustellen, bei der insbesondere der Beseitigungsaufwand und der Grad der Beeinträchtigung zu beachten sind. Im vorliegenden Fall kann S den Lieferwagen nicht zu dem gewünschten Zweck verwenden, da ein Zugang zur Ladefläche nicht möglich ist. Da ein vertragsgemäßer Zustand jedoch durch einen besonders geringen Aufwand (Reparaturkosten i.H.v. 89,00 Euro) hergestellt werden kann, ist dieser Mangel als unerheblich anzusehen, sodass der Rücktritt gem. § 323 V 2 BGB ausgeschlossen ist.

2. Zwischenergebnis

Ein Rücktrittsgrund besteht somit nicht. S ist nicht wirksam vom Vertrag zurückgetreten. Der Anspruch aus Rückgewährschuldverhältnis ist nicht entstanden.

II. Ergebnis

Ein Anspruch des S gegen V auf Rückzahlung des Kaufpreises besteht nicht.

> **Hinweis:** Aufgrund der Formulierung „statt zurückzutreten" im § 441 BGB, sind die gleichen Voraussetzungen, ergänzt um eine zu begründende Minderungshöhe, zu prüfen, wenn der Anspruch auf Minderung des Kaufpreises geprüft wird.

D. Anspruch des S gegen V auf Schadensersatz i.H.v. 89,00 Euro gem. §§ 437 Nr. 3 Alt. 1, 280 I, III, 281 I 1 BGB.

S könnte einen Anspruch auf Schadensersatz statt der Leistung i.H.v. 89,00 Euro aus §§ 437 Nr. 3 Alt. 1, 280 I, III, 281 I 1 BGB gegen V haben. Dies ist der Fall, wenn der Anspruch entstanden, nicht untergegangen und durchsetzbar ist.

I. Anspruch entstanden

Der Anspruch müsste entstanden sein, dies ist der Fall, wenn die Tatbestandsvoraussetzungen der Anspruchsgrundlage erfüllt sind. Mithin müssten ein wirksamer Kaufvertrag, eine Pflichtverletzung, kein Haftungsausschluss und ein Schaden vorliegen.

1. Wirksamer Kaufvertrag

S und V haben einen wirksamen Kaufvertrag geschlossen.

2. Pflichtverletzung

V müsste eine Pflicht aus dem Kaufvertrag verletzt haben. Der Lieferwagen war bei Gefahrübergang mangelhaft, sodass der Schuldner seine Leistung nicht wie geschuldet erbracht hat (sog. Schlechtleistung) und mithin eine Pflichtverletzung des V vorliegt.

3. Kein grundsätzlicher Ausschluss der Mängelgewährleistungsrechte

Ein gesetzlicher oder vertraglicher Ausschluss von Gewährleistungsrechten im Sinne der §§ 442, 444 BGB ist vorliegend nicht einschlägig. Insbesondere greift § 442 I BGB nicht ein, da S den Mangel bei Übergabe unverschuldet nicht bemerkt hat.

4. Fristsetzung

S müsste V gem. § 281 I 1 BGB eine angemessene Frist zur Nacherfüllung gesetzt haben. Hier hat S dem V indes keine Frist gesetzt.

Eine Fristsetzung könnte jedoch nach § 281 II Var. 1 BGB entbehrlich gewesen sein. Danach ist eine Fristsetzung entbehrlich, wenn der Schuldner die Leistung ernsthaft und endgültig verweigert. V verweigert die Reparatur des Lieferwagens mit der Begründung, der Kaufvertrag sei erfüllt und damit erledigt. Hierin liegt eine ernsthafte und endgültige Leistungsverweigerung, sodass eine Fristsetzung nach § 281 II Var. 1 BGB entbehrlich war.

Hinweis: Die Fristsetzung bzw. ihre Entbehrlichkeit wird häufig im Zusammenhang mit der Pflichtverletzung geprüft, ein möglicher Aufbau wäre deswegen auch unter Pflichtverletzung erst Nicht- oder Schlechtleistung und dann das Verstreichenlassen einer Nacherfüllungsfrist zu prüfen. Tut der Schuldner dieses, liegt nämlich eine Pflichtverletzung i.S.d. § 281 BGB vor.

5. Vertretenmüssen

V müsste die Pflichtverletzung gem. § 280 I 2 BGB zu vertreten haben. Das Vertretenmüssen bemisst sich nach §§ 276, 278 BGB. Nach § 276 I 1 BGB hat der Schuldner grundsätzlich Vorsatz und Fahrlässigkeit zu vertreten. Anhaltspunkte für ein vorsätzliches oder fahrlässiges Verhalten des V sind dem Sachverhalt nicht zu entnehmen, sodass auf die Vermutungsregelung des § 280 I 2 BGB zurückgegriffen werden kann. Danach wird ein Vertretenmüssen des Schuldners vermutet, wenn er sich nicht exkulpieren kann. Eine Exkulpation ist im vorliegenden Fall nicht ersichtlich, sodass vermutet wird, dass V die Pflichtverletzung zu vertreten hat.

6. Kausaler Schaden

S hat einen kausalen Schaden i.H.v. 89,00 Euro, da der Lieferwagen um die erforderlichen Reparaturkosten weniger wert ist als ein mangelfreies Fahrzeug.

7. Zwischenergebnis

Der Anspruch ist entstanden.

II. Anspruch nicht untergegangen

Erlöschensgründe sind nicht ersichtlich, der Anspruch ist auch nicht untergegangen.

III. Anspruch durchsetzbar

Durchsetzbarkeitshindernisse sind nicht ersichtlich, der Anspruch auf Schadensersatz ist auch durchsetzbar.

IV. Ergebnis

S hat einen Anspruch auf Schadensersatz i.H.v. 89,00 Euro gem. § 437 Nr. 3 Alt. 1, §§ 280 I, II, 281 I BGB gegen V.

Merke: Unter den Schadensersatz „statt der Leistung“ fallen alle Schadenspositionen, die durch eine Nachholung der zunächst ausgebliebenen Leistung bis zum letztmöglichen Zeitpunkt hätten vermieden werden können und das Interesse des Gläubigers an der Leistung als solcher befriedigen. Beachtlich erscheint in diesem Zusammenhang, dass gem. § 281 I 3 BGB ein Schadensersatz statt der ganzen Leistung nur verlangt werden kann, wenn die Pflichtverletzung nicht unerheblich ist. Dieses ist bei der vergleichsweise günstigen und einfachen Reparatur hier allerdings der Fall.

Hinweis: Würde der Wagen nicht für eine gewerbliche Tätigkeit, sondern als Verbraucher gekauft, ist in der Fristsetzungsprüfung des Schadensersatzes und des Rücktritts die (vergleichsweise) neue Vorschrift des § 475d BGB zu berücksichtigen.

III. SACHVERHALT, DIE BAR

Der trinkfeste Student Siggi (S) beauftragt den Möbeltischler Marius (M), in dem Partykeller seines Einfamilienhauses zum Gesamtpreis von 2.000,00 Euro eine kleine Bar zu bauen. Dafür verwendet M puristisches Lärchenholz im Wert von 1.000,00 Euro, die übrigen 1.000,00 Euro werden als Arbeitslohn vereinbart. Die Fertigstellung erfolgt vereinbarungsgemäß am 01.10.; am gleichen Tag nimmt S den Tresen ohne Beanstandungen ab und trinkt sogleich ein großes „Lindener Spezial" daran.

Nach den ersten Feiern zeigen sich an der Bar hässliche Feuchtigkeitsflecken, diese sind auf die Verwendung eines nicht feuchtigkeitsbeständigen Lacks zurückzuführen. M hatte die Baroberfläche zwar geschliffen aber mit nicht-feuchtigkeitsabweisendem Billiglack behandelt und dabei außer Acht gelassen, dass es bei einer Bar normal ist, dass sie Feuchtigkeit, insbesondere von umstürzenden Getränken, ausgesetzt ist. Die Oberflächenplatte der Bar kann deswegen faulig werden und aufquellen.

S ist enttäuscht und erbost und verlangt eine neue Baroberfläche oder zumindest eine Neulackierung der Oberfläche, beides würde ungefähr 1.000,00 Euro kosten. Wofür sich der M entscheidet, ist S egal. M meint, dass er nicht nochmal 1.000,00 Euro investieren müsse, das sei nicht wirtschaftlich. M solle eben ein bisschen aufpassen, dass keine Gläser umstürzen.

Hat S einen Anspruch auf Behebung des Mangels?

IV. LÖSUNGSVORSCHLAG, DIE BAR

A. Anspruch des S gegen M wegen der mangelhaften Barplatte

S könnte einen Anspruch auf Entfernung der mangelhaften Barplatte und Einbau einer mangelfreien Platte oder Nachlackierung der alten Platte gem. §§ 634 Nr. 1, 635 I BGB gegen M haben. Dies ist der Fall, wenn der Anspruch entstanden, nicht untergegangen und durchsetzbar ist.

I. Anspruch entstanden

Hierzu müsste der Anspruch zunächst entstanden sein. Ein Anspruch entsteht, wenn die Tatbestandsvoraussetzungen der Anspruchsgrundlage vorliegen. Mithin bedarf es eines Werkvertrages, eines Mangels bei Abnahme und dem Fehlen von Gewährleistungsausschlussgründen.

1. Abschluss eines Werkvertrags

Der Nacherfüllungsanspruch auf Herstellung eines neuen Werkes setzt voraus, dass ein Werkvertrag zu Grunde liegt. Dieser ist hier zunächst vom Kaufvertrag mit Montageverpflichtung abzugrenzen, der im Schwerpunkt durch eine Beschaffungspflicht geprägt ist und von einer bei wirtschaftlicher Betrachtung untergeordneten Montagepflicht ergänzt wird. Hier ist jedoch der eigentliche Gegenstand des Vertrags noch vor Ort herzustellen. In dieser Herstellung liegt auch die Hauptpflicht, zudem sind die Herstellung und Montage wirtschaftlich nicht unbedeutsam im Vergleich zum Rest der Leistung. Damit scheidet ein Kaufvertrag mit bloßer Montageverpflichtung aus.

Die kaufrechtlichen Mängelvorschriften könnten aber über den Verweis in § 650 BGB zur Anwendung gelangen, wenn es sich um einen Werklieferungsvertrag handelt. Das maßgebliche Kriterium von Werkverträgen ist die Herstellung eines Werkes, ein Werklieferungsvertrag indes verlangt ein zweiaktiges Geschehen, auf die geschuldete Herstellung des Werks folgt seine Lieferung. Das setzt voraus, dass es sich bei dem geschuldeten Gegenstand um eine bewegliche Sache handelt, die nicht am Erfüllungsort hergestellt wird. Die geschuldete Bar wird erst im Partykeller des S gefertigt, geliefert und verbaut, es wird nur das Holz als Ausgangsmaterial gebraucht. Eine bewegliche Sache wird nicht hergestellt und dann geliefert. Damit liegt kein Werklieferungsvertrag i.S.d. § 650 BGB vor.

S und M könnten einen Werkvertrag geschlossen haben. Dieser kommt durch Einigung über die Herbeiführung eines Erfolges i.S.d. § 631 BGB zustande. Hier haben S und M vereinbart, dass eine Bar im Keller eingebaut werden soll. Den Parteien kam es darauf an, einen Erfolg zu vereinbaren und dafür einstehen zu wollen. Eine Einigung hinsichtlich eines Werkvertrages ist gegeben, sodass die Gewährleistungsvorschriften des Werkvertragsrechts anwendbar sind.

2. Mangel des Werks bei Abnahme

Der Nacherfüllungsanspruch setzt zudem voraus, dass das Werk mangelbehaftet ist. Dies ist der Fall, wenn die Ist-Beschaffenheit negativ von der Soll-Beschaffenheit abweicht. Die Soll-Beschaffenheit i.S.d. § 633 BGB könnte sich durch Vereinbarung oder das allgemein Erwartbare ergeben.

Nach § 633 II 1 BGB ist ein solches Beschaffenheitsabweichen zunächst dann gegeben, falls die Bar nicht die vereinbarte Beschaffenheit i.S.d. § 633 II 1 BGB aufweist. Eine explizite Vereinbarung über die genaue Beschaffenheit haben die Parteien hinsichtlich der Bar jedoch nicht getroffen. Eine Beschaffenheitsvereinbarung liegt nicht vor.

Die Bar könnte aber i.S.d. § 633 II 2 Nr. 1 BGB für die vorausgesetzte Verwendung ungeeignet sein. Gegenstand des Vertrags ist die Errichtung einer Bar in einem Partykeller. Es war demnach für die Handelnden offensichtlich, dass der Bartresen einer gewissen Feuchtigkeit durch die allgemeine Raumfeuchte in einem Keller sowie durch umstürzende Getränke ausgesetzt sein würde. Daher ist bei lebensnaher Betrachtung davon auszugehen, dass die Parteien eine Resistenz gegen derartige Feuchtigkeitseinwirkungen im Vertrag vorausgesetzt haben. Dem wird die Bar nicht gerecht, da das Holz zu faulen droht und sich Feuchtigkeitsränder aufgrund einer falschen Lackierung abzeichnen, die Ist-Beschaffenheit weicht mithin negativ von der Soll-Beschaffenheit ab. Er ist somit gem. § 633 II 2 Nr. 1 BGB mangelhaft.

Hinweis: Argumentativ gut vertretbar ist auch, sich bei der Prüfung der „im Vertrag vorausgesetzten Verwendung" gegen ein Vorliegen zu entscheiden! Allein der vereinbarte Einbauort ist zwar ein gewichtiges Indiz, indes fehlt es an einer ausdrücklichen Vereinbarung und damit an einem wichtigen Element für subjektive Anforderungen. Es fehlt jedenfalls an einer gewissen Ausdrücklichkeit hinsichtlich der Verwendung, welche vergleichsweise weitreichende Konsequenzen für den Werkunternehmer hat. Kommt man zu dem Ergebnis, dass eine Verwendung weder ausdrücklich noch konkludent vorausgesetzt wird, so wird man indes eine Mangelhaftigkeit nach § 633 II 2 Nr. 2 BGB annehmen können (vgl. unten).

Auch könnte die Bar objektiv von der Soll-Beschaffenheit abweichen. Dies ist der Fall, wenn sie nicht den Erwartungen entspricht, die aufgrund ihrer gewöhnlichen Verwendung i.S.d. § 633 II 2 Nr. 2 BGB existieren. Die gewöhnliche Verwendung einer Bar ist, dass an ihr getrunken wird und ggf. auch Getränke zubereitet werden. Diese Verwendung bringt das Auftreten von Feuchtigkeit normalerweise mit sich. Mithin ist die Bar dadurch, dass sie zerstört wird, wenn sie in ihrer gewöhnlichen Weise verwendet wird, nicht für die gewöhnliche Verwendung geeignet. Dies ist im Vergleich zu anderen Bars auch unüblich und enttäuscht die berechtigten Erwartungen des S als Besteller. Folglich liegt auch Mangelhaftigkeit i.S.d. § 633 II 2 Nr. 2 BGB vor.

Diese Mangelhaftigkeit müsste auch schon zum Zeitpunkt des werkrechtlichen Gefahrenübergangs, der Abnahme i.S.d. § 640 BGB, vorliegen. Abnahme bezeichnet grundsätzlich die körperliche Entgegennahme eines Werkes und seine Billigung als sach- und rechtsmangelfrei. Hier setzt sich S gleich nach Fertigstellung an die Bar, ist mit ihr einverstanden und trinkt ein Bier daran. Er nimmt die Bar körperlich entgegen und erklärt seine Billigung, die Bar wurde mithin i.S.d. § 640 BGB abgenommen. Der Sachmangel müsste auch zu diesem Zeitpunkt vorgelegen haben. Der Mangel ist auf die anfängliche Verwendung eines falschen Lacks zurückzuführen. Der Mangel lag bei Abnahme damit bereits vor.

Hinweis: Während es im Kaufrecht eher umstritten ist, ob Aus- und Einbau (und dessen Kosten) vom Nacherfüllungsanspruch umfasst sind, ist die vorstehende Lösung für den werkvertraglichen Nacherfüllungsanspruch unstrittig, wenn der Einbau Teil des geschuldeten Werkerfolgs war. Eine Abgrenzung zwischen Nachbesserung und teilweiser Neuherstellung ist wegen der identischen Rechtsfolgen nicht erforderlich.

3. Keine Kenntnis bei Abnahme

Weiterhin dürfte auch S bei der Abnahme des Werkes keine Kenntnis von dem Mangel gehabt haben. Vorliegend zeigen sich die Feuchtigkeitsränder erst nach einiger Zeit, nachdem die ersten Feiern stattgefunden hatten, er wusste erst dann von der Verwendung der ungeeigneten Lackierung. Bei Abnahme bestand mithin keine Kenntnis hinsichtlich des Mangels seitens des S i.S.d. § 640 III BGB.

4. Kein Gewährleistungsausschluss

Letztlich dürfte auch kein Gewährleistungsausschluss vereinbart worden sein. Die Gewährleistung ist hier nicht durch Individualvereinbarung ausgeschlossen, § 639 BGB ist nicht berührt.

Hinweis: Vertretbar ist selbstverständlich auch, den hier gewählten Aufbau zu variieren. Die Mangelhaftigkeit mit einer „eigenen" Gliederungsebene zu versehen und diese Prüfung so stärker von der Prüfung der Abnahme zu trennen erscheint ebenso denkbar, wie „Keine Kenntnis bei Abnahme i.S.d. § 640 III BGB" unter der Überschrift „Kein Haftungsausschluss" oder „Kein Gewährleistungsausschluss" zu prüfen. Die Bezeichnung des untenstehenden Zwischenergebnisses würde in manchen Lösungen richtigerweise auch als „Rechtsfolge" bezeichnet werden.

5. Zwischenergebnis

Der Nacherfüllungsanspruch gem. § 635 I BGB ist entstanden, der Unternehmer kann wählen, in welcher Form er der Nacherfüllung nachkommt.

II. Anspruch untergegangen

Untergangsgründe für den entstandenen Nacherfüllungsanspruch sind nicht ersichtlich, insbesondere sind beide Alternativen der Nacherfüllung nicht objektiv unmöglich im Sinne des § 275 I BGB.

III. Anspruch durchsetzbar

Der Anspruch könnte aber nicht durchsetzbar sein, wenn M auf Grund der hohen Kosten Einreden erheben könnte.

1. Unverhältnismäßigkeit der Nacherfüllung gem. § 635 III BGB

Gemäß § 635 III BGB kann ein Unternehmer die Nacherfüllung verweigern, wenn sie mit unverhältnismäßigen Kosten einhergeht. Um dies zu bestimmen, sind die Kosten zum Gläubigerinteresse ins Verhältnis zu setzen. Zunächst ist das Interesse des S an mangelfreier Leistung als hoch einzuschätzen, da die Bar ohne die Nacherfüllung nicht einsetzbar ist. Stellt man auf den Wert der Bar im mangelfreien Zustand ab, ergibt sich kein anderes Bild. Zwar ist der genaue Wert nicht bekannt. Mangels abweichender Hinweise darauf, dass ein besonders hoher oder niedriger Werklohn vereinbart worden ist, dürfte sich der Marktpreis ungefähr im Bereich des vereinbarten Werklohns von 1.000,00 Euro bewegen, hinzu kommt der Materialwert i.H.v. 1.000,00 Euro. Die Bar kann nicht unbeschadet zu ihrem eigentlich Zweck genutzt werden kann, sie ist damit für S beinahe wertlos. Vor diesem Hintergrund erscheint der Nachbesserungsaufwand, gleich ob durch Nachbesserung oder Neueinbau von 1.000,00 Euro nicht unverhältnismäßig. Ein Leistungsverweigerungsrecht nach § 635 III BGB besteht nicht.

2. Einrede der wirtschaftlichen Unzumutbarkeit gem. § 275 II BGB

Neben § 635 III BGB könnte sich ein Leistungsverweigerungsrecht aus § 275 II BGB ergeben. Danach kann der Schuldner die Leistung verweigern, soweit diese einen Aufwand erfordert, der unter Beachtung des Inhalts des Schuldverhältnisses und von Treu und Glauben in einem groben Missverhältnis zum Leistungsinteresse des Schuldners steht. Wie schon i.R.d. § 635 III BGB sind die Kosten der Nacherfüllung zum Gläubigerinteresse ins Verhältnis zu setzen, das sich am Interesse an einer Leistung in Natur durch den Schuldner selbst bestimmt. Die Abgrenzung ist im Einzelnen umstritten. Nach dem Willen des

Gesetzgebers sind an § 275 II BGB jedoch tendenziell höhere Anforderungen zu stellen. Die Vorschrift soll nur einschlägig sein, wenn angesichts des geringen Gläubigerinteresses die Leistungserbringung für den Schuldner unzumutbar ist.

Angesichts des Interesses von S an einer Bar, die nicht faulig wird und zu gebrauchen ist, ist eine Unzumutbarkeit der Nacherfüllung nicht gegeben. Ein Leistungsverweigerungsrecht nach § 275 II BGB besteht ebenfalls nicht.

Hinweis: Die Einordnung von §§ 653 III und 275 II BGB als Durchsetzbarkeitshindernisse ist umstritten. Einige verorten die Leistungsverweigerungsrechte aufgrund ihres rechtsvernichtenden Charakters als Untergangsgründe, andere stellen den Einredecharakter in den Vordergrund und prüfen deswegen die o.g. Vorschriften in der Anspruchsdurchsetzung.

Wichtig scheint es, zu erkennen, dass beide Verortungen eine gewisse Berechtigung haben und kurz für sich selbst begründen zu können, wie die jeweilige Auffassung zu Stande kommt. In der Klausur werden derartige „Aufbauhinweise" zwar nicht zugelassen, für das eigene Verständnis sind sie indes sicher sinnvoll.

3. Zwischenergebnis

Der Nacherfüllungsanspruch ist durchsetzbar.

III. Ergebnis

S hat einen Anspruch auf Nacherfüllung nach Wahl des M gem. §§ 634 Nr. 1, 635 I BGB gegen M.

TEIL 5: DINGLICHE ANSPRÜCHE

Das nachfolgende Kapitel beschäftigt sich mit dem Sachenrecht, dem dritten Buch des BGB. Es umfasst die Vorschriften der §§ 854–1296 BGB. Eine zentrale Rolle in diesem Teil des Gesetzes spielen dabei die Begriffe des Eigentums und des Besitzes. Entsprechend der Benennung dieses Buches des BGB, werden die Anspruchsgrundlagen als sachenrechtliche oder dingliche Ansprüche bezeichnet.

Während das Schuldrecht und seine daraus gewonnenen Ansprüche vornehmlich Regelungen zu Rechtsverhältnissen von Schuldner und Gläubiger enthält, soll mit den sachenrechtlichen und damit dinglichen Ansprüchen eine Zuordnung eines Gegenstands zu einem Rechtssubjekt erfolgen. Im Gegensatz zum Schuldrecht mit seinen relativen Rechten, d.h. solchen, die nur zwischen den Parteien Wirkung entfalten, z.B. nur zwischen den Vertragspartnern, regelt das Sachenrecht absolute Rechte, d.h. solche, die gegenüber jedermann wirken.

Die Abgrenzung des im zweiten Buch des BGB geregelten Schuldrechts von dem im dritten Buch des BGB enthaltenen Sachenrecht erschöpft sich allerdings nicht in den oben genannten Merkmalen. Auch bei der Anwendung der Regelungen des Sachenrechts und derjenigen des Schuldrechts wird eine Unterscheidung sichtbar: Die strikte Trennung zwischen dem schuldrechtlichen Verpflichtungsgeschäft und dem sachenrechtlichen Verfügungsgeschäft (Erfüllungsgeschäft), z.B. Anspruch aus Eigentum i.S.d. § 903 BGB, wird als Trennungsprinzip bzw. Abstraktionsprinzip bezeichnet, auf das in diesem Kapitel näher eingegangen wird.

A. EINLEITUNG

In diesem Kapitel liegt der Fokus auf den sachenrechtlichen Anspruchsgrundlagen, die das Eigentum oder den Besitz des Anspruchstellers als Grundvoraussetzung haben. Zudem wird ein Hauptaugenmerk auf die Möglichkeiten des Übergangs des Eigentums in seinen verschiedenen Facetten anhand der dafür erforderlichen gesetzlichen Voraussetzungen gelegt.

Dieser Teil des Werkes enthält auch zwei Übungsklausuren, jeweils mit Lösungsvorschlägen. Die erste von ihnen fordert einen recht knapp zu prüfenden Herausgabeanspruch aus § 985 BGB. Die zweite, umfangreichere Klausur besteht ebenfalls aus der Prüfung eines solchen Anspruchs, der aber mit der Untersuchung der Regeln über den Eigentumsübergang verknüpft ist.

B. GRUNDPRINZIPIEN DES SACHENRECHTS

Das Sachenrecht (§§ 854–1296 BGB) ist insgesamt geprägt durch die sog. ungeschriebenen Grundprinzipien (auch Grundsätze genannt). Diese finden sich also nicht direkt im Gesetz. Insgesamt handelt es sich um fünf Prinzipien, die bei Abgrenzungsfragen und bei der Auslegung von Vorschriften herangezogen werden können. Die Gewichtung der einzelnen Prinzipien ist abhängig vom konkreten Fall und kann nicht pauschal bestimmt werden. Jedoch sollten die Grundsätze nicht als abstrakte Theorien abgetan, sondern mittelbar als „Auslegungshilfe" bei einer Falllösung herangezogen werden.

Tipp: Um sich die Prinzipien zu merken, ist das Stichwort „PASTA" hilfreich!

- Publizitätsgrundsatz
- Absolutheitsprinzip
- Spezialitäts-/Bestimmtheitsgrundsatz
- Typenzwang
- Abstraktions- und Trennungsprinzip

Das Stichwort ergibt sich aus der Aneinanderreihung der Anfangsbuchstaben.

I. PUBLIZITÄTSGRUNDSATZ

Das erste Prinzip ist der Publizitätsgrundsatz, auch bekannt als das Offenkundigkeitsprinzip. Aus Gründen der Rechtssicherheit muss eine dingliche Rechtslage auch offenkundig für Dritte erkennbar sein. Insgesamt entfaltet der Publizitätsgrundsatz drei Wirkungen im Sachenrecht: die Übertragungs-, die Vermutungs- und die Gutglaubenswirkung.

1. Übertragungswirkung

Dem Publizitätsgrundsatz entsprechend muss die rechtsgeschäftliche Übertragung des Eigentums nach außen sichtbar werden. Beispielsweise muss, wer eine bewegliche Sache erwerben will, diese grundsätzlich vom Veräußerer übergeben bekommen (vgl. § 929 S. 1 BGB). Ähnlich ist es zum Beispiel bei der Bestellung eines Pfandrechts, das gemäß § 1205 I 1 BGB ebenfalls grundsätzlich eine Übergabe voraussetzt. Die Übertragungswirkung ist bei unbeweglichen Sachen insofern sichtbar, als nach § 873 BGB die Eintragung der Rechtsänderung, insbesondere der Übertragung des Eigentums, ins Grundbuch erforderlich ist.

2. Vermutungswirkung

Häufig hat der Eigentümer die Sache auch zugleich in seinem (unmittelbaren) Besitz. Dieser zu beobachtenden tatsächlichen Gegebenheit, entspricht auch das Gesetz durch seine Vermutung, mit der man im Zweifel vom Besitz auf das Eigentum schlussfolgern kann. Wer eine bewegliche Sache im Besitz hat, ist im Zweifel auch der Eigentümer (vgl. § 1006 I 1 BGB). Für unbewegliche Sachen gilt nach § 891 I BGB die Vermutungswirkung, dass das im Grundbuch genannte Recht auch bestehe.

3. Gutglaubenswirkung

Grundsätzlich darf nur ein dazu Berechtigter Rechte veräußern. Wäre diese Vorgabe jedoch ausnahmslos, so würde dies die Wirtschaft mindestens deutlich hemmen. Der Erwerber ist in vielen Fällen gar nicht oder nur unter großen Schwierigkeiten in der Lage, anhand der Umstände zu erkennen, ob der Veräußerer zur Veräußerung berechtigt, insbesondere der Eigentümer ist. Ausnahmsweise darf ein gutgläubiger Erwerb des Eigentums auch von einem Nichtberechtigten stattfinden.

Wer eine Sache erwerben will, darf grundsätzlich darauf vertrauen, dass der Veräußerer der Eigentümer ist. Diese Gutglaubenswirkung lässt sich für bewegliche Sachen anhand der §§ 932 ff. BGB ersehen. Die nach diesen Vorschriften erforderliche Gutgläubigkeit ist nicht positiv definiert, sondern stattdessen enthält § 932 II BGB eine Definition der Bösgläubigkeit, also unter welchen Voraussetzungen der Erwerber nicht in gutem Glauben ist. Diese gesetzgeberische Vorgehensweise zeigt, dass eine Umkehr der Beweislast erfolgt, sodass im Zweifelsfalle nicht der Veräußerer die Gutgläubigkeit, sondern der Erwerber die Bösgläubigkeit zu beweisen hat.

Beispiele zum Publizitätsgrundsatz:
A übereignet dem B einen Gesetzeskommentar und gibt ihn dem B direkt. B erlangt somit offenkundig Besitz an diesem Buch.

Außerdem übereignet A dem B rechtmäßig ein Grundstück. Dies wird beim Grundbuchamt im Grundbuch vermerkt, womit der Publizitätsgrundsatz ebenfalls gewahrt wird.

C verklagt D auf Herausgabe zweier wertvoller Bücher. D sagt, er habe diese von C „geschenkt" bekommen. Da sich der Sachverhalt nicht richtig aufklären lässt, muss die Klage abgewiesen werden: D wird gem. § 1006 I 1 BGB als Eigentümer vermutet.

II. ABSOLUTHEITSPRINZIP

Das Absolutheitsprinzip stellt einen Unterschied zwischen dem Sachenrecht und dem Schuldrecht dar. Die Vorschriften im Sachenrecht wirken gegen jedermann, die Normen des Schuldrechts wirken grundsätzlich nur gegenüber dem Schuldner und dem Gläubiger. Beispielsweise kann der Eigentümer einer Sache regelmäßig jedermann von der Einwirkung auf seine Sache ausschließen (vgl. § 903 BGB), während beispielsweise Kaufverträge regelmäßig nur zwischen den Parteien gelten.

Beispiele:
A ist Eigentümer eines BGB-Kommentars. Darf er ihn wegwerfen, verschenken oder verkaufen?

Grundsätzlich darf A jede dieser Handlungsoptionen wählen, denn gem. § 903 BGB darf A mit seinem Eigentum „nach Belieben verfahren". Selbst die Zerstörung einer Sache ist grundsätzlich von der umfassenden rechtlichen Herrschaft umfasst.

A hat mit seinem Freund F einen Kaufvertrag über den BGB-Kommentar geschlossen. Allerdings fährt A für zwei Wochen in den Urlaub und will F das Buch erst danach geben. F möchte aber unbedingt mit dem Werk arbeiten und verlangt nun in der Zwischenzeit von der Freundin des A, die mit A zusammenlebt, die Übereignung des Kommentar. Ist das möglich?

Nein, denn der Anspruch auf Übereignung ist kein absolutes, sondern ein relatives Recht. Es gilt nur zwischen den Vertragsparteien A und F. Einen Anspruch gegenüber der Freundin des A auf Übereignung hat F also nicht.

III. SPEZIALITÄTS-/BESTIMMTHEITSGRUNDSATZ

Der Grundsatz der Spezialität ist auch bekannt als der Bestimmtheitsgrundsatz. Nach diesem Grundsatz muss ein klarer Bezug auf einzelne Sachen erkennbar sein, die bestimmt oder zumindest bestimmbar sind. Daraus folgt, dass Sach- oder Rechtsgesamtheiten zwar schuldrechtlich „verkauft" werden können, aber nicht insgesamt Gegenstand dinglicher Rechtsgeschäfte sein können.

Beispiele:
A möchte dem B seine halbe Sammlung juristischer Zeitschriften übereignen. Ist dies mit dem Bestimmtheitsgrundsatz vereinbar?

Nein, es ist nicht erkennbar, welche einzelnen Sachen („Zeitschriften") der Sachgesamtheit („halbe Sammlung juristischer Zeitschriften") angehören. Demnach ist nicht genau genug bestimmt, welche konkreten Zeitschriften gemeint sind. Es könnten beispielsweise die ältesten der Sammlung sein, diejenigen einer bestimmten Zeitschrift oder nur diejenigen mit öffentlich-rechtlichem Schwerpunkt.

Wie wäre es, wenn C dem D alle seine DVP-Zeitschriften aus seiner Sammlung übereignet?

Zwar handelt es sich bei der Sammlung um keine bestimmte einzelne Sache, aber es ist klar erkennbar, welche Zeitschriften konkret umfasst sind. Somit ist die Übereignung vereinbar mit dem Bestimmtheitsgrundsatz.

Wie wäre der Fall, wenn E dem F seine Sammlung juristischer Zeitschriften bis zu einem Wert von 500,00 Euro übereignet?

Hier handelt es sich wiederum weder um eine einzelne Sache noch um eine erkennbar abgrenzbare Sachgesamtheit, da nicht klar ist, welche konkreten Zeitschriften von der Übereignung umfasst sind. Eine solche Übereignung ist also nicht möglich.

IV. TYPENZWANG („NUMERUS CLAUSUS")

Der Typenzwang stellt eine weitere Unterscheidung zum Schuldrecht dar. Im Schuldrecht gilt grundsätzlich Vertragsfreiheit, und es ist sogar möglich – soweit nicht gegen zwingendes Recht verstoßen wird –, einen dem Gesetz unbekannten Vertragstypus zu wählen. Dagegen finden sich im Sachenrecht aus Gründen der Rechtsklarheit klare gesetzliche Vorgaben.

Die Bezeichnung „numerus clausus" des Sachenrechts rührt daher, dass das Prinzip besteht, die Rechte abschließend im Gesetz zu regeln, sodass – anders als im Schuldrecht – keine über die gesetzlichen Regelungen hinausgehenden Rechte vereinbart werden können.

Beispiel: Der Buchhändler B verkauft sehr seltene rechtshistorische Bücher. Der A ist sehr interessiert an einem Buch, hat jedoch nicht genügend Geld. Er möchte sich deshalb am liebsten das Buch „vormerken" und ein dingliches Erwerbsrecht bestellen lassen, das es dem B unmöglich macht, die Erstausgabe an einen anderen zu verkaufen. Dies ist jedoch nicht möglich, da das BGB kein allgemeines dingliches Erwerbsrecht an beweglichen Sachen kennt. Die Vormerkung ist gem. § 883 BGB auf Grundstücke beschränkt.

V. ABSTRAKTIONS- UND TRENNUNGSPRINZIP

Das letzte und wohl wichtigste Prinzipienpaar stellen zum einen das Abstraktionsprinzip und zum zweiten das Trennungsprinzip dar. Es handelt sich hierbei um zwei Prinzipien, die jedoch oft zusammengefasst werden. Im BGB wird grundsätzlich zwischen Verfügungs- und Verpflichtungsgeschäft unterschieden (Trennungsprinzip).

Ein Verpflichtungsgeschäft beschreibt hierbei ein Rechtsgeschäft, das eine Verpflichtung (oder auch Schuld) zum Inhalt hat. Das Verpflichtungsgeschäft begründet diese Schuld. Ein Beispiel hierfür ist der Kaufvertrag gem. § 433 BGB, der sowohl zur Übergabe und Übereignung als auch zur Zahlung des Kaufpreises verpflichtet.

Die sachenrechtliche Verfügung ist jedoch unabhängig vom schuldrechtlichen Vertrag. Bei einem Verfügungsgeschäft wird das Recht an einer Sache unmittelbar übertragen, aufgehoben, belastet oder inhaltlich verändert. Ein Beispiel für das Verfügungsgeschäft ist die Übertragung des Eigentums durch Einigung und Übergabe gem. § 929 S. 1 BGB.

Das dingliche Geschäft bleibt aber zunächst grundsätzlich auch dann wirksam, wenn der schuldrechtliche Vertrag unwirksam ist (Abstraktionsprinzip).

Ein wirksames dingliches Rechtsgeschäft setzt also weder eine Vereinbarung über den Zweck der Verfügung noch das Vorhandensein eines wirksamen Verpflichtungsgeschäfts voraus.

Beispiele: Anhand zweier Beispielsfälle sollen das für das Zivilrecht sehr bedeutsame Abstraktions- und Trennungsprinzip dargestellt und veranschaulicht werden. Es bleibt trotz der Betrachtung von Beispielsfällen ein sehr theoretisch geprägtes Konstrukt, für das sich der Gesetzgeber des BGB bei dessen Schaffung entschied.

Fall 1: K kauft bei Buchhändler B ein Buch für 10,00 Euro. K zahlt passend mit einem Geldschein.

Dieser Sachverhalt stellt sich zunächst zwar als einheitlich dar, beinhaltet rechtlich betrachtet jedoch vier voneinander getrennt zu beurteilende Vorgänge.

Zunächst erfolgt die Verpflichtung der Übertragung des dinglichen Rechts „Eigentum" an dem Buch durch Antrag und Annahme. Begründet wird dies durch einen schuldrechtlichen Kaufvertrag zwischen K und B gem. § 433 I 1 BGB.

Außerdem geschieht die (tatsächliche) Übertragung des dinglichen Rechts „Eigentum" an dem Buch durch Antrag und Annahme. Begründet wird dies durch das dingliche Verfügungsgeschäft gem. § 929 S. 1 BGB.

Zusätzlich erfolgt die (tatsächliche) Übertragung des dinglichen Rechts „Eigentum" an dem 10-Euro-Schein durch Antrag und Annahme. Begründet ebenfalls durch das dingliche Verfügungsgeschäft gem. § 929 S. 1 BGB.

Durch die tatsächliche Übergabe des Buchs und des Geldscheins tritt eine Änderung der dinglichen Rechtslage ein.

Die Trennung zwischen dem schuldrechtlichen Kaufvertrag und der sachenrechtlichen Übereignung ist hier zwar beispielhaft dargestellt, aber die Hintergründe, warum in dieser Weise derartige Regelungen ins BGB aufgenommen wurden, also die gesetzliche Systematik in dieser Weise gestaltet wurde, erschließt sich erst mit einer noch tiefergehenden Untersuchung der Hintergründe. Unproblematisch ist, dass diese Trennung gesetzgeberisch vorgegeben ist und die daraus hervorgehenden Folgen anhand des vorangegangenen Beispiels erkennbar werden.

Fall 2: Die minderjährige K bekommt von ihrer Mutter 80,00 Euro. K soll von dem Geld zwei Schulbücher für das neue Schuljahr kaufen. Stattdessen sieht die K jedoch ein cooles T-Shirt im Geschäft des V und entscheidet sich, dieses zu erwerben. Als K nach Hause kommt, sind ihre Eltern nicht erfreut über den Kauf. Wie ist die Rechtslage hinsichtlich des T-Shirts?

Das schuldrechtliche Verpflichtungsgeschäft, also der Kaufvertrag zwischen K und V gem. § 433 BGB, könnte unwirksam sein gem. §§ 106, 107 BGB. K ist minderjährig und bedarf deshalb gem. §§ 107, 108 BGB für dieses für sie nicht lediglich rechtlich vorteilhafte Geschäft grundsätzlich der Zustimmung ihres gesetzlichen Vertreters. Auch bekam K die 80,00 Euro nicht zur freien Verfügung, sodass § 110 BGB ebenfalls nicht einschlägig ist. Zuletzt erfolgte auch keine Heilung des schwebend unwirksamen Vertrags, da es an einer nachträglichen Zustimmung der Eltern fehlt (vgl. §§ 108 I, 184 I BGB).

Anders jedoch das dingliche Verfügungsgeschäft: Die Übertragung des Eigentums an dem T-Shirt ist wirksam. Hier spiegelt sich die Wirkung des Abstraktionsprinzips wider, denn K erlangt durch die Verfügung des V eine vorteilhafte Rechtsposition trotz beschränkter Geschäftsfähigkeit, indem sie das Eigentum an dem T-Shirt erwirbt. Das Zustimmungsbedürfnis der Eltern ist deshalb nicht notwendig.

Es bleibt jedoch zu bedenken, dass in diesen Fällen V einen Bereicherungsanspruch aus § 812 I 1 Alt. 1 BGB gegen K auf Rückübereignung des T-Shirts hat. K hat nämlich „etwas erlangt" (Eigentum und Besitz am T-Shirt) und das „durch Leistung" von V (bewusste und zweckgerichtete Mehrung fremden Vermögens zur Erfüllung des vermeintlich wirksamen Kaufvertrags) und „ohne rechtlichen Grund" (der Kaufvertrag ist unwirksam), wobei zudem keiner der gesetzlichen Ausschlussgründe gegen diesen Herausgabeanspruch einschlägig ist.

C. EIGENTUMSÜBERGANG

Es gibt verschiedene Möglichkeiten, wie das Eigentum von einer auf eine andere Person übergehen kann. Diese Optionen ergeben sich aus Kombinationen unterschiedlicher Charakteristika. Unterschieden wird zwischen dem Übergang des Eigentums an beweglichen und an unbeweglichen Sachen, dem Erwerb vom Berechtigten und vom Nichtberechtigten sowie dem rechtsgeschäftlichen und dem gesetzlichen Eigentumsübergang. Die Varianten lassen sich teilweise miteinander kombinieren, zum Beispiel gibt es einen rechtsgeschäftlich möglichen gutgläubigen Erwerb des Eigentums einer beweglichen Sache vom Nichtberechtigten. Durch diese Kombinationsmöglichkeiten existieren insgesamt zahlreiche Optionen für den Übergang des Eigentums.

I. ÜBERTRAGUNG DES EIGENTUMS AN BEWEGLICHEN SACHEN

Für die Eigentumsübertragung bei beweglichen Sachen enthält das BGB einige Möglichkeiten, je nachdem, ob der Erwerb des Eigentums vom Berechtigten oder vom Nichtberechtigten erfolgt. Innerhalb dieser beiden Möglichkeiten gibt es jeweils vier Varianten, die neben Unterschieden auch Gemeinsamkeiten aufweisen.

1. Grundsätze

Die Übertragung des Eigentums an beweglichen Sachen erfolgt nach den Vorschriften der §§ 929 ff. BGB.

Im Einzelfall kann es problematisch sein, wann eine bewegliche Sache vorliegt. Beispielsweise werden Tiere gem. § 90a S. 3 BGB wie (bewegliche) Sachen behandelt. Sie werden also nach den §§ 929 ff. BGB übereignet.

Das Gesetz unterscheidet zwischen der Übertragung des Eigentums vom Berechtigten und vom Nichtberechtigten.

2. Übereignung des Eigentums vom Berechtigten

Die Übertragung des Eigentums an beweglichen Sachen vom Berechtigten ist auf verschiedene Weisen möglich, wofür es unterschiedliche Varianten im Gesetz gibt. Geregelt sind diese Möglichkeiten in §§ 929–931 BGB.

a. Übertragung des Eigentums gem. § 929 S. 1 BGB

Nach § 929 S. 1 BGB ist erforderlich, dass der Eigentümer die Sache dem Erwerber übergibt und sich beide darüber einig sind, dass das Eigentum übergeht.

aa. Übergabe

Eine Übertragung i.S.d. § 929 S. 1 BGB setzt unter anderem voraus, dass der Eigentümer dem Erwerber die Sache übergibt, also den unmittelbaren Besitz an der Sache verschafft. Für die Übergabe muss also ein Fall des § 854 I BGB vorliegen.

bb. Einigung mit dem Berechtigten

Außerdem muss eine Einigung i.S.d. § 929 S. 1 BGB gegeben sein. Der Gesetzestext verlangt eine Einigung darüber, dass das Eigentum übergeht. Diese Einigung wird auch „sachenrechtliche" oder „dingliche" Einigung genannt. Es ist also nicht nach der schuldrechtlichen, z.B. kaufvertraglichen, Einigung gefragt. Somit ist auch hier das Abstraktionsprinzip zu beachten.

b. Übertragung des Eigentums gem. § 929 S. 2 BGB

Nach § 929 S. 2 BGB genügt es, wenn der Erwerber bereits im Besitz der Sache ist, dass nur die dingliche bzw. sachenrechtliche Einigung erfolgt. Eine Übergabe an den Erwerber ist logischerweise nicht mehr erforderlich.

aa. Erwerber bereits im Besitz der Sache

Der Erwerber müsste bereits im Besitz der Sache sein, was z.B. durch Fund, Leihe, Miete o. a. der Fall sein kann.

bb. Einigung mit dem Berechtigten

Auch für eine Übereignung gem. § 929 S. 2 BGB ist eine Einigung i.S.d. § 929 S. 1 BGB erforderlich. Diesbezüglich gelten also die gleichen Aussagen wie oben.

c. Übertragung des Eigentums gem. § 930 BGB

Nach § 930 BGB kann die Übergabe dadurch ersetzt werden, dass zwischen dem Eigentümer und dem Erwerber ein Rechtsverhältnis vereinbart wird, vermöge dessen der Erwerber den mittelbaren Besitz erlangt (Besitzmittlungsverhältnis). Eine Einigung i.S.d. § 929 S. 1 BGB ist zusätzlich erforderlich.

aa. Besitzmittlungsverhältnis

Das von § 930 BGB verlangte Besitzmittlungsverhältnis ersetzt, wie aus dem Wortlaut der Vorschrift hervorgeht, die Übergabe. Daher wird diese Möglichkeit auch „Übergabesurrogat" genannt.

Da die Verschaffung des mittelbaren Besitzes erforderlich ist, müssen die Voraussetzungen des § 868 BGB gegeben sein, d.h., der Erwerber müsste mittelbarer Besitzer (also z.B. Verpächter, Vermieter, Verleiher) werden und der Veräußerer unmittelbarer Besitzer (z.B. entsprechend Pächter, Mieter, Nießbraucher, Pfandgläubiger) bleiben, aber auf Basis dieses neuen Besitzmittlungsverhältnisses.

bb. Einigung mit dem Berechtigten

Auch für eine Übereignung gem. § 930 BGB ist zusätzlich eine Einigung i.S.d. § 929 S. 1 BGB erforderlich, sodass diesbezüglich auch hier nach oben verwiesen wird.

d. Übertragung des Eigentums gem. § 931 BGB

Nach § 931 BGB kann die Übergabe durch die Abtretung des Herausgabeanspruchs ersetzt werden, wenn ein Dritter im Besitz der Sache ist.

aa. Abtretung des Herausgabeanspruchs

Da bei einer Übereignung nach § 931 BGB statt der Übergabe eine Abtretung des Herausgabeanspruchs ausreichend ist, handelt es sich hierbei ebenfalls, wie auch bei § 930 BGB, um ein Übergabesurrogat.

Die Abtretung ist in §§ 398 ff. BGB geregelt. Die Folge der Abtretung ist u.a. gem. § 398 S. 2 BGB, dass der Schuldner derselbe bleibt, aber der Gläubiger wechselt. Der neue Gläubiger tritt also an die Stelle des bisherigen Gläubiger Der Wechsel des Eigentums gem. § 931 BGB setzt somit voraus, dass der Erwerber neuer Gläubiger wird und der Dritte Einwendungen direkt gegenüber dem neuen Erwerber geltend machen darf.

bb. Einigung mit dem Berechtigten

Es ist eine dingliche bzw. sachenrechtliche Einigung zwischen dem Erwerber und dem Veräußerer erforderlich, sodass hier auf die obigen Aussagen verwiesen wird.

e. Auswahl zwischen den dargestellten Varianten

Welche der zuvor dargestellten Varianten einschlägig ist, hängt von den Umständen des Einzelfalls ab. So ist keine der oben aufgeführten Möglichkeiten anwendbar, wenn ein Nichtberechtigter eine bewegliche Sache veräußern möchte oder wenn es sich bei dem zu veräußernden Gegenstand um eine unbewegliche Sache handelt.

Will dagegen ein Berechtigter das Eigentum an einer beweglichen Sache übertragen, so kommt es für die Anwendbarkeit der §§ 929–931 BGB darauf an, welche der in diesen Vorschriften genannten Voraussetzungen vorliegen. Ist ein Dritter im Besitz der Sache, kommt § 931 BGB in Betracht, hat der Erwerber bereits den Besitz, so ist die Voraussetzung des § 929 S. 2 BGB gegeben.

3. Übereignung des Eigentums vom Nichtberechtigten

Die Übertragung des Eigentums an beweglichen Sachen vom Nichtberechtigten ist in §§ 932–935 BGB geregelt.

Die gesetzlichen Vorschriften der Möglichkeiten des Erwerbs des Eigentums vom Nichtberechtigten sind in einzelnen Vorschriften enthalten, die jeweils einer der oben genannten Varianten zugeordnet sind.

a. Übertragung des Eigentums gem. § 932 I 1 BGB

Nach § 932 I 1 BGB ist der Erwerb des Eigentums an beweglichen Sachen auch vom Nichtberechtigten zulässig, wenn zusätzlich zu den in § 929 S. 1 BGB genannten Voraussetzungen (mit der Abweichung, dass die dingliche bzw. sachenrechtliche Einigung zwischen dem Erwerber und dem **Nicht**berechtigten erfolgen muss) der Erwerber im guten Glauben ist.

Die Gutgläubigkeit ist nicht (direkt) im Gesetz geregelt. Vielmehr findet sich in § 932 II BGB eine Definition der Bösgläubigkeit. Die Doppelverneinung in dieser Norm lässt erkennen, dass die Beweislast wie folgt geregelt ist: Nicht der Anspruchsgegner muss darlegen und ggf. beweisen, dass Gutgläubigkeit vorliegt, sondern der Anspruch**steller** muss darlegen und ggf. beweisen, dass der Erwerber zum Zeitpunkt des Erwerbs nicht in gutem Glauben war.

Nach § 932 II BGB ist Bösgläubigkeit gegeben, wenn der Erwerber wusste oder aufgrund grober Fahrlässigkeit nicht wusste, dass der Veräußerer Nichtberechtigter war. Die Definition der Fahrlässigkeit ergibt sich dabei aus § 276 II BGB. Eine grobe Fahrlässigkeit liegt vor, wenn der Erwerber die fehlende Berechtigung des Veräußerers hätte kennen müssen.

b. Übertragung des Eigentums gem. § 932 I 2 BGB

Für eine Eigentumsübertragung gem. § 932 I 2 BGB ist es erforderlich, dass neben den Voraussetzungen des § 929 S. 2 BGB (mit der Abweichung, dass die dingliche bzw. sachenrechtliche Einigung zwischen dem Erwerber und dem **Nicht**berechtigten erfolgen muss) der Erwerber im guten Glauben sein muss. Auch für § 932 I 2 BGB ist § 932 II BGB zu beachten.

c. Übertragung des Eigentums gem. § 933 BGB

Für die in § 930 BGB geregelte Variante besteht ebenfalls eine dazugehörige Vorschrift, nach der der Erwerb von einem Nichtberechtigten auch für diese Konstellation zulässig ist. Die hierfür getroffene Regelung findet sich in § 933 BGB.

Neben der auch für § 933 BGB erforderlichen dinglichen bzw. sachenrechtlichen Einigung mit dem Nichtberechtigten ist zu beachten, dass – obwohl nach der Grundvorschrift § 930 BGB eine Übergabe nicht erforderlich ist – § 933 BGB eine Übergabe der Sache vom Veräußerer an den Erwerber voraussetzt. Zusätzlich muss der Erwerber auch für § 933 BGB gutgläubig i.S.d. § 932 II BGB sein.

d. Übertragung des Eigentums gem. § 934 BGB

Das Eigentum kann auch in der Konstellation des § 931 BGB gutgläubig vom Nichtberechtigten übertragen werden, wenn neben den Voraussetzungen dieser Grundvorschrift (mit der Abweichung, dass die dingliche bzw. sachenrechtliche Einigung zwischen dem Erwerber und dem **Nicht**berechtigten erfolgen muss) der Erwerber im guten Glauben i.S.d. § 932 II BGB ist.

e. Für alle Vorschriften gem. §§ 932–934 BGB zu beachten: § 935 BGB

Für jede der vorausgehend dargestellten Varianten gem. §§ 932–934 BGB ist noch eine weitere Voraussetzung zu beachten: Nach § 935 I 1 BGB darf die Sache dem Eigentümer nicht gestohlen, verloren oder sonst abhandengekommen sein. Dieses Abhandenkommen ist auch für andere Rechtsnormen, nicht nur für §§ 932–934 BGB, von Bedeutung, wie unten thematisiert wird.

Merke: Abhandengekommen im Sinne des § 935 BGB ist eine Sache dann, wenn sie ohne den Willen des Berechtigten aus dessen unmittelbaren Besitz gelangt ist

Ansonsten würde das Eigentum trotz der Gutgläubigkeit des Erwerbers nicht auf diesen übergehen. Die Frage, ob ein Diebstahl vorliegt, ist anhand des § 242 I StGB zu beurteilen. Nach § 935 II BGB gilt die Ausnahme des § 935 I BGB von §§ 932–934 BGB aber nicht für Geld, Inhaberpapiere oder Sachen, die im Wege der öffentlichen Versteigerung oder in einer Versteigerung gem. § 979 Ia BGB veräußert wurden.

II. ÜBERTRAGUNG DES EIGENTUMS AN UNBEWEGLICHEN SACHEN

Da §§ 929 ff. BGB nur die Übertragung des Eigentums an beweglichen Sachen regeln, sind diese Vorschriften für unbewegliche Sachen nicht anwendbar. Auch bei der Übertragung des Eigentums an unbeweglichen Sachen, also Immobilien, unterscheidet der Gesetzgeber zwischen der Übertragung des Eigentums vom Berechtigten und vom Nichtberechtigten.

1. Übertragung des Eigentums vom Berechtigten

Die Übertragung des Eigentums an unbeweglichen Sachen vom Berechtigten an den Erwerber muss gem. §§ 873, 925 BGB erfolgen.

Danach ist zunächst erforderlich, dass sich der Erwerber mit dem Berechtigten einigt. Diese Einigung ist in § 925 BGB als Auflassung definiert. Auch bei der Auflassung handelt es sich, wie auch bei §§ 929 ff. BGB, um eine dingliche bzw. sachenrechtliche Einigung. Somit gilt auch hier das Abstraktionsprinzip, nach dem die sachenrechtliche von der schuldrechtlichen Einigung zu trennen ist.

Neben der Auflassung muss zur Übertragung des Eigentums gem. § 873 I BGB grundsätzlich eine Eintragung der Rechtsänderung im Grundbuch erfolgen. In der gesetzlichen Pflicht zur Eintragung ins Grundbuch spiegelt sich der eingangs beschriebene Publizitätsgrundsatz wider.

2. Übertragung des Eigentums vom Nichtberechtigten

Die Übertragung des Eigentums an unbeweglichen Sachen auf den Erwerber kann nicht nur durch den Berechtigten erfolgen, sondern sie ist unter Umständen auch durch einen Nichtberechtigten möglich.

Statt der Gutgläubigkeit i.S.d. § 932 II BGB, der im Kontext der §§ 929 ff. BGB steht, die nur für bewegliche Sachen gelten, ist für den gutgläubigen Erwerb bei unbeweglichen Sachen § 892 BGB heranzuziehen. Danach ist auf den öffentlichen Glauben an die Richtigkeit des Grundbuchs abzustellen. Das bedeutet, dass der im Grundbuch Eingetragene als der Berechtigte anzusehen ist. Wer also auf die Richtigkeit des Grundbuchs vertraut, ist gutgläubig. Auf diese Weise kann von einem fälschlicherweise als Eigentümer eines Grundstücks eingetragenen Veräußerer gutgläubig Eigentum an diesem Grundstück erlangt werden.

D. SONDERFALL: EIGENTUMSVORBEHALT

Der Eigentumsvorbehalt ist schuldrechtlich in § 449 BGB geregelt. Die Vertragsparteien können so vereinbaren, dass die in § 433 I 1 BGB ausgesprochene Rechtsfolge, die Pflicht zur Übereignung der Kaufsache, auch unter einer aufschiebenden Bedingung gem. § 158 I BGB erfolgen darf, nämlich der aufschiebenden Bedingung der vollständigen Kaufpreiszahlung.

Der Sinn und der Vorteil des Kaufs unter Eigentumsvorbehalt liegt jeweils darin, dass der Verkäufer trotz der Übergabe des Kaufgegenstands noch Eigentümer der Sache bleibt, solange die aufschiebende Bedingung noch nicht erfüllt wurde. Somit könnte er die Sache ggf. nach § 985 BGB herausfordern. Der Käufer seinerseits hat bei einem Kauf unter Eigentumsvorbehalt den Vorteil, die Sache bereits übergeben bekommen zu können, obwohl er den zu zahlenden Kaufpreis noch nicht zum Zeitpunkt der Übergabe aufbringen kann oder will.

Durch das Konstrukt des Eigentumsvorbehalts kann der Erwerber die Sache bereits nutzen, ohne sofort den kompletten Kaufpreis zahlen zu müssen. Der Eigentümer ermöglicht bereits die Nutzung der von ihm veräußerten Sache bei gleichzeitiger Sicherheit seines Eigentums, das noch bis zur Zahlung der letzten Rate bei ihm verbleibt.

Eine Übereignung soll grundsätzlich stattfinden, wie oben dargestellt wurde, allerdings mit dem Unterschied, dass die dingliche bzw. sachenrechtlich Einigung unter der aufschiebenden Bedingung der vollständigen Kaufpreiszahlung erfolgt. Die sachenrechtliche Komponente beim Eigentumsvorbehalt lässt sich wie folgt darstellen:

Voraussetzungen der Übereignung mit Eigentumsvorbehalt

1. Einigung über den Eigentumsübergang mit dem Berechtigten, aber unter der aufschiebenden Bedingung (§ 158 I BGB) vollständiger Kaufpreiszahlung
2. Übergabe der Kaufsache

Zum Schutz des Käufers, der die Kaufpreisraten bereits im Rahmen eines Kaufs unter Eigentumsvorbehalt gezahlt hat, gibt es das sog. Anwartschaftsrecht. Der die Sache in dieser Weise kaufende Erwerber wird gem. § 161 BGB davor geschützt, dass der Veräußerer, der ja noch Eigentümer der Sache ist (aber eben nur zur Sicherheit!), Verfügungen über die Kaufsache tätigt, die die Übereignung vereiteln würden.

E. GESETZLICHER EIGENTUMSVERLUST UND -ERWERB

Die unter den vorangegangenen Punkten dargestellten Möglichkeiten des Eigentumsverlusts und -erwerbs, unabhängig davon, ob von beweglichen oder unbeweglichen Sachen sowie vom Berechtigten oder vom Nichtberechtigten, haben eine Gemeinsamkeit: Sie alle setzen eine Einigung mit dem Erwerber voraus. Daher kann man sie alle auch unter der Bezeichnung „rechtsgeschäftlicher Verlust und Erwerb des Eigentums" zusammenfassen.

Neben dem rechtsgeschäftlichen ist auch ein gesetzlicher Verlust und Erwerb des Eigentums möglich. Ein solcher kommt in Betracht, wenn das Gesetz den Eigentumsübergang vorsieht, wobei selbstverständlich vorausgesetzt ist, dass die gesetzlichen Voraussetzungen der jeweiligen Norm erfüllt sind.

Beispiele für den gesetzlichen Eigentumsübergang finden sich in §§ 946 ff. BGB. Hiernach kann durch Verbindung, Vermischung und Verarbeitung das Eigentum übergehen, auch wenn der Eigentümer mit dieser Rechtsfolge nicht einverstanden ist.

I. VERBINDUNG BEWEGLICHER SACHEN, § 947 BGB

Eine Möglichkeit des Eigentumsübergangs kraft Gesetzes ist gemäß § 947 BGB die Verbindung beweglicher Sachen. Werden bewegliche Sachen miteinander verbunden, sodass sie wesentliche Bestandteile einer einheitlichen Sache werden, so erlangen ihre Eigentümer grundsätzlich nach § 947 Abs. 1 Hs. 1 BGB das Miteigentum an dieser Sache. Wenn eine dieser Sachen als Hauptsache anzusehen ist, wird deren Eigentümer gemäß § 947 Abs. 2 BGB Alleineigentümer der einheitlichen Sache.

Der Begriff des wesentlichen Bestandteils ist in § 93 BGB legaldefiniert. Danach ist ein solcher dann gegeben, wenn ein Bestandteil und die Sache nicht voneinander getrennt werden können, ohne dass einer der beiden zerstört oder in seinem Wesen verändert wird. Was dies genau bedeutet, ist sehr von den konkreten Gegenständen abhängig.

Beispiel: A lässt in der Werkstatt des B sein Pkw mit einem besonderen Lack überziehen. Der Lack und die Karosserie des Wagens, beides bewegliche Sachen, sind nach dieser Handlung derart miteinander verbunden, dass sie wesentliche Bestandteile nach § 93 BGB darstellen. Es liegt also eine Verbindung beweglicher Sachen i.S.d. § 947 BGB vor. Da die Karosserie aufgrund ihres Wertes als Hauptsache anzusehen ist, wird A gemäß § 947 II BGB Alleineigentümer der einheitlichen Sache („lackiertes Auto"), B hingegen verliert sein Eigentum an dem Lack kraft Gesetzes.

II. VERBINDUNG MIT EINEM GRUNDSTÜCK, § 946 BGB

Die Verbindung einer beweglichen Sache mit einem Grundstück in der Weise, dass die bewegliche Sache wesentlicher Bestandteil eines Grundstücks wird, führt nach § 946 BGB dazu, dass das Eigentum an der beweglichen Sache auf den Eigentümer des Grundstücks übergeht. Dabei ist die Klärung der Begrifflichkeit „wesentlicher Bestandteil eines Grundstücks" dem § 94 BGB zu entnehmen. Nach Absatz 1 Satz 1 dieser Vorschrift gehören dazu die mit dem Grund und Boden fest verbundenen Sachen, insbesondere Gebäude und mit dem Boden zusammenhängende Erzeugnisse. § 94 I 2 BGB bezieht sich auf Samen und Pflanzen. Gemäß Absatz 2 gehören zu den wesentlichen Bestandteilen eines Grundstücks auch die zur Herstellung des Gebäudes eingefügten Sachen. Für die Bestimmung des Begriffs des wesentlichen Bestandteils ist § 93 BGB, der für § 947 BGB relevant ist und in diesem Zusammenhang bereits oben dargestellt wurde, heranzuziehen.

Beispiel: Bauherr B lässt in sein Wohnzimmer vom Schreiner S Parkettfußboden einbauen. Der S, dem das Holz gehört, verliert in dem Moment sein Eigentum an B, in dem er das Parkett eingebaut hat, weil dieses auf diese Weise nach § 94 II BGB zum wesentlichen Bestandteil des Gebäudes und damit des Grundstücks wird.

III. VERMISCHUNG UND VERMENGUNG, § 948 BGB

Die Vermischung und Vermengung nach § 948 BGB ist letztlich sehr ähnlich wie die in § 947 BGB geregelte Verbindung beweglicher Sachen miteinander. Kommt es also zu einer untrennbaren Vermischung oder Vermengung, so sind die Inhalte des § 947 BGB anzuwenden. Eine Vermischung kommt für Flüssigkeiten und Gase und eine Vermengung kommt für feste Stoffe in Betracht. Da die Frage der Trennbarkeit auch von Kosten abhängen kann, regelt § 948 II BGB, dass es der Untrennbarkeit gleichsteht, wenn die Trennung mit unverhältnismäßigen Kosten verbunden ist.

Beispiel: Der Bauer B lässt die von seinen Kühen gewonnene Milch von einem Fahrzeug des Großhandels des G abholen, in das die aus den umliegenden Bauernhöfen gewonnene Milch eingefüllt und zur Zentrale gebracht wird. Mit dem Einfüllen seiner Milch in den Milchtank des Fahrzeugs zu dem bereits vorhandenen Tankinhalt verliert B sein Eigentum nach § 948 II BGB durch Vermischung an G.

IV. VERARBEITUNG, § 950 BGB

Nach § 950 I 1 BGB erfolgt durch eine Verarbeitung oder Umbildung eines oder mehrerer Stoffe, mit der eine neue bewegliche Sache hergestellt wird, grundsätzlich ebenfalls ein gesetzlicher Übergang des Eigentums auf denjenigen, der diese Handlung vornimmt. Er erwirbt nach § 950 I 2 BGB das Eigentum an dieser neuen Sache jedoch nur, sofern nicht der Wert Verarbeitung oder Umbildung erheblich geringer ist als der Wert des Stoffes. Der Begriff der Verarbeitung wird in § 950 I 3 BGB noch näher präzisiert, indem das Schreiben, Zeichnen, Malen, Drucken, Gravieren oder eine ähnliche Bearbeitung der Oberfläche als eine Form des Bearbeitens anzusehen ist.

Beispiel: Das Unternehmen der K liefert Baumwolle an den Fabrikanten F. Dieser stellt damit Kleidungsstücke her. Durch die Verarbeitung des Rohstoffes Baumwolle verliert K sein Eigentum hieran nach § 950 I 1 BGB. Die an dem Stoff bestehenden Rechte (auch Dritter) erlöschen gemäß § 950 II BGB.

V. ENTSCHÄDIGUNG FÜR RECHTSVERLUST, § 951 BGB

Zu beachten ist in diesem Zusammenhang, dass die durch die Anwendung der §§ 946–950 BGB eingetretenen Rechtsverluste nach § 951 I 1 BGB durch Vergütung in Geld kompensiert werden müssen, wobei diese Kompensation nach den Vorschriften über die Herausgabe einer ungerechtfertigten Bereicherung vorzunehmen ist. In § 951 I 2 und II BGB sind weitere Bestimmungen zu den Rechtsfolgen in diesem Zusammenhang geregelt.

VI. ERSITZUNG, §§ 937 FF. BGB

Ein weiteres Beispiel eines gesetzlichen Eigentumsübergangs ist die Ersitzung gem. §§ 937 ff. BGB. Nach § 937 I BGB wird Eigentümer, wer eine bewegliche Sache zehn Jahre im Eigenbesitz hat. Einen Ausschluss des Eigentumsübergangs durch Ersitzung enthält § 937 II BGB, aus dem hervorgeht, dass die Ersitzung dann nicht eintritt, wenn der Erwerber bei dem Erwerb des Eigenbesitzes nicht in gutem Glauben war oder wenn er später erfährt, dass ihm das Eigentum nicht zusteht. Das Recht der Ersitzung soll die Rechtssicherheit und die Rechtsklarheit fördern, zumal nach einer längeren Zeit nicht nur eine undeutliche Tatsachenlage und Beweisschwierigkeiten naheliegend sind.

Beispiel: Bei Händler H gehen täglich zahlreiche Kisten und Kartons mit Waren ein. In einer Kiste befindet sich eine Bestellung mit von ihm bestellten Werkzeugen. Versehentlich hatte der Versender V zwei Motorsägen zu viel auf den Weg gebracht. Dieser Fehler fällt V erst nach einem halben Jahr auf. H ist der Ansicht, es liege eine Ersitzung vor, doch V verweist auf die noch nicht verstrichene Frist des § 937 I BGB.

VII. FUND, §§ 973 FF. BGB

Auch durch Fund kann durch Zeitablauf ein gesetzlicher Eigentumsübergang auf den Finder geschehen, wie aus §§ 973 ff. BGB hervorgeht. Bereits § 973 BGB selbst enthält einige Regelungen, wonach es für den Beginn der Frist davon abhängt, ob der Gegenstand einen Wert von unter zehn Euro hat (dann beginnt gemäß § 973 II 1 BGB die sechsmonatige Frist ab dem Fund) oder zehn Euro oder mehr beträgt (dann beginnt nach § 973 I 1 BGB die sechsmonatige Frist nach Anzeige des Fundes bei der zuständigen Behörde). Zudem geht gemäß § 973 I 1 BGB das Eigentum nach sechs Monaten nur dann an den Finder über, wenn dem Finder nicht vorher ein Empfangsberechtigter bekannt geworden ist oder sein Recht bei der zuständigen Behörde angemeldet hat. Eine Ausnahme ergibt sich aus § 973 II 2 BGB, für den Fall, dass der Finder den Fund auf Nachfrage verheimlicht.

Beispiel: P war vor einem knappen Jahr Tourist in Stuttgart. Selbstverständlich wollte er die regionsspezifischen Köstlichkeiten in einem Restaurant des R kosten. Weil ihm vom Essen hinreichend warm wurde, zog er seinen Pullover aus, vergaß ihn dann aber beim Verlassen des Restaurants, was er aber erst auf der Heimreise im Zug bemerkte. R fand die Jacke und gab sie im örtlichen Fundbüro ab. Weil P seinen Vorsatz, den Namen des Restaurants zu erfragen sowie beim Fundbüro in Stuttgart anzurufen, aus Gründen der Vergesslichkeit und der Zeitknappheit mehrere Monate lang nicht realisierte, erwirbt nach § 973 I 1 BGB R das Eigentum an den Gegenständen.

F. PRÜFUNG DES EIGENTUMSÜBERGANGS IM GUTACHTEN

Die Prüfung des Eigentumsverlusts im Gutachten wird üblicherweise in der historischen bzw. chronologischen Abfolge vorgenommen. Das bedeutet, dass in der Regel mit dem Ereignis begonnen wird, das zeitlich am längsten zurückliegt. So sollte mit der Feststellung, wer ursprünglich Eigentümer war, begonnen werden. Hierzu kann ggf. auf § 1006 I, II BGB verwiesen werden. Danach können dann die relevanten Ereignisse bis zur Gegenwart abgearbeitet werden.

Beispiel: E stellt in seiner Fabrik einen Regenschirm her und verkauft und übereignet ihn an den Einzelhändler H. In dessen Ladengeschäft nimmt der Dieb D diesen Gegenstand an sich und mit zu sich nach Hause. Schließlich verkauft und übergibt D den Schirm an X, der beim Kauf davon ausging, der Regelschirm gehöre D. Auch hatte X keinen Grund, daran zu zweifeln, dass D der Eigentümer ist.

Bei der üblichen Prüfungsreihenfolge wird nun mit der Feststellung begonnen, dass E der ursprüngliche Eigentümer war. Danach sollte die (nach dem kurzen Sachverhalt wohl erfolgreiche) Übereignung an H gem. § 929 S. 1 BGB geprüft werden. Eine nachfolgende Übereignung an D in rechtsgeschäftlicher Weise hat durch den Diebstahl nicht stattgefunden, da die dingliche bzw. sachenrechtliche Einigung zwischen D und dem (berechtigten) H nicht stattfand. Schließlich folgt die Prüfung eines Eigentumsübergangs auf X. Ein solcher ist gem. §§ 929–931 BGB nicht erfolgt, da D (wie oben festgestellt) nicht Berechtigter war. Letztlich scheitert auch und trotz der Gutgläubigkeit des X ein Eigentumsübergang auf X gem. §§ 932–934 BGB, da der Schirm dem Eigentümer H gestohlen wurde, was einen Erwerb des Eigentums wegen § 935 I 1 BGB und mangels § 935 II BGB ausschließt.

In diesem Beispiel zeigt sich der Vorteil der historischen bzw. chronologischen Methode: Bei der Prüfung des jeweils zeitlich nachfolgenden Schritts kann, soweit dies nötig ist, nach oben verwiesen werden. Ansonsten müsste inzident geprüft werden, insbesondere die Berechtigung des Veräußerers. Dies würde zu einer weiteren unnötigen Verschachtelung führen.

G. SICHERUNGS- UND NUTZUNGSRECHTE

Bei unbeweglichen Sachen ist die Bedeutung des Grundbuchs zu beachten. Dies gilt nicht nur bei der bereits dargestellten Übereignung gem. §§ 873, 925 BGB, sondern auch bei sonstigen im Grundbuch vorzunehmenden Eintragungen.

Im Grundbuch finden sich beispielsweise Belastungen des Grundstücks, z.B. mit einer Hypothek (§§ 1113 ff. BGB), mit einer Grundschuld (§§ 1191 ff. BGB) oder Grunddienstbarkeiten (§§ 1018 ff. BGB) sowie eine Vormerkung (§ 883 BGB), oder es wird ein Widerspruch gegen die Richtigkeit des Grundbuchs (§ 899 BGB) eingetragen.

I. SICHERUNGSRECHTE

Bei Hypothek und Grundschuld handelt es sich um Sicherungsrechte. Ein Anspruch soll gesichert werden, z.B. kann sich eine Bank, die einer Person ein Darlehen einräumt, mit einer Hypothek oder einer Grundschuld insofern absichern, als sie dieser Person für den Fall einer ausbleibenden Rückzahlung Verwertungsrechte an der unbeweglichen Sache ermöglicht. Im Rahmen der Verwertung hat der Gläubiger die Möglichkeit, seine Forderung, die er mit einer Hypothek abgesichert hat, bei Ausbleiben der Erfüllung dieser Forderung die Sicherung der Hypothek zu nutzen und „sich aus dem Grundstück zu befriedigen" (siehe hierzu § 1147 BGB).

Wie beispielsweise die Sicherungsübereignung, die über § 930 BGB möglich ist, die Kaution, die Bürgschaft und das Pfandrecht, dienen auch Hypothek und Grundschuld nur als Sicherheit und bieten nicht schon von vornherein die Möglichkeit, sich ersatzweise zu befriedigen.

II. SACHENRECHTLICHE/DINGLICHE NUTZUNGSRECHTE

Im Sachenrecht sind auch Nutzungsrechte beschrieben, die im Gesetz als „Dienstbarkeiten" bezeichnet werden. Diese ungewöhnliche Bezeichnung erklärt sich dadurch, dass die Sache einem anderen „dienstbar" ist.

III. NIESSBRAUCH

Ein auch für bewegliche Sachen (und gem. §§ 1068 ff. BGB auch für Rechte) geltendes sachenrechtliches bzw. dingliches Nutzungsrecht ist der Nießbrauch an Sachen, der in §§ 1030 ff. BGB geregelt ist. Dieses nicht dem Eigentümer zustehende Recht ist gem. § 1059 1 BGB nicht übertragbar und nach § 1061 S. 1 BGB nicht vererblich, sodass es nach dem Tode des Nießbrauchers erlischt.

Beispiel: Die Eltern verschenken ihr Grundstück und übereignen es ihrer Tochter. Da sie aber weiterhin das Grundstück nutzen, insbesondere bewohnen, möchten, belasten sie das Grundstück mit einem Nießbrauch. Auf diese Weise dürfen die Eltern trotz der Übertragung des Eigentums an ihre Tochter das Grundstück weiter nutzen, da sie sich ein Nutzungsrecht am Grundstück durch einen Nießbrauch gesichert haben.

IV. GRUNDDIENSTBARKEIT

Ein weiteres Nutzungsrecht ist die Grunddienstbarkeit gem. §§ 1018 ff. BGB. Hiernach kann ein Grundstück zulasten des Eigentümers und zugunsten des Eigentümers eines anderen Grundstücks belastet werden, sodass Letzterer beispielsweise das Grundstück in einer bestimmten Weise benutzen darf.

Beispiel: Damit Nachbar N zu seinem Grundstück gelangen kann, muss er über das Grundstück des E gehen. E bestellt eine Grunddienstbarkeit in Form eines Wegerechts zugunsten des N. Insoweit steht dem N also ein sachenrechtliches bzw. dingliches Nutzungsrecht am Grundstück des E zu.

H. EINZELNE ANSPRUCHSGRUNDLAGEN

I. HERAUSGABEANSPRUCH DES EIGENTÜMERS (§ 985 BGB)

Der Herausgabeanspruch aus § 985 BGB beruht auf dem Eigentum des Anspruchstellers. Anders als die vertraglichen Anspruchsgrundlagen auf Herausgabe, wie z.B. aus § 604 BGB, ist ein Rechtsgeschäft nicht erforderlich. Ein solches Rechtsgeschäft, beispielsweise das Bestehen eines Leihvertrages, steht allerdings einem Anspruch aus § 985 BGB auch nicht per se entgegen, beispielsweise wenn die für die Leihe bestimmte Zeit abgelaufen ist.

I. Anspruch entstanden

1. Sache i.S.d. § 90 BGB oder § 90a BGB
2. Eigentum des Anspruchstellers
3. Besitz des Anspruchsgegners
4. Kein Recht zum Besitz i.S.d. § 986 BGB

II. Anspruch untergegangen
III. Anspruch durchsetzbar

1. Sache i.S.d. § 90 BGB oder Fall des § 90a BGB

Der Anspruch aus § 985 BGB setzt voraus, dass eine Sache i.S.d. § 90 BGB oder ein Fall des § 90a BGB vorliegt. Dieser körperliche Gegenstand bzw. das Tier ist dann auch Gegenstand der Rechtsfolge des Herausgabeanspruchs.

Dieser Prüfungspunkt muss allerdings nicht zwingend separat aufgeführt werden, sondern kann auch mit einer der beiden folgenden Voraussetzungen verknüpft geprüft werden, da beide ja zwangsläufig eine Sache i.S.d. § 90 BGB oder ein Tier i.S.d. § 90a BGB voraussetzen. Daher kann die hier genannte Voraussetzung auch inzident bei der Prüfung des Eigentums bejaht werden, sie kann so weniger Platz und Zeit in Anspruch nehmen.

2. Eigentum des Anspruchstellers

Der Anspruchsteller muss Eigentümer sein, das heißt, er muss die rechtliche Herrschaft i.S.d. § 903 BGB über die Sache haben.

In Sachverhalten ist entweder deutlich erkennbar, dass es sich bei dem Anspruchsteller um den Eigentümer handelt (z.B. „A vermietet sein Fahrrad an B") oder dies muss durch eine ausführlichere Prüfung ermittelt werden. Insbesondere kann die Prüfung beinhalten, dass ein Wechsel der Eigentümereigenschaft geschah.

Ergibt sich die ursprüngliche Eigentümereigenschaft nicht direkt aus dem Sachverhalt, so ist auf die Eigentumsvermutung gem. § 1006 I und II BGB abzustellen. Im Anschluss daran ist ein möglicher Eigentumsverlust zu prüfen; ein solcher könnte sich entweder durch eine Übertragung des Eigentums, also durch ein Rechtsgeschäft, oder durch eine gesetzliche Vorgabe ergeben.

Merke: Ergibt sich aus dem Sachverhalt, dass ein (mehrfacher) Wechsel des Eigentums von einer Person auf die andere stattgefunden haben könnte, so empfiehlt es sich, dies nach der historischen/chronologischen Reihenfolge zu prüfen, beginnend beim ursprünglichen Eigentümer.

a. Erwerb des Eigentums durch Rechtsgeschäft

Der Erwerb des Eigentums durch Rechtsgeschäft erfolgt durch eine Übertragung der Sache durch den Eigentümer an den Erwerber. Die bereits oben behandelten Regeln, nach denen eine solche Übertragung ablaufen muss, lassen sich in zwei Unterfälle aufteilen, nämlich die Vorschriften über die Übertragung des Eigentums an unbeweglichen und an beweglichen Sachen.

aa. Unbewegliche Sachen (§§ 873, 925 BGB)

Vgl. oben.

bb. Bewegliche Sachen (§§ 929 ff. BGB)

Vgl. oben.

b. Erwerb kraft Gesetzes (z.B. §§ 946 ff. BGB)

Beim Erwerb des Eigentums kraft Gesetzes ist es nicht erforderlich, dass das Eigentum willentlich übergeht. Der Gesetzgeber hat festgeschrieben, unter welchen Voraussetzungen ein Verlust (aus Sicht des Eigentümers) bzw. Erwerb (aus Sicht des Erwerbers) ganz ohne ein Rechtsgeschäft, damit also auch unfreiwillig, möglich ist.

3. Besitz des Anspruchsgegners

Der Anspruchsgegner muss Besitzer der Sache sein, wobei es sich hierbei um unmittelbaren oder mittelbaren Besitz handeln darf und ebenso um Eigen- oder Fremdbesitz.

4. Kein Recht zum Besitz gem. § 986 BGB

Der Besitzer darf gem. § 986 BGB kein Recht zum Besitz haben. Ein solches Besitzrecht stellt eine rechtshindernde Einwendung dar. Das Recht zum Besitz kann beispielsweise aus einem schuldrechtlichen Vertrag, wie einem Mietvertrag, bestehen.

Streitig ist, ob es sich beim Zurückbehaltungsrecht (z.B. §§ 273, 1000 BGB) um ein solches Besitzrecht handelt; ebenso ist es beim Anwartschaftsrecht.

In der Rechtsfolge ist der Besitzer ist zur Herausgabe der Sache an den Eigentümer bei Vorliegen der Tatbestandsmerkmale verpflichtet. Im Rahmen der Anspruchskonkurrenz ist zu beachten, dass der Anspruch aus § 985 BGB neben den Ansprüchen aus §§ 861, 1007, 812, 823 BGB ebenso wie neben vertraglichen oder gesetzlichen Rückgabeansprüchen möglich ist.

II. ANSPRUCH AUS § 861 I BGB

Mit einem Anspruch aus § 861 I BGB ist es nicht nur dem Eigentümer, sondern auch dem (ehemaligen) Besitzer möglich, einen Herausgabeanspruch geltend zu machen. Damit ein Anspruch aus § 861 I BGB entstanden ist, müssen die Tatbestandsmerkmale dieser Vorschrift gegeben sein.

I. Anspruch entstanden

1. Anspruchsteller war ehemals unmittelbarer Besitzer
2. Besitzentziehung erfolgte durch verbotene Eigenmacht i.S.d. § 858 I BGB
3. Fehlerhafter Besitz des Anspruchsgegners (§ 858 II BGB)
4. Kein Ausschluss gem. § 861 II BGB

II. Anspruch untergegangen
insbes. kein Erlöschen des Anspruchs gem. § 864 BGB

III. Anspruch durchsetzbar

1. Anspruchsteller war ehemals unmittelbarer Besitzer

Der Anspruch aus § 861 I BGB muss vom früheren unmittelbaren Besitzer ausgehen. Die Definition des unmittelbaren Besitzes verlangt, dass die tatsächliche Sachherrschaft bestehen muss (vgl. § 854 I BGB).

2. Besitzentziehung erfolgte durch verbotene Eigenmacht i.S.d. § 858 I BGB

Der Besitz muss dem Anspruchsteller durch verbotene Eigenmacht entzogen worden sein. Dies ist nach § 858 I BGB gegeben, wenn dem unmittelbaren Besitzer sein Besitz ohne dessen Willen widerrechtlich entzogen wurde oder er widerrechtlich in seinem Besitz gestört wird. Dies ist beispielsweise gegeben bei einem Vermieter, der nach Ablauf der Mietdauer aber noch ausstehender Rückgabe der Mietsache dieselbe eigenmächtig vom Grundstück des Mieters holt.

3. Fehlerhafter Besitz des Anspruchsgegners (§ 858 II BGB)

Außerdem muss der Besitz des Anspruchsgegners gem. § 858 II BGB fehlerhaft sein. Dies ist möglich, indem der Anspruchsgegner mit verbotener Eigenmacht handelte (vgl. § 858 II 1 BGB), er Erbe einer durch verbotene Eigenmacht erlangten Sache ist (vgl. § 858 II 2 Alt. 1 BGB) oder er die Sache als Besitznachfolger, z.B. Käufer oder Beschenkter, erhielt und die Fehlerhaftigkeit beim Erwerb kannte (vgl. § 858 II 2 Alt. 2 BGB).

4. Kein Ausschluss gem. § 861 II BGB

Der Herausgabeanspruch aus § 861 I BGB könnte nach § 861 II BGB ausgeschlossen sein. Ein solcher Ausschluss setzt voraus, dass der Anspruchsteller als Besitzer gegenüber dem Störer fehlerhaft besaß und der Besitz im letzten Jahr vor der Störung erlangt wurde. Damit erlaubt der Gesetzgeber ausnahmsweise eine gewisse Selbstjustiz, sich seine Sache zurückzuholen.

5. Kein Erlöschen des Anspruchs gem. § 864 BGB

Der Anspruch aus Herausgabe nach § 861 I BGB erlischt gemäß § 864 I BGB, wenn ein Jahr, beginnend ab der Verübung der verbotenen Eigenmacht, verstrichen ist. In einem solchen Fall, in dem sich der Anspruchsberechtigte längere Zeit nicht meldet, ist dieser nicht mehr schutzwürdig.

Ein Erlöschen des Anspruchs aus § 861 I BGB ist nach § 864 II BGB auch dann gegeben, wenn nach der Verübung der verbotenen Eigenmacht in einem rechtskräftigen Urteil festgestellt wird, dass demjenigen, der verbotene Eigenmacht beging, ein in dieser Norm näher beschriebenes Recht an der Sache zusteht.

Die Rechtsfolge bei Vorliegen des Tatbestands ist die Herausgabeverpflichtung hinsichtlich der Sache.

III. HERAUSGABEANSPRUCH AUS FRÜHEREM BESITZ GEM. § 1007 I BGB

Anders als dies bei § 985 BGB der Fall ist, basiert der Anspruch aus § 1007 Abs. 1 BGB auf dem Besitz- und nicht auf dem Eigentumsrecht. Trotz der geringen Bedeutung der Vorschrift ermöglicht sie immerhin, dass der Anspruchsteller die Sache herausverlangen kann, wenn er weder einen Herausgabeanspruch aus vertraglichen Anspruchsgrundlagen, noch aus § 985 BGB, § 861 BGB oder § 823 BGB hat.

I. Anspruch entstanden

1. Bewegliche Sache
2. Früherer Besitz des Anspruchstellers
3. Gegenwärtiger Besitz des Anspruchsgegners
4. Bösgläubigkeit des Anspruchsgegners bei Besitzerwerb
5. Kein Ausschluss des Anspruchs aus § 1007 I BGB

II. Anspruch untergegangen
III. Anspruch durchsetzbar

1. Bewegliche Sache

Vgl. oben.

2. Früherer Besitz des Anspruchstellers

Der Anspruchsteller muss früherer Besitzer sein. Es kommt aber im Rahmen des § 1007 BGB nicht nur, wie bei § 861 I BGB, lediglich auf den bloßen Besitz an, sondern auf die Untersuchung der Rechte an diesem Besitz, wie aus den folgenden Tatbestandsmerkmalen hervorgeht.

3. Gegenwärtiger Besitz des Anspruchsgegners

Der Anspruchsteller muss denjenigen in Anspruch nehmen, der derzeitiger Besitzer ist, indem er von ihm die Herausgabe verlangt.

4. Bösgläubigkeit des Anspruchsgegners bei Besitzerwerb

Der Wortlaut des § 1007 I 1 BGB verlangt, dass der Anspruchsgegner zum Zeitpunkt des Besitzerwerbs bösgläubig gewesen sein muss. Dies ist der Fall, wenn er wusste oder grobfahrlässig nicht wusste, dass der Anspruchsteller ein Besitzrecht hatte.

5. Kein Ausschluss des Anspruchs aus § 1007 I BGB

Damit ein Anspruch besteht, darf er nicht ausgeschlossen sein. Ein Ausschluss des Anspruchs aus § 1007 I BGB sieht das Gesetz in den folgenden Fällen vor:

- Bösgläubigkeit des Anspruchstellers im Zeitpunkt des eigenen Besitzerwerbs (§ 1007 III 1 Alt. 1 BGB) und
- Aufgabe des Besitzes durch den Anspruchsteller (§ 1007 III 1 Alt. 2 BGB).

Die Rechtsfolge bei Vorliegen des Tatbestands ist die Herausgabeverpflichtung hinsichtlich der Sache.

IV. HERAUSGABEANSPRUCH AUS FRÜHEREM BESITZ GEM. § 1007 II BGB

Ebenso wie der Anspruch aus § 1007 I BGB basiert auch § 1007 II BGB auf dem Besitzrecht. Wie § 1007 I BGB hat auch der zweite Absatz eine recht geringe Bedeutung, bietet aber auch für den Fall, dass vertragliche Ansprüche, § 985 BGB, § 861 I BGB und § 823 BGB nicht greifen, einen Anspruch auf Herausgabe der Sache.

I. Anspruch entstanden

1. Bewegliche Sache
2. Früherer Besitz des Anspruchstellers
3. Gegenwärtiger Besitz des Anspruchsgegners
4. Sache ist früherem Besitzer (Anspruchsteller) abhandengekommen
5. Kein Ausschluss des Anspruchs aus § 1007 II BGB

II. Anspruch untergegangen
III. Anspruch durchsetzbar

1. Bewegliche Sache

Vgl. oben.

2. Früherer Besitz des Anspruchstellers

Vgl. oben.

3. Gegenwärtiger Besitz des Anspruchsgegners

Vgl. oben.

4. Sache ist früherem Besitzer (Anspruchsteller) abhandengekommen

Im Gegensatz zu § 1007 I BGB, bei dem der Anspruchsgegner bösgläubig gewesen sein muss, ist dieses Kriterium bei § 1007 II BGB nicht vorgesehen. Entscheidend zur Bestimmung des Begriffs des Abhandenkommens ist die Regelung des § 935 I BGB, sodass die Sache gestohlen worden, verloren gegangen oder sonst abhandengekommen sein muss.

5. Kein Ausschluss des Anspruchs aus § 1007 II BGB

Ein Ausschluss des Anspruchs aus § 1007 II BGB ist gegeben, wenn einer der folgenden Fälle gegeben ist:

- Bösgläubigkeit des Anspruchstellers im Zeitpunkt des eigenen Besitzerwerbs (§ 1007 III 1 Alt. 1 BGB),
- dem Anspruchsgegner ist die Sache abhandengekommen, bevor der Anspruchsteller Besitz erwarb (§ 1007 II 1 Alt. 2 BGB),
- gegenwärtiges Recht des Anspruchsgegners zum Besitz (§§ 1007 III 2, 986 BGB) und
- keine Anwendung auf Geld und Inhaberpapiere (§ 1007 II 2 BGB).

Die Rechtsfolge bei Vorliegen des Tatbestands ist das Entstehen der Herausgabeverpflichtung hinsichtlich der Sache.

V. ANSPRUCH AUF BESEITIGUNG AUS § 1004 I 1 BGB ODER UNTERLASSUNG AUS § 1004 I 2 BGB

Der Anspruch auf Beseitigung aus § 1004 I 1 BGB richtet sich (in Abgrenzung zu § 1004 I 2 BGB) auf eine gegenwärtige Beeinträchtigung, nicht auf eine erst in der Zukunft drohende. Der Anspruch auf Unterlassung richtet sich (anders als bei einem Anspruch aus § 1004 I 1 BGB) auf eine zukünftig drohende Beeinträchtigung, nicht auf eine bereits gegenwärtig bestehende.

I. Anspruch entstanden

1. Anspruchsteller muss Eigentümer sein
2. Beeinträchtigung des Eigentums
3. Anspruchsgegner muss Störer sein
4. Rechtswidrigkeit der Beeinträchtigung, also keine Duldungspflicht gem. § 1004 II BGB

II. Anspruch untergegangen
III. Anspruch durchsetzbar

1. Anspruchsteller muss Eigentümer sein

Auf § 1004 I 1 und 2 BGB in direkter (also nicht analoger) Anwendung darf sich nur derjenige berufen, der die rechtliche Herrschaft über die Sache hat, also Eigentümer ist.

2. Beeinträchtigung des Eigentums

Die erforderliche Beeinträchtigung ist dann gegeben, wenn aus dem Empfinden eines verständigen Durchschnittsmenschen eine Störung vorliegt, die rechtlicher oder tatsächlicher Natur sein kann. Dabei muss beachtet werden, inwieweit der Inhalt des Eigentums dem Eigentümer störungsfrei zur Verfügung steht. Die Beeinträchtigung darf nicht in der Entziehung oder Vorenthaltung des Besitzes bestehen, dann ist § 985 BGB heranzuziehen, nicht aber § 1004 BGB.

3. Anspruchsgegner muss Störer sein

Eine weitere Voraussetzung besteht darin, dass der Anspruchsgegner Störer sein muss, also Handlungs- oder Zustandsstörer.

a. Handlungsstörer

Der Handlungsstörer beeinträchtigt das Eigentum adäquat kausal durch ein aktives Tun oder durch ein rechtlich relevantes Unterlassen.

Beim Handlungsstörer kann es sich um einen unmittelbaren oder einen mittelbaren Handlungsstörer handeln. Der Erstgenannte nimmt die Beeinträchtigung selbst vor, während der Letztgenannte einen Dritten veranlasst, die Beeinträchtigung vorzunehmen.

b. Zustandsstörer

Bei einem Zustandsstörer geht die Gefahr für die Beeinträchtigung des Eigentums von der Sache aus, deren Eigentümer oder Besitzer der Anspruchsgegner ist.

4. Rechtswidrigkeit der Beeinträchtigung, also keine Duldungspflicht gem. § 1004 II BGB

Eine Duldungspflicht könnte sich aus (einem schuld- oder sachenrechtlichen) Vertrag oder aus Gesetz (z.B. § 906 I und II, § 904 S. 1 oder § 912 I BGB) ergeben. Liegt eine Duldungspflicht vor, so ist die Beeinträchtigung nicht rechtswidrig, sodass ein Anspruch aus § 1004 I BGB nicht greift.

Ist der Tatbestand erfüllt, ist ein Anspruch auf Beseitigung der Beeinträchtigung entstanden.

I. ÜBUNGSKLAUSUREN

Die Übungsklausuren im Sachenrecht beschäftigen sich mit der grundlegenden Anspruchsnorm des § 985 BGB und sollen die Prüfung der §§ 929 ff. BGB, in einem Fall ohne die Prüfung eines gutgläubigen Erwerbs und im anderen Fall mit der Prüfung eines gutgläubigen Erwerbs, zeigen.

I. SACHVERHALT, DIE HAUSARBEIT

Studentin Steffi (S) muss krankheitsbedingt ihre Hausarbeit nachschreiben. Da sie vor einigen Tagen feststellen musste, dass ihr Notebook nicht mehr funktioniert, überlegte sie, sich nun kurzfristiges ein neues anzuschaffen. Ihr Kommilitone Konstantin (K) bietet S an, ihr sein Notebook für die Dauer der Bearbeitungszeit der Hausarbeit auszuleihen, zumal dies ja ein überschaubarer Zeitraum sei. Diese großzügige Hilfestellung möchte S sehr gern wahrnehmen, zumal sie sich für ihren Ersatzkauf noch nicht für ein bestimmtes Modell entscheiden konnte.

Am Ende der Bearbeitungszeit bemerkt S, wie gut sie mit dem Gerät des K arbeiten konnte. Er, der Sohn reicher Eltern, hat neben diesem auch noch ein weiteres Notebook, mit dem er ohnehin hauptsächlich arbeitet. S ist der Ansicht, K solle ruhig mal ein Auge zudrücken und ihr das Gerät weiter überlassen. Zwei Geräte zu haben und nur eines zu brauchen, sei schon etwas anmaßend von K, so meint die S. So nett es auch von ihm war, ihr das Notebook zu überlassen, so wenig habe es für ihn eine Einschränkung bedeutet und das sei auch für die Tage nach Abgabe der Hausarbeit der Fall. Zudem wisse sie ja gar nicht, ob sie diesen Versuch bestehe oder ob sie noch einen weiteren Schreibversuch benötige. Mit diesen Argumenten bewaffnet, entgegnet S dem K auf seine Anfrage, mit der er auf das Ende der Schreibzeit hinweist, er solle ihr nach wie vor die Nutzung des Geräts gestatten.

Als K und S, auch aus zusätzlichen Gründen, in einen Streit geraten, fordert K das Notebook zurück, was S allerdings verweigert. Sie behält das Notebook weiterhin in ihrer Wohnung und nutzt es gelegentlich. Hat K gegen S einen sachenrechtlichen (= dinglichen) Anspruch auf Herausgabe des Notebooks?

Bearbeitervermerk: Anspruchsgrundlagen aus Vertrag und einem Besitzrecht sind nicht zu prüfen.

II. LÖSUNGSVORSCHLAG, DIE HAUSARBEIT

A. Anspruch des K gegen S auf Herausgabe des Notebooks aus § 985 BGB

K könnte einen Anspruch auf Herausgabe des Notebooks gem. § 985 BGB gegen S haben. Dies ist der Fall, wenn der Tatbestand der Anspruchsgrundlage gegeben ist.

I. Anspruch entstanden

Hierzu müsste der Anspruch zunächst entstanden sein.

1. Eigentum des Anspruchstellers

K müsste Eigentümer des Notebooks sein. Eigentümer einer Sache ist, wer die rechtliche Herrschaft über sie hat. Aus dem Sachverhalt geht hervor, dass das Notebook dasjenige des K sei, also ist er Eigentümer dieses körperlichen Gegenstandes, also dieser Sache.

2. Besitz des Anspruchsgegners

S müsste Besitzerin des Notebooks sein. Besitzer einer Sache in diesem Sinne ist, wer nach § 854 I BGB die tatsächliche Herrschaft über sie hat. Das Notebook befindet sich noch in der Wohnung der S, sodass sie die tatsächliche Herrschaft hierüber hat. S ist also Besitzerin des Geräts.

3. Kein Recht zum Besitz gem. § 986 BGB

Die im Besitz des Notebooks befindliche S dürfte nach § 986 BGB kein Recht zum Besitz haben. Ein solches Recht hätte sie, wenn sie rechtsgeschäftlich oder gesetzlich dazu berechtigt wäre, das Gerät zu besitzen. Ein solches Recht könnte allenfalls der zwischen K und S abgeschlossene Leihvertrag nach § 598 BGB sein. Dieser wurde allerdings nur für die Bearbeitungszeit der Hausarbeit abgeschlossen. Dabei meinte K erkennbar die Bearbeitungszeit der vorliegenden Hausarbeit, nicht einen unbestimmten Zeitraum, der mehr als einen Versuch oder womöglich alle Versuche, die Hausarbeit zu bestehen, umfasst. Ansonsten hätte K bei seinem Angebot wohl nicht davon gesprochen, dass die Dauer der Leihe ein „überschaubarer Zeitraum" sei. Gemäß § 604 I BGB besteht nach dem Ablauf der Bearbeitungszeit eine vertragliche Rückgabepflicht, sodass das während des Leihvertrags bestehende Besitzrecht der S erloschen ist. S hat also kein Recht zum Besitz nach § 986 BGB.

Da also alle Tatbestandsmerkmale des § 985 BGB (inklusive das als rechtshindernde Einwendung geprüfte Fehlen des Besitzrechts nach § 986 BGB) erfüllt sind, ist der Anspruch entstanden.

II. Anspruch nicht untergegangen

Der Anspruch wäre untergegangen, wenn rechtsvernichtende Einwendungen gegeben wären. Da dies nicht ersichtlich ist, ist der Anspruch nicht untergegangen.

III. Anspruch durchsetzbar

Der Anspruch ist durchsetzbar, wenn keine rechtshemmende Einwendung, also keine Einrede, vorliegt. Eine solche ist nicht gegeben, sodass der Anspruch durchsetzbar ist.

B. Ergebnis

Folglich hat K einen Anspruch auf Herausgabe des Notebooks aus § 985 BGB gegen S.

III. SACHVERHALT, TRAU SCHAU WEM

Enno (E) verleiht sein Fahrrad auf unbestimmte Zeit an seinen Arbeitskollegen A. Dieser nutzt das Rad längere Zeit, nimmt dann aber an, E hätte kein Interesse mehr an dem Fahrrad, es ist ihm aber auch gleichgültig, wenn E dieses nicht mehr zurückerhielte. Da A Geldprobleme hat, verkauft er das Rad an Bernie (B), dem er es mit seinem Transporter auch vorbeibringt. B nimmt an, es handele sich um das Gefährt des A, zahlt den Kaufpreis und nimmt das Fahrrad entgegen.

Als E ein Jahr nach dem Verleihen an A das Fahrrad von ihm zurückverlangt, erzählt dieser ihm von der Weitergabe an B. Daraufhin wendet sich E an B und fordert „sein" Fahrrad von diesem heraus. B jedoch verweist darauf, dass er das Rad bezahlt habe und vertritt nun die Auffassung, dass dieses nun ihm gehöre. Hat E einen Anspruch auf Herausgabe des Fahrrads aus § 985 BGB gegen B?

IV. LÖSUNGSVORSCHLAG, TRAU SCHAU WEM

E könnte einen Anspruch auf Herausgabe des Fahrrads aus § 985 BGB gegen B haben. Dies wäre dann der Fall, wenn ein solcher Anspruch entstanden, nicht untergegangen und durchsetzbar ist.

I. Anspruch entstanden

Dazu müsste der Anspruch zunächst entstanden sein. Dies ist der Fall, wenn der Tatbestand der Anspruchsgrundlage gegeben ist.

Hinweis: Die folgende Reihenfolge der beiden ersten Prüfungspunkte ist nicht zwingend und darf, wie hier, getauscht werden.

1. Besitz des Anspruchsgegners

B müsste Besitzer des Fahrrads sein. Besitzer einer Sache in diesem Sinne ist, wer nach § 854 I BGB die tatsächliche Herrschaft über sie hat. Das Rad befindet sich bei B, der somit die tatsächliche Herrschaft hierüber hat. B ist also Besitzer des Rads.

2. Eigentum des Anspruchstellers

E müsste Eigentümerin des Fahrrads sein. Eigentümer einer Sache ist, wer die rechtliche Herrschaft über sie hat.

Hinweis: Die nun folgende Prüfung der im vorliegenden Fall problematischen Eigentumsverhältnisse erfolgt üblicherweise und auch im Folgenden chronologisch.

a. Ursprünglich Eigentum bei E

Aus dem Sachverhalt geht hervor, dass es sich um das Rad des E handelt, sodass er ursprünglich die Eigentümerin dieses körperlichen Gegenstandes, also dieser Sache, war.

b. Eigentumsübergang auf A

A könnte das Eigentum von E erlangt haben. In Betracht käme, da E Berechtigter war, allenfalls ein rechtsgeschäftlicher Eigentumsübergang gemäß §§ 929 ff. BGB. Zwar haben sich E und A geeinigt, allerdings nur schuldrechtlich und dies auch nur im Rahmen eines

Leihvertrags, der nur Besitz auf Zeit erlaubt. Dagegen liegt keine dingliche Einigung hinsichtlich des Übergangs des Eigentums von E auf A vor. Das Eigentum ist also nicht auf A übergegangen; zu diesem Zeitpunkt verblieb das Eigentum am Fahrrad bei E.

c. Eigentumsübergang auf B

E könnte sein Eigentum jedoch an B verloren haben. Eine (direkte) Übertragung des Eigentums von E auf B erfolgte nicht. Allerdings könnte B das Eigentum von A übertragen bekommen haben. In Betracht kommt lediglich ein rechtsgeschäftlicher Übergang des Eigentums. Dies wäre dann, da A, wie zuvor festgestellt wurde, nicht Eigentümer wurde und auch nicht anderweitig berechtigt ist, ein rechtsgeschäftlicher Erwerb des Eigentums vom Nichtberechtigten nach den §§ 932 ff. BGB.

Die einzige in Betracht kommende Variante ist die in § 932 I 1 BGB geregelte Möglichkeit der Übertragung.

aa. Einigung mit dem Nichtberechtigten

Nach § 932 I 1 BGB müsste eine dingliche Einigung zwischen dem Erwerber, also B, und dem Nichtberechtigten, also A, erfolgt sein. A wollte, um seinen mit B abgeschlossenen Kaufvertrag zu erfüllen, das Eigentum an dem Fahrrad auf B übertragen, B wollte das Eigentum hieran erlangen, dies war Gegenstand der Vereinbarung der beiden Parteien. Eine dingliche Einigung zwischen B und dem Nichtberechtigten A ist gegeben. Diese ist mangels anderweitiger Anhaltspunkte wirksam.

bb. Übergabe an den Erwerber

Für eine Übertragung des Eigentums des Rads an B gemäß § 932 I 1 BGB ist erforderlich, dass A dem B das Fahrrad übergab, ihm also den unmittelbaren Besitz verschaffte. A transportierte das Fahrrad zu B und übergab es ihm, sodass auch dieses Erfordernis erfüllt ist.

cc. Gutgläubigkeit des Erwerbers

Der rechtsgeschäftliche Erwerb des Eigentums von einem Nichtberechtigten nach §§ 932 ff. BGB setzt nach allen Varianten, auch nach der hier einschlägigen Möglichkeit des § 932 I 1 BGB, voraus, dass der Erwerber gutgläubig ist. Dies ist der Fall, wenn er nicht bösgläubig im Sinne des § 932 II BGB ist. Nach der in dieser Norm enthaltenen Definition der Bösgläubigkeit müsste der Erwerber entweder gewusst oder aufgrund grober Fahrlässigkeit nicht gewusst haben, dass der Veräußerer Nichtberechtigter ist.

B wusste nicht, dass A nicht Eigentümer und auch ansonsten nicht zur Übereignung berechtigt war, sondern er ging vielmehr, davon aus, dass es sich um das Fahrrad des A gehandelt hätte. Es könnte ein Fall der grob fahrlässigen Unkenntnis gegeben sein. Fahrlässigkeit im Sinne des § 276 II BGB ist dann gegeben, wenn die erforderliche Sorgfalt außer Acht gelassen wurde; grobe Fahrlässigkeit liegt dann vor, wenn dies in besonders hohem Maße geschah. Es gab keine Anhaltspunkte für B, an der Eigentümereigenschaft des A zu zweifeln, vor allem drängten sich solche Kriterien nicht auf. Daher liegt auch keine grobfahrlässige Unkenntnis vor. Letztlich war B nicht bösgläubig, sodass von seiner Gutgläubigkeit auszugehen ist.

dd. Kein Ausschluss nach § 935 I BGB

Damit das Eigentum von einem Nichtberechtigten erworben werden kann, darf kein Ausschluss nach § 935 I BGB gegeben sein. Diese Norm setzt voraus, dass die Sache dem Berechtigten gestohlen, verloren gegangen oder sonst abhandengekommen ist. Dem E, der als Eigentümer Berechtigter war, wurde das Fahrrad weder gestohlen noch hat er es verloren. Es könnte aber sonst abhandengekommen sein. Dies ist der Fall, wenn es ohne den Willen des Berechtigten aus dessen unmittelbaren Besitz gelangt ist. Zum Zeitpunkt des Übereignungsversuchs, der sicherlich ohne den Willen des E geschah, war dieser nicht mehr unmittelbarer, sondern als Verleiher gemäß § 868 BGB nur noch mittelbarer, Besitzer. Als das Fahrrad aus dem unmittelbaren Besitz des E gelangte, nämlich bei der leihweisen Übergabe an A, geschah dies mit dem Willen des E. Somit ist die Sache nicht ohne den Willen der Berechtigten B aus seinem unmittelbaren Besitz gelangt und daher auch nicht sonst abhandengekommen. Keine der Optionen des § 935 I BGB ist gegeben, sodass ein sich hieraus ergebender Ausschluss des gutgläubigen Erwerbs nicht vorliegt.

Es fanden folglich eine Einigung zwischen der A als Nichtberechtigtem und B als Erwerber sowie eine Übergabe statt, B war in gutem Glauben und ein Ausschluss des gutgläubigen Erwerbs nach § 935 I BGB ist nicht gegeben. Daraus folgt, dass B das Eigentum gutgläubig nach § 932 I 1 BGB erwarb. B ist also derzeitiger Eigentümer; E hat das Eigentum am Fahrrad verloren.

Da E nicht mehr Eigentümer des Fahrrads ist, sind folglich nicht alle Tatbestandsmerkmale des § 985 BGB erfüllt. Daher ist der Anspruch nicht entstanden.

II. Ergebnis

E hat keinen Anspruch auf Herausgabe des Fahrrads aus § 985 BGB gegen B.

TEIL 6: DELIKTSRECHT

Die Ansprüche aus unerlaubter Handlung werden auch als Ansprüche aus Delikt bezeichnet. Mit der Verwirklichung des Tatbestands entsteht ein gesetzliches Schuldverhältnis, weshalb die deliktischen Ansprüche konsequenterweise im zweiten Buch des BGB geregelt sind.

Deliktsrechtliche Ansprüche werden häufig durch weitere Fallfragen oder Bearbeitervermerke in der Klausur zum Prüfungskanon hinzugefügt, gerade in mehrstündigen Abschlussklausuren erscheint es gut möglich, nicht nur einen Teilbereich des Schuldrechts in Form der Gewährleistungsrechte abzuprüfen, sondern den Sachverhalt um deliktsrechtliche Inhalte zu ergänzen. Die Regelungen des BGB werden durch zahlreiche Spezialgesetze, etwa das Straßenverkehrsgesetz und das auf einer europäischen Richtlinie beruhende Produkthaftungsgesetz ergänzt.

Das Deliktsrecht verfolgt sowohl kompensatorische, als auch präventive Zwecke, indem es durch Androhung von Schadensersatzpflichten Schädigungshandlungen vorbeugt. Im Gegensatz zum anglo-amerikanischen Recht kommt dem Deliktsrecht allerdings keine Straffunktion zu, Schadensersatz ist bei Vorliegend des Tatbestandes nach dem Kompensationsgrundsatz zu leisten, Straf- bzw. Putativschadensersatz ist dem deutschen Recht fremd.

A. EINFÜHRUNG

Die folgenden Anspruchsgrundlagen stellen eigenständige Tatbestände dar, deren Verwirklichung eine Schadensersatzpflicht auslöst. Inhaltlich regelt das Recht der unerlaubten Handlungen, das Deliktsrecht, den Ausgleich für Schäden, die eine Person einer anderen widerrechtlich zufügt. Die Ansprüche sind in den §§ 823 ff. BGB zu verorten.

Im Rahmen der Prüfung einer Anspruchskonkurrenz schließen sich vertragliche und deliktische Ansprüche nicht gegenseitig aus. Vielmehr kann der Geschädigte den Schädiger mithilfe beider Tatbestände in Anspruch nehmen. Naturgemäß soll beim Geschädigten jedoch nur der Schaden kompensiert werden, der ihm aufgrund des schädigenden Ereignisses entstanden ist. Folglich stehen dem Geschädigten die Ansprüche gegen den Schädiger nicht kumulativ zu.

Bei den Ansprüchen aus Deliktsrecht ist zunächst zwischen den beiden zentralen Anspruchsgrundlagen des § 823 BGB zu unterscheiden. § 823 I BGB ist hinsichtlich der Reichweite des Tatbestandes insoweit begrenzt, als dass nur bei der Verletzung bestimmter Rechtsgüter eine Tatbestandsverwirklichung in Betracht kommt. § 823 II BGB setzt die Verletzung eines Schutzgesetzes voraus und beschränkt damit die möglicherweise geschützten Rechtsgüter nicht ausdrücklich. Daneben sind in der Klausur häufig weitere Anspruchsgrundlagen zu prüfen, z.B. §§ 826, 831 BGB.

Neben den Deliktstatbeständen, die ein tatsächliches Verschulden voraussetzen gibt es auch Haftungstatbestände für vermutetes Verschulden, wie den § 831 BGB. Hier wird das Verschulden des Schädigers erst einmal vermutet, er kann diese Vermutung aber widerlegen, die Prüfung eines indizierten Verschuldens hinsichtlich einer Entschuldigungsmöglichkeit dürfte den Allermeisten aus § 280 I 2 BGB noch vertraut sein.

Letztlich gibt es noch die sog. Gefährdungshaftung. Hierbei kommt es nicht auf ein Verschulden an; es wird für die Folge eines gefährlichen Tuns gehaftet, unabhängig von einem Verschulden im konkreten Fall. Die Tatbestände der Gefährdungshaftung sind teils innerhalb, teils außerhalb des BGB geregelt. Die nachfolgende Darstellung soll die gängigen Anspruchsgrundlagen im Deliktsrecht darstellen – der zentrale Tatbestand in der Ausbildung ist sicher der § 823 I BGB, der am sichersten beherrscht werden muss. Viele inhaltliche Erkenntnisse lassen sich auf andere Tatbestände übertragen oder sind dort zumindest nützlich.

B. EINZELNE ANSPRUCHSGRUNDLAGEN

Im nachfolgenden Teil werden die zentralen Anspruchsgrundlagen des Deliktsrechts dargestellt, bei den Aufbauhinweisen handelt es sich um Vorschläge, die eine Orientierung ermöglichen und gleiche Tatbestandsmerkmale an gleicher Stelle prüfen, um so ein systematisiertes Lernen zu erleichtern. Letztlich sind viele der Tatbestandsmerkmale in ihrer Reihenfolge austauschbar, auch existieren leicht divergierende Benennungen und selbstverständlich ist auch in der konkreten Prüfungssituation Schwerpunktsetzung gefragt. Im Sinne der hier kompakten Darstellung finden sich Ausführungen zu den §§ 823, 826, 831, 833, 839 und 1004 BGB. Im Deliktsrecht existieren noch weitere, nennenswerte Anspruchsgrundlagen, § 832 BGB, die Haftung des Aufsichtspflichtigen spielt in der Ausbildung indes eine untergeordnete Rolle, § 834 BGB, die Haftung des Tieraufsehers wird selten geprüft und es ergeben sich Überschneidungen mit der Prüfung des § 833 BGB, die immobiliaren Haftungspflichten aus den §§ 836 ff. BGB sind eher subkomplex und die §§ 824, 825 BGB eher exotische Tatbestände – gleichwohl handelt es sich um außerordentlich wichtige Schutzgüter.

I. § 823 I BGB

A. Anspruch entstanden

I. Haftungsbegründender Tatbestand
1. Rechtsgutverletzung
2. Verletzungshandlung
3. Haftungsbegründende Kausalität
a. Äquivalente Kausalität
b. Adäquate Kausalität
c. Schutzzweck der Norm
4. Rechtswidrigkeit
5. Verschulden (Vorsatz oder Fahrlässigkeit)
a. Verschuldensfähigkeit
b. Schuldhaftes Handeln

II. Haftungsausfüllender Tatbestand
1. Schaden
2. Haftungsausfüllende Kausalität

B. Anspruch untergegangen
C. Anspruch durchsetzbar

§ 823 I BGB ist der wichtigste Grundtatbestand des Deliktsrechts. Diese Norm gewährt bei rechtswidriger und schuldhafter Verletzung der darin aufgezählten Rechtsgüter sowie „sonstiger Rechte“ Schadensersatz. Es ist lohnenswert, den Tatbestand und seine Voraussetzungen wie Definitionen genau zu studieren, in anderen Tatbeständen des Deliktsrechts wird oft Bezug auf § 823 I BGB, bzw. auf dessen Tatbestandsmerkmale, genommen oder die Voraussetzungen sind schlicht gleich. Das Deliktsrechts ist sehr geeignet, beim Lernen Synergieeffekte zu erzielen, die gewissenhafte Auseinandersetzung mit der Prüfung des § 823 I BGB ist wichtigste Voraussetzung dafür.

1. Rechtsgutverletzung

§ 823 I BGB schützt die im Absatz aufgezählten Rechte und Rechtsgüter. Dabei handelt es sich um **Leben, Körper, Gesundheit und (Fortbewegungs-)Freiheit sowie das Recht des Eigentums**. Wegen der Auflistung der sonstigen geschützten Rechte eines anderen nach der Listung des Eigentums mit der Verbindung „oder“ ergibt sich, dass nur eigentumsähnliche Rechte geschützt sind. Dabei handelt es sich vor allem um den berechtigten Besitz, das Recht am eingerichteten und ausgeübten Gewerbebetrieb, dingliche Rechte (Grund-, Mobiliarpfandrechte, Nießbrauch, Dienstbarkeit), das Namensrecht sowie das Recht am eigenen Bild. Daneben ist das allgemeine Persönlichkeitsrecht als sonstiges Recht i.S.d.

§ 823 I BGB anerkannt. Das konkret verletzte Rechtsgut ist in dem ersten Prüfungspunkt zu thematisieren, als Überschrift wird idealerweise Rechtsgutverletzung gewählt, um sodann die möglichen, verletzten Rechtsgüter zu untersuchen. Definitorisch Kenntnis ist hier von besonderer Bedeutung.

a. Leben

Das Leben ist geschädigt, wenn ein Mensch getötet wird. Die Bedeutung der Haftung liegt vor allem darin, dass infolge der Tötung eines Menschen auch bestimmte Schäden Dritter ersatzfähig sind. So sind neben den Beerdigungskosten auch Unterhaltsschäden Dritter zu ersetzen, welchen der Getötete gesetzlich unterhaltspflichtig war. Nach § 844 III haben die dort näher bezeichneten Hinterbliebenen auch Anspruch auf das sog. Angehörigenschmerzensgeld. Eine Verletzung des Lebens kommt nur beim Ableben von Menschen in Betracht, getötete Tiere sind aufgrund der einschlägigen Vorschriften wie Sachen zu behandeln und die Hieraus entstandenen Schäden sind mithin am ehesten wegen der Verletzung des Eigentums zu regulieren, nicht aber wegen einer Verletzung des Rechtsgutes Leben.

b. Körper & Gesundheit

Eine Körperverletzung liegt bei einem Eingriff in die körperliche Integrität, mit der eine Gesundheitsverletzung nicht verbunden sein muss, vor. Nach der üblichen Definition wird der Begriff der Körperverletzung weit verstanden als unbefugter Eingriff in die Integrität der körperlichen Befindlichkeit, nicht erforderlich ist indes, dass bei diesem Eingriff Schmerzen oder Unbehagen entstehen, ein Integritätsverlust reicht aus.

Eine Gesundheitsverletzung liegt vor, wenn eine Krankheit verursacht wird. Dabei kann es sich auch um eine psychische Störung handeln oder um physische. Als Gesundheitsverletzung wird jedes Hervorrufen oder Steigern eines von den normalen körperlichen Funktionen nachteilig abweichenden Zustandes angesehen, wobei unerheblich ist, ob Schmerzzustände auftreten oder bereits eine tiefgreifende Veränderung der Befindlichkeit eingetreten ist. Gänzlich unerheblich darf die Veränderung auch nicht sein, da leichteste Zustandsveränderungen ganz alltäglich sind und daher noch keine Abweichung vom Normalzustand darstellen, eine pelzige Zunge oder ein bloßes Kribbeln in Gliedmaßen sind wohl vom Normalzustand abweichend, indes nicht erheblich genug.

Abgetrennte Körperteile unterliegen nur dann dem Schutz von Körper und Gesundheit, wenn sie nur vorübergehend vom Körper abgetrennt sind, sonst handelt es sich dabei um Sachen.

c. Freiheit

Mit dem Begriff der Freiheit schützt § 823 I BGB ausschließlich die körperliche Fortbewegungsfreiheit. Das Rechtsgut Freiheit beschränkt sich nach nahezu einhelliger Ansicht auf den Schutz der Durchsetzung des Willens einer Person, sich frei zu bewegen, wann und wohin sie will; während die allgemeine Handlungs- und Entschlussfreiheit in ihrer Breite nicht umfasst ist. Eingriffe sind deswegen typischerweise ein Festhalten, Anbinden oder Einsperren oder durch die Veranlassung einer behördlichen Freiheitsentziehung etwa durch eine Falschanzeige. Keine Freiheitsverletzung stellt aber die Verursachung eines Verkehrsstaus für den darin feststeckenden Autofahrer dar, da die Bewegungsfreiheit nicht im ausreichend deliktischen Maße eingeschränkt wird.

d. Eigentum

§ 903 BGB definiert das Eigentum als ein umfassendes rechtliches Herrschaftsrecht über eine Sache. Geschützt wird das Eigentum an körperlichen Gegenständen i.S.d. § 90 BGB in seiner zivilrechtlichen Ausprägung. Ein Eigentümer hat danach umfangreiche Befugnisse, denn er kann mit seiner Sache nach Belieben verfahren und andere von jeder Einwirkung ausschließen, soweit nicht das Gesetz oder Rechte Dritter entgegenstehen. Hiernach bemisst sich auch, welche Verletzungen gem. § 823 I BGB ersatzpflichtig sind. Eingriffe in die Sachsubstanz oder Beschaffenheit, Einschränkungen des bestimmungsgemäßen Gebrauchs der Sache, in die Funktionsfähigkeit oder Haltbarkeit. Auch der sog. „Weiterfresserschaden“ sollte als Sonderfall Studierenden der höheren Ausbildungsstufen bekannt sein.

e. sonstige Rechte

Die **sonstigen Rechte** bilden den Abschluss einer – an sich – erschöpfenden Aufzählung von geschützten Rechtsgütern i.S.d. § 823 I BGB. Weil die sonstigen Rechte nicht ausdrücklich benannt sind, stellen sie, insbesondere im Grundstudium, einen begehrten Prüfungsstoff im Deliktsrecht dar. Entsprechende Prüfungsfragen erlauben es, Herleitungsfähigkeit und Verständnis der Reichweite des Deliktsrechtsschutzes außerhalb bekannter Prüfungsschemata abzufragen, z.B. bei der Prüfung der Rechtswidrigkeit von Rahmenrechten. Der Beitrag betrachtet und systematisiert die gängigsten „sonstigen Rechte“ im § 823 I BGB.

Von besonderer Bedeutung im Rahmen der dinglichen Rechte sind die sog. beschränkt dinglichen Rechte. Diese werden zwar aus dem absoluten Eigentumsrecht abgeleitet, stellen zugleich aber nur einen Ausschnitt dessen dar. Der Inhaber des Rechts kann lediglich einzelne, im Vergleich zum Volleigentum also beschränkte Rechte geltend machen, die normalerweise dem Eigentümer zustehen würden.

Zu den beschränkt dinglichen Rechten, welche i.R.d. § 823 I BGB geschützt werden, gehören zunächst Nutzungs-, Grundpfand- und Verwertungsrechte. Neben den Nutzungsrechten wie Erbbau- oder Wegerechten, Dienstbarkeiten oder dem Nießbrauch stehen das Grundpfand- und die Verwertungsrechte wie Hypothek, Grundschuld, Reallast an Immobilien, Pfandrechte an beweglichen Sachen und die dinglichen Vorkaufsrechte. Seit jeher wird problematisiert, ob die Rechtsposition des Besitzes als sonstiges Recht i.R.d. § 823 I geschützt ist. Nicht nur ist dabei bereits das Wesen des Besitzes umstritten, also ob der Besitz überhaupt ein Recht darstellt, sondern zugleich wird zwischen den einzelnen Arten des Besitzes zu unterscheiden.

Anerkannt ist der Schutz des unmittelbar berechtigten Besitzes; dieser konstituiert in den §§ 859 ff. BGB statuierte, umfassende Nutzungs- und Abwehrrechte, welche dem Besitzer eine eigentümerähnliche Position verschaffen. Besondere Relevanz hat dieser Schutz für den Mieter, welcher bei Beschädigung der Mieträume durch einen Dritten Schadensersatz von diesem verlangen kann. Ebenso wird konsequenterweise der Mitbesitzer – auch und gerade im Verhältnis zu anderen Mitbesitzern – geschützt: Wenn nämlich dem unmittelbar berechtigten Besitzer ein Schutz eingeräumt wird, so sollte dies erst recht für Mitbesitzer untereinander gelten, die regelmäßig kein Schuldverhältnis verbindet.

Ebenso wird nach der wohl herrschenden Meinung der **mittelbare Besitzer geschützt**. Dies gilt allerdings nicht im Verhältnis zum unmittelbaren Besitzer, denn einerseits stehen ihm keine Besitzschutzansprüche zu und andererseits ist der mittelbare Besitzer bereits ausreichend durch das aus dem Besitzmittlungsverhältnis entstehende Schuldverhältnis geschützt.

Hingegen wird grundsätzlich der unberechtigte Besitzer nicht i.R.d. § 823 I BGB geschützt, denn ihm stehen zumindest keine Nutzungsrechte zu. Eine Ausnahme wird teilweise für den unberechtigten entgeltlichen Besitz gemacht, sofern der Besitzer redlich und unverklagt ist.

Eigentumsähnlich und damit als sonstiges Recht i.R.d. § 823 I BGB geschützt sind zudem sogenannte Aneignungsrechte. Grundsätzlich gestatten Aneignungsrechte die Nutzung von natürlichen Ressourcen.

Beispielhaft stehen hierfür das Jagd- und Fischereirecht. Schießt und entwendet ein Dritter Wild auf dem Jagdgebiet des Jagdrechtsinhabers, so entsteht regelmäßig ein Anspruch aus § 823 I BGB. Allerdings kann dieser Anspruch nicht auf die Verletzung des explizit aufgelisteten Eigentums in Absatz 1 gestützt werden. Wild ist grundsätzlich herrenlos und gelangt gem. § 958 I BGB erst in das Eigentum, wenn es in Besitz genommen wird. Sofern dies nicht der Fall ist, kann demnach durch das Schießen und Entwenden des Wilds das Eigentum des Jagdberechtigten nicht verletzt werden. Um den Inhaber des Aneignungsrechts dennoch nicht schutzlos zu stellen, ist das Aneignungsrecht unstrittig „sonstiges Recht".

Immaterialgüterrechte werden ebenfalls als absolute Rechte i.R.d. § 823 I BGB geschützt. Auch Immaterialgüterrechte sind Rechte, die Dritte von der Nutzung eines bestimmten Gutes ausschließen. Hierunter fallen insbesondere das Urheberrecht und das Patentrecht. Gleichwohl ist ihre Relevanz im Rahmen der sonstigen Rechte des § 823 I BGB eher gering;

maßgeblich liegt dies an der Subsidiarität gegenüber den hochdifferenzierten spezialgesetzlichen Regelungen. In den allermeisten Ausbildungsabschnitten, ganz gleich, ob am Anfang oder in den Fortgeschrittenenveranstaltungen wird es in der Prüfung nicht dazu kommen, die dezidierte Richtigkeit oder das Vorhandensein einer Immaterialgüterrechtsverletzung zu prüfen. Patent- und Markenrechte sind Gegenstand von Sonderausbildung und nicht im normalen deliktsrechtsrechtlichen, gar zivilrechtlichen, Curriculum zu verorten.

Das Recht am eingerichteten und ausgeübten Gewerbebetrieb ist sicher eines der bekanntesten sonstigen Rechte i.S.d. § 823 I BGB und wurde durch die Rechtsprechung primär zur Füllung etwaiger Schutzlücken als Auffangtatbestand entwickelt. Auch deshalb wird in Bezug auf das Recht am eingerichteten und ausgeübten Gewerbebetrieb von einem sog. Rahmenrecht gesprochen, denn es umfasst als Auffangtatbestand eine ganze Reihe von Einzelrechten. Die Besonderheit dieser Rahmenrechte schlägt sich in der Prüfung der Rechtswidrigkeit nieder. Im Gegensatz zu den „Nicht-Rahmenrechten" innerhalb des § 823 I BGB bedarf es einer gesonderten Feststellung der Rechtswidrigkeit.

Das Schutzgut im Rahmen des **eingerichteten und ausgeübten Gewerbebetriebs** ist, das Unternehmen als solche Schutzobjekt ist dabei das Unternehmen in seiner Gesamtheit, Schutzsubjekt ist der Geschäftsinhaber, wenngleich nicht der Geschäftsführer oder Gesellschafter. Konstitutiv ist, dass der Gewerbetrieb bereits besteht, mithin also eine gegenständliche Verkörperung erkennen lassen.

Der Begriff des Gewerbetriebs umfasst dabei, „was in seiner Gesamtheit den Gewerbebetrieb zur Entfaltung und Betätigung in der Wirtschaft befähigt, also nicht nur Betriebsräume und -grundstücke, Maschinen und Gerätschaften, Einrichtungsgegenstände und Warenvorräte, sondern zudem Geschäftsverbindungen, Kundenkreis und Außenstände". Erkennbar ist, dass der Begriff „Gewerbebetrieb" weit zu verstehen ist.

Betrachtet man allein die Schutzrichtung und die entsprechenden Schutzgüter im Zusammenhang mit dem Eingriff in den eingerichteten und ausgeübten Gewerbebetrieb – also alles, was den wirtschaftlichen Wert eines Unternehmens ausmacht – so drängt sich der Eindruck eines uferlosen, konturschwachen Schutzes auf. Um diese Ausuferung einzudämmen, hat die Rechtsprechung das Kriterium der Betriebsbezogenheit entwickelt: Der Eingriff in die geschützten Güter des Betriebes muss in „qualifizierter Form" erfolgen. Im Kontext des § 823 I BGB ist ein Eingriff danach dann betriebsbezogen, wenn sich der Eingriff gegen den Betrieb als solchen richtet und nicht lediglich vom Gewerbebetrieb ablösbare Rechtspositionen beeinträchtigt. Was zunächst schwammig und schwer greifbar klingt, soll mittelbare und nicht zielgerichtete Beeinträchtigungen aus dem Anwendungsbereich ausnehmen. In erster Linie handelt es sich damit um ein qualitatives Korrektiv, der Eingriff muss nämlich „die Grundlagen des Betriebes bedrohen oder gerade den Funktionszusammenhang der Betriebsmittel auf längere Zeit aufheben oder seine Tätigkeit als solche in Frage stellen".

Bereits die Frage der Zielgerichtetheit des Eingriffs als notwendiges Kriterium der Betriebsbezogenheit lässt vermuten, dass die Beurteilung sich, trotz dogmatischer Bedenken auf Grund der Einordung außerhalb des Verschuldens, zumindest auch aus der Willensrichtung des Schädigers ergibt. Leicht lässt sich dabei ein vorsätzliches Handeln des Schädigers vorstellen, wie etwa das bewusste und willentliche Versperren des Zugangs zum Betriebsgelände. Schwieriger vorstellbar sind die Betriebsbezogenheit und Zielgerichtetheit bei einem fahrlässigen Handeln. Möglich ist dies beispielsweise dann, wenn ein Schutzrechtsinhaber auf Grund fahrlässiger Verkennung der Rechts- oder Sachlage eine unberechtigte Schutzrechtsverwarnung gegenüber einem Betriebsinhaber ausspricht.

Selbst wenn die Rechtsprechung eine klare Tendenz des Schutzgutumfangs aufzeigt, so ist es den Rahmenrechten inhärent, dass ihr Schutzumfang schwach konturiert ist. Zugleich indiziert ihre Verletzung – anders als die meisten anderen Rechtsgutverletzungen i.R.d. § 823 I BGB – nicht die Rechtswidrigkeit. Vielmehr, das ist unbedingt in der Prüfung zu beachten, muss die Rechtswidrigkeit positiv festgestellt werden. Dabei ist der Eingriff in den eingerichteten und ausgeübten Gewerbebetrieb nur dann rechtswidrig, wenn eine Interessensabwägung zeigt, dass das beeinträchtigte Interesse das geschützte Interesse überwiegt; die bloße Rechtsgutverletzung durch eine geeignete Verletzungshandlung reicht nicht aus. Das Recht am eingerichteten und ausgeübten Gewerbebetrieb ist ein sogenannter offener Tatbestand, dessen Inhalt und Grenzen sich erst aus einer Abwägung mit den im konkreten Einzelfall kollidierenden Interessen anderer ergeben, in der Prüfung wird diese Abwägung regelmäßig bei der Feststellung der Rechtswidrigkeit zu verorten sein. Es gilt im Rahmen der Abwägung zu identifizieren, welches Recht bei dem Geschädigten beeinträchtigt wurde und welches Recht den Schädiger rechtfertigen könnte.

Oft wird seitens des Geschädigten auf das Eigentumsrecht i.S.d. Art. 14 I GG oder die Berufsfreiheit i.S.d. Art. 12 I GG verwiesen werden, seitens des Schädigers streiten oft Meinungsfreiheit (Art. 5 I 1 GG) oder allgemeine Handlungsfreiheit (Art. 2 I GG).

Aus den Interessen der Öffentlichkeit, anderer Unternehmen und Gewerbetreibender und Privater ergibt sich, dass gerade nicht jeder Eingriff die Rechtswidrigkeit indiziert, nicht bei jedem Eingriff überwiegt automatisch das Interesse des Gewerbetreibenden.

Nicht nur ergibt sich aus dem Charakter als Rahmenrecht und Auffangtatbestand, dass es regelmäßig an einer Indikation der Rechtswidrigkeit fehlt. Die Einordnung bedeutet auch, dass der Schutz am eingerichteten und ausgeübten Gewerbebetrieb gegenüber spezielleren Regelungen subsidiär ist und Ansprüche mit entsprechender Schutzrichtung dem Recht am eingerichteten und ausgeübten Gewerbebetrieb regelmäßig vorgehen.

Anderes liegt es bei einer vorsätzlichen Schädigung. In diesen Fällen bedarf es keiner Privilegierung des Schädigers und es kann neben etwaiger Haftungsnormen auf den Schutz am eingerichteten und ausgeübten Gewerbebetrieb zurückgegriffen werden.

Neben dem Schutz am eingerichteten und ausgeübten Gewerbebetrieb handelt es sich beim allgemeinen Persönlichkeitsrecht aus Art. 2 I i.V.m. Art. 1 I GG ebenso um ein Rahmenrecht. Die sich daraus ergebenen Konsequenzen sind kongruent. Auch hier muss die Rechtswidrigkeit durch eine Interessensabwägung positiv festgestellt werden. Nicht immer galt das allgemeine Persönlichkeitsrecht als sonstiges Recht i.R.d. § 823 I. In Zeiten digitaler Medien und Verletzungsmöglichkeiten auf psychischer Ebene sowie der stetig steigenden Bedrohung der Privat- und Intimsphäre jedoch galt es, angemessene Sanktionsinstrumente für realisierte Bedrohungen zu finden. Heute lässt sich das allgemeine Persönlichkeitsrecht im Rahmen der sonstigen Rechte des § 823 I BGB als Beispiel der mittelbaren Drittwirkung von Grundrechen heranziehen: § 823 I BGB dient als Einfallstor für das Grundrecht aus Art. 2 I i.V.m. Art. 1 I GG.

Mit Blick auf diese Wirkungsweise unterscheidet sich die Prüfung des Eingriffs in das **allgemeine Persönlichkeitsrecht** zunächst nicht von der bekannten Grundrechtsprüfung. Als Schutzgut können demnach auch die gleichen Güter herangezogen werden. So ist (wenngleich nicht abschließend) Rechtsträger gem. Art. 2 I i.V.m. Art. 1 I GG jede natürliche und juristische Person sowie der nichtrechtsfähige Verein. Der sachliche Schutzbereich umfasst das Recht zur freien persönlichen Entfaltung. Hierunter werden, das Recht zur Selbstbestimmung, -bewahrung und -darstellung und damit das Recht am eigenen Bild, am eigenen Wort, auf Gegendarstellung, die informationelle Selbstbestimmung, Ehre, das postmortale Persönlichkeitsrecht sowie das Recht auf Gewährleistung der Vertraulichkeit und Integrität informationstechnischer Systeme gefasst.

Typische Abwägungsprobleme treten auf, wenn das Recht der sog. „informierten Öffentlichkeit" zusammen mit der Presse- und Rundfunkfreiheit auf der einen Seite und der Schutz der eigenen Persönlichkeit auf der anderen Seite abgewogen werden müssen, Daten gegen oder über den Willen eines Betroffenen hinaus erhoben oder gespeichert werden und Namensrechte verletzte werden.

So ist beispielsweise das dauerhafte Aufbewahren eines Personalfragebogens mit privaten Angaben eines abgelehnten Bewerbers geeignet, dessen Persönlichkeitsrecht zu verletzen. Die Rechtswidrigkeit des Eingriffs ist in solchen Konstellationen allerdings dann nicht indiziert, wenn die Daten freiwillig zur Nutzung überlassen wurden.

Benutzt jemand unbefugt einen fremden Namen, insbesondere zu Werbezwecken, ohne dass die beteiligten Verkehrskreise das Produkt als Erzeugnis des Namensträgers ansehen, liegt mangels Zuordnungsverwirrung zwar kein Eingriff in das Namensrecht des § 12 vor, doch wird grundsätzlich das allgemeine Persönlichkeitsrecht verletzt. Dabei ist irrelevant, ob der Namensgebrauch zu einem Ansehensverlust oder einer sonstigen Diskreditierung des Namensträgers führt, denn es steht allein dem Namensträger zu, über die Verwendung seines Namens zu Werbe- oder sonstigen Zwecken zu entscheiden, folglich hat die Tatbestandsmäßigkeit auch Indikationswirkung für die Rechtswidrigkeit.

2. Verletzungshandlung

Weiterhin ist im Tatbestand des § 823 I BGB die Verletzungshandlung zu prüfen. In diesem Zusammenhang kann die „Handlung" sowohl aus einem aktiven Tun als auch aus einem pflichtwidrigen Unterlassen bestehen. In besonders vollständigen Arbeiten wird zuerst kurz verneint, dass der Anspruchsgegner eine aktive Handlung vollzogen hat, um sich sodann dem Unterlassen zuzuwenden. Hier wiederum sollte zuerst geprüft werden, ob es eine Pflicht zum Handeln gegen hat und sodann, ob durch das Unterlassen auch gegen diese Pflicht verstoßen worden ist. Im Unterlassen kann es lohnenswert sein, sich eine Handlungspflichtengruppe zu merken. Typische Beispiele sind Handlungsverpflichtungen aus Ingerenz, aus Gesetz oder Garantenstellung aufgrund von Fürsorgepflichten, Verkehrssicherungspflichten oder das Bilden einer Gefahrgemeinschaft.

a. Tun

Ausgangspunkt eines Schadensersatzanspruchs gem. § 823 I BGB ist eine Handlung, also ein menschliches Tun, das der Bewusstseinskontrolle und Willenslenkung unterliegt und somit zumindest beherrschbar ist. Keine Handlung sind daher körperliche Bewegungen, die auf physischem Zwang von außen beruhen. Gleiches gilt für Bewegungen im Stadium der Bewusstlosigkeit, während des Schlafes oder bei erheblicher alters- bzw. krankheitsbedingter Geistesschwäche oder Reflexbewegungen. Hier fehlt an der Willenssteuerung.

b. Unterlassen

Wer von einem bestimmten Verhalten Abstand nimmt, ist mangels Handlung an sich nicht haftbar. Dies schließt andererseits nicht von vornherein aus, unter bestimmten Umständen ein Unterlassen einem aktiven Tun gleichzustellen – auch, weil die Grenzen zwischen beiden fließend sind. Da aber keine allgemeine Rechtspflicht besteht, Dritte vor Gefahren zu schützen, bleibt eine Tatbestandsverwirklichung durch Unterlassen die Ausnahme und ist nur dann anzunehmen, wenn den Schädiger eine spezifische Pflicht zum Handeln getroffen hat. Diese Pflichten lassen sich zwar notfalls auch durch Billigkeitserwägungen herbeiargumentieren, in der Ausbildung und der entsprechenden Prüfung dürfte das jedoch die Ausnahme sein. Hier kommt es darauf an, sicher mit den nachstehenden Fallgruppen umgehen zu können.

Bereits gemessen an der schieren Menge aktueller Gerichtsentscheidungen sind die sog. Verkehrssicherungspflichten eine praktisch überaus wichtige Grundlage für eine Pflicht zu aktivem Handeln. Verkehrssicherungspflichtig ist jeder, der eine Gefahrenlage schafft, etwa durch eine von ihm kontrollierte gefährliche Sache oder durch gefährliches Verhalten, ihn trifft die Pflicht, die notwendigen und zumutbaren Vorkehrungen zu treffen, um eine Schädigung anderer möglichst zu verhindern. Typische Ausbildungsbeispiele können der Gartenteich, die Baustelle oder der umgeräumte Gehweg oder die hügelige Einfahrt sein.

Darauf, dass eigentlich die Gefahr auf privatem Grund und Boden „unterhalten" wird, kommt es nicht an. In gewissem Maße muss den Verkehr auch vor Gefahren schützen, die er nur durch das Übertreten von Privatgelände erreicht.

Als Gegenstück zu den Verkehrssicherungspflichten, verstanden als Verantwortlichkeit für eine besondere Gefahrenlage, kann den Schädiger auch dann eine Pflicht zum Handeln treffen, wenn er für den Geschädigten in besonderer Weise verantwortlich ist, also keine Verantwortung für eine Gefahr übernehmen muss, sondern für eine Person. Wenn einem Schädiger eine **Garantenstellung** zukommt, die ihm eine rechtliche Pflicht auferlegt, den deliktischen Erfolg zu verhindern, ist das Unterlassen dieser Verhinderung gerade tatbestandsrelevant i.S.d. § 823 I BGB. Eine sittliche Pflicht oder die bloße Möglichkeit, den Erfolg abzuwenden, genügen hier aber nicht, vielmehr muss sich in Ansehung einer (auch abstrakten) Gefahr ausdrücklich oder zumindest schlüssig und ohne jeden Zweifel dafür ausgesprochen worden sein, für den anderen einzustehen. Durch **vertragliche Übernahme** kann eine Garantenpflicht entstehen, weshalb regelmäßig etwa der Träger und das Personal von Krankenhäusern sowie der Arzt im Rahmen seiner Behandlung den Patienten vor Schäden bewahren müssen. Aus **Ehe und Familie** wird ebenfalls eine Garantenstellung aufgrund der immanenten sozialen Nähebeziehung angenommen, Eltern trifft gegenüber ihren Kindern eine besondere Fürsorge- und Obhutspflicht. Darüber hinaus ist jedoch nicht von einer allgemeinen Haftung innerhalb der Hausgemeinschaft auszugehen. **Lebens- oder Gefahrgemeinschaft** lassen ebenfalls Garantenpflichten entstehen. Aus einer engen, nicht nur zufälligen Lebens- oder Gefahrgemeinschaft folgen, etwa aus einer nichtehelichen Lebensgemeinschaft oder einer auf gegenseitige Hilfe angewiesenen Gruppe von Bergsteigern entstehen Garantenpflichten; nicht jedoch beispielsweise bei einer Fahrgemeinschaft zwecks gemeinsamen Drogenkonsums in den Niederlanden, ebenso wenig genügt das gemeinsame Wohnen in einer Wohngemeinschaft, gleich ob in einem Studentenwohnheim oder eine Altersresidenz. Nahe an der Billigkeitshandlungspflicht sowie an der Verkehrssicherungspflicht ist die sog. Haftung aus **Ingerenz**. Eine Garantenstellung kann sich hiernach aus vorangegangenem gefahrerhöhendem Tun ergeben, ob das Tun dabei isoliert betrachtet rechtswidrig ist, ist nicht entscheidend.

3. Haftungsbegründende Kausalität

Nur derjenige, der für eine Rechtsverletzung einzustehen hat, also auf dessen Verhalten der Verletzungserfolg zurückzuführen ist, soll auch zur Haftung herangezogen werden. Im Rahmen der Kausalität erfolgt diese Zurechnung des Einstehenmüssen Ebenso selbstverständlich ist es, dass er nur für den Schaden zu haften hat, der aus der von ihm verursachten Rechtsverletzung folgt. Der Ursachenzusammenhang muss also zwischen der Handlung und dem dadurch bewirkten Verletzungserfolg bestehen, in einem ersten Schritt ist also die haftungsbegründende Kausalität zu prüfen.

a. äquivalente Kausalität

In einem ersten Schritt ist festzustellen, ob die Schädigungshandlung die Rechtsgutverletzung überhaupt naturwissenschaftlich kausal bewirkt hat. Dies geschieht anhand der *conditio-sine-qua-non*-Formel. Nach dieser Formel ist jede Ursache kausal, die nicht hinweggedacht werden kann, ohne dass die Rechtsgutverletzung wegfiele. Würde man nur diese Formel zum Feststellen von Kausalzusammenhängen im Rahmen einer Tatbestandserfüllung benutzen und ließe sie uneingeschränkt, wären unter wertenden Gesichtspunkten viel zu viele Dinge schadensrechtlich kausal. Da nach der Formel ist jede Ursache gleich – äquivalent – behandelt wird, heißt diese Lehre auch Äquivalenztheorie der Prüfungspunkt wird deswegen manchmal als „äquivalente Kausalität" oder „Äquivalenztheorie" bezeichnet. Die äquivalente Kausalität eingeschränkt, indem im Anschluss die adäquate Kausalität und der Schutzzweck der Norm geprüft werden. Beide Prüfungspunkte verengen den ansonsten sehr weiten Zurechnungszusammenhang der äquivalenten Kausalität.

b. adäquate Kausalität

Die Äquivalenztheorie, die nur den geringsten Beitrag zur Ursache berücksichtigt, kann dazu führen, dass Handlung und Schaden aufgrund unglücklicher Umstände räumlich oder zeitlich so weit voneinander entfernt sind, dass es trotz Kausalität unangemessen erscheint, den Schädiger für den Schaden verantwortlich zu machen. Um die Haftung des Schädigers zu begrenzen und ihm nicht das allgemeine Lebensrisiko anderer aufzubürden, wird die objektive Zurechnung nicht nur äquivalent durchgeführt, es wird auch die Adäquanztheorie geprüft. Nach ihr muss die Handlung „im Allgemeinen und nicht nur unter besonders eigenartigen, ganz unwahrscheinlichen und nach dem regelmäßigen Verlauf der Dinge außer Betracht zu lassenden Umständen zur Herbeiführung eines Erfolges der eingetretenen Art geeignet sein.

c. Schutzzweck der Norm

Im dritten Schritt ist noch zu prüfen, ob trotz des festgestellten Kausalzusammenhangs, nicht doch eine Zurechnung verneint werden muss. Es handelt sich fraglos um eine wertende Einschränkung des Zurechnungszusammenhang Sinn dieses Kriteriums „Schutzzweck der Norm" ist es, ganz ähnlich wie bei der Prüfung der Adäquanztheorie, dem Schädiger bestimmte Rechtsgutverletzungen trotz kausaler Verursachung nicht anzulasten. Die Selbstschädigung tritt hingegen zurück und eine Zurechnung kommt wiederum in Betracht bei den sog. Herausforderungs- bzw. Verfolgungsfällen, also wenn ein Schädiger bei dem Geschädigten „eine mindestens im Ansatz billigenswerte Motivation zu dessen selbstgefährdendem Verhalten gesetzt hat, die etwa auf Pflichterfüllung, Abwehr oder Nothilfe beruhen kann". Die Haftung steht allerdings unter der Prämisse, dass die mit dem Verhalten des Geschädigten verbundenen Risiken nicht außer Verhältnis zu dessen Zweck standen, und sie ist dem Umfang nach auf denjenigen Schaden beschränkt, der gerade auf der gesteigerten Gefahrenlage beruht.

4. Rechtswidrigkeit

Die Rechtswidrigkeit der Schädigung wird bei einer unmittelbaren Verletzung der in § 823 I BGB benannten Rechtsgüter vermutet, man spricht in der Ausbildung und in der Prüfung auch davon, dass die Rechtswidrigkeit durch eine schädigende Verletzungshandlung „indiziert" ist. Zu prüfen ist dann nur noch, ob sich der Schädiger nicht durch einen Vortrag rechtfertigen kann. Besteht allerdings Abwesenheit von Rechtfertigungsgründen, wie zum Beispiel Einwilligung, Notwehr (§ 227 BGB), Notstand (§ 228 BGB) oder der Selbsthilfe (§ 229 BGB), ist der Prüfungspunkt zu bejahen. Bei lediglich mittelbaren Verletzungen, in welchen der Verletzungserfolg nur die entfernte Folge einer Handlung ist, muss die Rechtswidrigkeit positiv festgestellt werden.

Wichtig ist bei dieser Prüfung zu beachten, dass das Rechtsgutverletzen eines aufgezählten Rechtsgutes durch aktives Tun stets die Rechtswidrigkeit indiziert. Wird allerdings ein Unterlassen geprüft oder ist ein sog. Rahmenrecht verletzt, entfällt die Indikation hinsichtlich der Rechtswidrigkeit und es ist positiv festzustellen, dass das Verhalten des Schädigers objektiv gegen die Rechtsordnung verstößt.

5. Verschulden

Die Haftung setzt Vorsatz oder Fahrlässigkeit i.S.d. § 276 II BGB voraus, mithin muss der Schuldner die Rechtsgutverletzung auch verschulden, sie muss ihm also subjektiv vorwerfbar sein. Auf die Schäden, also insbesondere die Schadenshöhe, muss sich das Verschulden nicht erstrecken. Ausgeschlossen ist das Verschulden bei fehlender Deliktsfähigkeit i.S.d. §§ 827, 828 BGB.

a. Verschuldensfähigkeit

Übergeordnete Voraussetzung ist die in §§ 827 ff. BGB geregelte Delikts- oder Verschuldensfähigkeit des Schädigenden. Minderjährige sind gem. § 828 I BGB ab Vollendung des siebten Lebensjahrs deliktsfähig. Wegen der Komplexität insbesondere des Straßenverkehrs ist die Deliktsfähigkeit für Schäden, die ein Minderjähriger bei einem Unfall unter Beteiligung eines Kfz, bzw. einer Schienen- oder Schwebebahn, durch § 828 II BGB auf das Alter von zehn Jahren angehoben. Ausgeschlossen ist die Haftung nach § 827 S. 1 BGB auch, wenn der Schaden im Zustand der Bewusstlosigkeit oder in einem dauerhaften, die freie Willensbestimmung ausschließenden Zustand krankhafter Geistesstörung verursacht wurde. Ist dieser Zustand, beispielsweise durch Alkohol- oder Drogenmissbrauch) nur von vorübergehender Natur, so haftet der Verursacher nach § 827 S. 2 BGB wegen Fahrlässigkeit, sofern er nicht ohne Verschulden in diesen Zustand geraten ist. Eine Ausnahme macht § 829 BGB, der in allen Fällen fehlender Deliktsfähigkeitshaftung die Möglichkeit einer Billigkeitshaftung eröffnet, die vor allem dann eingreifen kann, wenn die Vermögensverhältnisse von Schädiger und Geschädigtem es geboten erscheinen lassen.

b. Schuldhaftes Handeln

Wenn der Prüfungspunkt der Verschuldensfähigkeit abgearbeitet ist, stellt sich die Frage nach dem schuldhaften Handeln des Verschuldensfähigen. Das schuldhafte Hadeln liegt im Sinne des § 276 BGB sowohl bei Vorsatz, als auch bei Fahrlässigkeit vor. Bei der Unterscheidung von Vorsatz und Fahrlässigkeit spricht man auch von der Differenzierung des sog. Verschuldensgrads. Die stärkere Form des Verschuldens ist das vorsätzliche Handeln. Vorsatz bezeichnet grundsätzlich das Wissen und Wollen des pflichtwidrigen Erfolges, wie im Strafrecht ist hiervon umfasst, dass der Handelnde den pflichtwidrigen Erfolg vorausgesehen und sein Eintreten in seinen Willen aufgenommen hat. Es genügt, dass der Schädigende diesen pflichtwidrigen Erfolg zwar nicht unbedingt gewollt hat, sein Eintreten aber billigend in Kauf genommen hat. Dieses billigende Inkaufnehmen wird auch als **dolus eventualis** bezeichnet. Als weiteres schuldhaftes Handeln kommt das fahrlässige Handeln in Betracht, der Begriff der Fahrlässigkeit ist im Gesetz definiert. Gem. § 276 II BGB handelt fahrlässig, wer die im Verkehr erforderliche Sorgfalt außer Acht lässt.

Ferner wird in § 277 BGB der Begriff der **groben Fahrlässigkeit** vorausgesetzt, aber nicht definiert. Grob fahrlässig handelt, wer handelt die im Verkehr erforderliche Sorgfalt in besonders schwerem Maße verletzt wird und schon einfachste, ganz naheliegende Überlegungen nicht anstellt und deshalb das nicht beachtet, was im konkreten Fall jedem hätte einleuchten müssen.

Im Zivilrecht ist der hier anzulegende Sorgfaltsmaßstab objektiv, es fehlt der subjektive (persönliche) Maßstab bei der Beurteilung. Der Rechtsverkehr soll sich darauf verlassen können, dass die handelnden Personen die Kenntnisse und Fähigkeiten haben, die man objektiv erwarten kann, ein objektiver Maßstab dient damit dem Schutz des Rechtsverkehrs und seiner Rechtsgüter. Vielfach wird die Vorhersehbarkeit als weiteres Prüfkriterium in der Fahrlässigkeit genannt, in den seltenen, eher akademischen Konstellationen, in denen kein atypischer Kausalverlauf vorliegt, aber doch ernstlich eine **Unverhersehbarkeit** geprüft werden muss, kann darauf rekurriert, dass sich Vorhersehbarkeit der Gefahr gerade Voraussetzung für die Fahrlässigkeit ist, sich also auf den Haftungsgrundtatbestand bezieht, nicht aber auf den Schaden, nur so kann man einen denkbaren Unterschied zwischen der Prüfung der adäquaten Kausalität und der Vorhersehbarkeit im Rahmen der Fahrlässigkeitsprüfung im Verschulden zielgerichtet ausmachen. Letztlich liegt eine vorwerfbare fahrlässige Handlung nur vor, wenn der vorhersehbare Erfolg auch hätte vermieden werden können.

6. Schaden

Inhalt und Umfang des zu ersetzenden Schadens sind allgemein für alle Haftungstatbestände in den §§ 249 ff. BGB geregelt. Ausgangspunkt ist dabei der Grundsatz der Naturalrestitution i.S.d. § 249 BGB, also der Grundsatz, dass der Schädiger den Zustand wieder herzustellen hat, der ohne das schädigende Ereignis bestünde. Nach § 249 II ff. BGB gelten hiervon jedoch auch Ausnahmen, nicht immer soll es dem Geschädigten zugemutet werden, die tatsächliche Wiederherstellung geschehen zu lassen, manchmal ist die Restitution auch schlicht nicht möglich.

Nach § 251 II BGB darf der Schädiger aber statt der Wiederherstellung in natura lediglich Wertersatz leisten, wenn die Herstellung nur mit unverhältnismäßigen Aufwendungen möglich ist, der § 251 II BGB ist deswegen eine Schuldnerprivilegierung, wie sie aus anderen Unverhältnismäßigkeitserwägungen beim Leistungspflichtigen bekannt ist. Ein klassisches Beispiel für die Möglichkeit, sich auf die Vorschrift berufen zu können liegt in dem Fall vor, in dem ein wirtschaftlicher Totalschaden, der typischerweise bei Reparaturkosten von über 130 % des Zeitwertes angenommen wird, gegeben ist. Gleiches gilt, wenn die Naturalrestitution i.S.d. § 251 BGB nicht möglich ist.

Auch immaterielle Schäden sind ersatzfähig. Während dafür im Wege der Naturalrestitution nach § 249 I BGB, z.B. durch Widerruf einer ehrenkränkenden Behauptung, keine Einschränkungen bestehen, ist eine Ersatzfähigkeit immaterieller Schäden nach § 253 I BGB nur in den durch Gesetz bestimmten Fällen möglich. Die Regel, dass für immaterielle Schäden wie Schmerzen, Kränkungen und Ehrverletzungen ein angemessenes Schmerzensgeld zu zahlen ist, ist i.S.d. § 253 BGB für alle Schäden berücksichtigungspflichtig.

7. Haftungsausfüllende Kausalität

Schließlich muss durch die Rechtsgutverletzung beim Opfer ein Schaden eingetreten sein, die sogenannte haftungsausfüllende Kausalität muss vorliegen. Auszugehen ist dabei von der Äquivalenztheorie, die allerdings durch die Adäquanztheorie und schließlich durch den Schutzzweck der Norm ergänzt werden. Im Endeffekt wird hier, meistens kürzer und unter Verweis nach oben, der Zusammenhang zwischen Rechtsgutverletzung und Schaden nur festgestellt. Einzelfälle, in denen die haftungsausfüllende Kausalität zu problematisieren ist, sind in der Ausbildung selten – es geht dann um ein Dazwischentreten Dritter, welches den Schadenseinschlag erhöht. Weil diese Haftungsausfüllende Kausalität gerade durch Aspekte eines Mitverschuldens gestört – aber nicht aufgehoben – sein kann, prüfen manche ein Mitverschulden i.S.d. § 254 BGB auch in der haftungsausfüllenden Kausalität. Andere wiederum prüfen dieses unter „Schaden", weil die Ermittlung des ersatzfähigen Schadens i.S.d. § 249 ff. BGB auch Frage danach ist, wie viel des Schadens der Schädiger überhaupt zu verantworten hat. Wieder andere verorten die Prüfung des Mitverschuldens lediglich „am Ende" der Anspruchsentstehung, weisen aber keinen gemeinsamen Prüfungspunkt zu, sondern würden – dem hiesigen Schema beispielhaft folgend – ein "8. Mitverschulden" einführen.

Hinweis: Das hier dargestellte Aufbauschema ist ein Vorschlag, der einen Kompromiss aus Komplexität und Übersichtlichkeit darzustellen versucht. Andere Aufbauvarianten sind denkbar. Gerade bei einfach gelagerten Tatbestandsprüfungen wird man nicht zwingend in „Haftungsbegründender Tatbestand" und „Haftungsausfüllender Tatbestand" unterteilen müssen.

Bei sehr komplexen Prüfungen und beim systematischen Lernen bietet es sich an, die drei Punkte „Rechtsgutverletzung", „Verletzungshandlung" und „Haftungsbegründende Kausalität" unter dem Punkt „Objektiver Tatbestand" zusammenzufassen.

Wie beinahe immer gilt, dass es sich um Vorschläge zum Anspruchsaufbau handelt, die keinen Anspruch auf exklusive Richtigkeit haben. In seltenen Fälle könnte es bspw. zwingend erforderlich sein, auch einen deliktischen Anspruch in „Anspruch entstanden", „Anspruch untergegangen" und „Anspruch durchsetzbar" zu gliedern. Wenn man sich indes gewahr macht, welche Prüfung hinter diesen Punkten steht, wird sich schnell feststellen lassen, in den allermeisten Klausuren hier kein Problem zu verorten sein wird. Die Unmöglichkeit einer Schadensersatzzahlung steht nicht in Rede, Verjährungsfristen sind vergleichsweise lang und der Tatbestand an sich schon komplex genug; trotzdem kann es sein, dass ein derartiger Aufbau sinnig ist aber hier eben nicht vorgeschlagen wird.

II. § 823 II BGB

I.	Anspruch entstanden
1.	Vorliegen eines Schutzgesetzes
2	Verletzung des Schutzgesetzes
3.	Geschädigter ist vom Schutzgesetz geschützt
4.	Rechtswidrigkeit
5.	Verschulden
6.	Schaden
7.	Haftungsausfüllende Kausalität
II.	Anspruch untergegangen
III.	Anspruch durchsetzbar

Während die Haftung nach § 823 I BGB an die Verletzung bestimmter Rechtsgüter anknüpft und damit insbesondere keinen Schadensersatzanspruch für sog. primäre Vermögensschäden gewährt, stellt § 823 II BGB eine schadensrechtliche kleine Generalklausel dar. Damit ist gemeint, dass es die Einschränkungen auf der Rechtsgutseite entfallen und damit – generalklauselartig – viel mehr, beinahe alle, deliktischen Schäden ersetzt werden können, solange diese durch die schuldhafte Verletzung eines Schutzgesetzes entstanden sind. Die Haftung aus § 823 II BGB schließt die Haftungstatbestände von § 823 I BGB und § 826 BGB nicht aus, es besteht Anspruchskonkurrenz, für die Ausbildungs- und Prüfungssituation ist das besonders wichtig. Ist ein offener (oder „nur" auf das Deliktsrecht beschränkter) Bearbeitervermerk gestellt, ist unbedingt auch an § 823 I BGB und ebenso an § 826 BGB zu denken, wenn man den § 823 II BGB prüft (und andersherum). Der Tatbestand allgemein ist erfüllt, wenn durch eine Verletzung eines individualschützenden Schutzgesetzes rechtswidrigerweise ein Schaden entsteht und der Schädiger dieses auch zu verschulden hat.

1. Vorliegen eines Schutzgesetzes

Zunächst gilt es das Vorliegen eines **Schutzgesetzes** im Sinne der Vorschrift zu prüfen, nur dann kann ein Schadensersatzanspruch wegen Schutzgesetzverletzung überhaupt entstehen. Als Schutzgesetz i.S.v. § 823 II BGB kommt gem. Art. 2 EGBGB jede Rechtsnorm im materiellen Sinne sein, also auch Rechtsverordnungen und Satzungen. In der Prüfung kann es häufig bei dieser kurzen allgemeinen Abgrenzung belassen werden, da ein zweiter Punkt ebenfalls eine Rolle spielt. Die Prüfung des individualschützenden Charakters der Norm.

Ein Schutzgesetz i.S.d. § 823 II BGB ist nämlich eine Rechtsnorm, wenn sie nach ihrem Zweck und Inhalt „zumindest auch dazu bestimmt ist, den Einzelnen oder einzelne Personenkreise gegen die Verletzung eines bestimmten Rechtsgutes zu schützen". In der verkürzten Prüfung wird also versucht, möglichst knapp und korrekt unter den Begriff die Begrifflichkeit des individualschützenden Charakters der Norm zu subsumieren. Dabei ist unschädlich, wenn die jeweilige Regelung neben dem Individualschutz auch und sogar in erster Linie öffentlichen Interessen dient. Allerdings soll der Anwendungsbereich von Schutzgesetzen nicht ausufern. Deshalb reicht es nicht aus, dass der Individualschutz lediglich durch die Befolgung der Norm reflexartig erreicht wird.

Bejaht wird der Schutzgesetzcharakter regelmäßig bei Normen aus dem Strafgesetzbuch.

2. Verletzung des Schutzgesetzes

Gegen das oben geprüfte Schutzgesetz muss auch durch eine Schädigung verstoßen worden sein. Dies bedeutet, dass es zu einer Verletzung des jeweils vollständigen objektiven und subjektiven Tatbestandes gekommen sein muss. Soweit Strafgesetze Vorsatz voraussetzen, muss also auch dieser vorliegen. Bei Strafgesetzen sind auch im Übrigen die strafrechtlichen Erfordernisse maßgeblich, etwa hinsichtlich der Schuld oder der Fahrlässigkeit.

3. Geschädigter ist von Schutzgesetz geschützt

Der Anspruch aus § 823 II BGB i.V.m. dem Schutzgesetz setzt weiterhin voraus, dass der geltend gemachte Schaden im Schutzbereich der Norm liegt. Als logischen nächsten Schritt zur Prüfung, ob eine Norm überhaupt individualschützenden Charakter hat, schließt sich die Prüfung an, die nach der Eröffnung des Schutzbereiches für den Geschädigten fragt.

In diesem Punkt wird gelegentlich mitgeprüft, dass der eingetretene Schaden vom Schutzzweck der verletzten Norm umfasst sein muss. Dabei geht es um die Frage, ob das Gesetz dem Schutz gerade des verletzten Rechtsguts dienen soll. So kann etwa ein Halteverbot den Schutz anderer Verkehrsteilnehmer bezwecken, nicht aber den Schutz des Vermögens eines Bauunternehmers, der an der Zufahrt zu einer Baustelle gehindert wird, weil die Vorschriften der StVO nicht dem Vermögen, sondern der Sicherheit der Verkehrsteilnehmer dienen. Schließlich muss die Vorschrift dazu dienen, die geschützte Person mit ihrem geschützten Rechtsgut auch gerade **vor Schädigungen nach Art der eingetretenen** zu schützen.

4. Rechtswidrigkeit

Der Verstoß gegen das Schutzgesetz indiziert die Rechtswidrigkeit, d.h. dass die Prüfung hier auf die Untersuchung hinsichtlich der Abwesenheit von Rechtfertigungsgründen beschränkt werden kann. Allerdings ist in vielen Fällen die Rechtswidrigkeit bereits Bestandteil der Schutzgesetzverletzung selbst und deshalb dort zu prüfen, zwar sind der straf- und zivilrechtliche Rechtswidrigkeitsbegriff nicht stets gleichzusetzen und es geltende andere Rechtfertigungsnormen, auf die Rechtswidrigkeitsprüfung weiter oben wird jedoch in aller Regel trotzdem, selbst bei der kurzen Prüfung, verwiesen werden können.

5. Verschulden

Wenn nicht schon das Schutzgesetz Verschulden voraussetzt, ist nach § 823 II 2 jedenfalls für die zivilrechtliche Schadensersatzpflicht Verschulden i.S.d. § 276 BGB erforderlich. Das entspricht dem deliktsrechtlichen Verschuldensprinzip, das auch in § 823 I BGB gilt. Gegenstand des Verschuldens ist dabei allein der Verstoß gegen das Schutzgesetz, nicht der eingetretene Schaden. Für die Beweislast gilt dabei nach der Rechtsprechung eine Besonderheit: Wenn das Schutzgesetz eine geforderte Verhaltensweise und nicht lediglich einen Erfolg konkret umschreibt, wird das Verschulden vermutet.

6. Schaden

Auch im Rahmen des § 823 II BGB folgen der Umfang und die Berechnung des Schadensersatzes den §§ 249 ff. BGB, insoweit ergeben sich keine nennenswerten Unterschiede zu den Ausführungen zu §§ 249 ff. BGB oben.

7. Haftungsausfüllende Kausalität

Es bedarf ebenfalls eines Kausalen Zusammenhangs zwischen erfolgtem Schutzgesetzverstoß und Schaden, in die Äquivalenztheorie, die Adäquanztheorie und insbesondere in den Schutzzweck der Norm (des § 823 II BGB) wird man hier wohl selten zur genaueren Untersuchung untergliedern müssen.

III. § 826 BGB

I. Anspruch entstanden
1. Schadenszufügung
2. Vorsatz
3. Sittenwidrigkeit
II. Anspruch untergegangen
II. Anspruch durchsetzbar

Nach § 826 BGB ist, „wer in einer gegen die guten Sitten verstoßenden Weise einem anderen vorsätzlich Schaden zufügt, ... dem anderen zum Ersatz des Schadens verpflichtet". Anders als die Haftung nach § 823 I BGB, die an die Verletzung bestimmter Rechtsgüter anknüpft, stellt § 826 BGB ebenfalls eine Art Generalklausel dar. Im Zusammenhang mit § 823 II BGB ist der weite Charakter der Vorschrift hervorgehoben worden, weil sich der Schutzbereich nicht auf bestimmte Rechtsgüter beschränkt. Bei § 826 BGB ist es ganz ähnlich, der theoretische Anwendungsbereich auf Ebene der geschützten Rechtsgüter ist beinahe beliebig groß. Das bedeutet, dass jeder Schaden durch einen Anspruch nach § 826 BGB potenziell ersetzbar ist, solange er die Voraussetzung der Sittenwidrigkeit erfüllt. Dieses Tatbestandsmerkmal ist - auch deswegen - besonders eng zu verstehen und schränkt den Anwendungsbereich der Vorschrift erheblich ein.

1. Schadenszufügung

§ 826 II BGB verlangt tatbestandsseitig zunächst die Zufügung eines Schaden Dabei kommt es nicht darauf an, welches Rechtsgut verletzt wurde, durch den hohen Unrechtsgehalt der Sittenwidrigkeit der Schädigung erfährt der Tatbestand bereits ausreichende Einschränkung. Ein Schaden und die zugehörige Schadenszufügung können nichtvermögensrechtlicher Art sein, etwa durch Ehrverletzung, Diskriminierung oder die Verletzung von Namensrechten. Ob der Schädiger den Schaden verursacht hat, bestimmt sich nach den allgemeinen Kausalitätskriterien, es erscheint deswegen auch möglich den Punkt der „Schadenszufügung" in ein „schädigendes Verhalten" und eine „Kausalität" aufzuteilen, wie es in vorgenannten Vorschriften empfohlen wird. Der hier vorgeschlagene, kürzere Aufbau hat sich wohl durchgesetzt, weil in der Kausalität bei der Prüfung des § 826 BGB selten Probleme zu lokalisieren sind. Erscheint indes in der Verbindung zwischen schädigendem Verhalten und Schaden ein diskussionswürdiges Problem zu liegen, kann auch eine dezidiertere Untersuchung durch eine Aufgliederung in mehrere Überschriften sinnvoll sein.

2. Vorsatz

Anders als bei der Haftung nach § 823 BGB, bei welchen die Haftung an die Verletzung bestimmter Rechtsgüter oder Schutzgesetze anknüpft, genügt bei § 826 BGB die vorsätzliche, sittenwidrige Schadenszufügung. Bedingter Vorsatz ist dabei ausreichend. Der Schädiger muss nicht nur die Schadenszufügung, als das Verhalten, sondern auch den Schaden entweder bewusst und gewollt herbeigeführt oder billigend in Kauf genommen haben.

Die Sittenwidrigkeit der Schädigung muss indes vom Vorsatz nicht umfasst sein, es reicht, wenn der Schädiger die Umstände kennt, aus welchen sich die Sittenwidrigkeit ergibt. Andernfalls würde die doppelte Subjektivität, des Vorsatzes einerseits und der Bewertung als Sittenwidrig andererseits, ein Erfüllen des Tatbestandes beinahe unmöglich machen.

3. Sittenwidrigkeit

Letztlich ist zentraler Prüfungspunkt, dass die vorgenommene Schadenszufügung auch gegen die guten Sitten verstößt. Bei der Prüfung gilt grundsätzlich der gleiche Maßstab wie bei der Prüfung des § 138 I BGB. Ein Verhalten ist sittenwidrig, wenn es nach seinem Gesamtcharakter gegen das Anstandsgefühl aller billig und gerecht Denkenden verstößt. Für eine etwas genauere Ausformung des Tatbestandes kann unter anderem auf den objektiven Wertgehalt der Grundrechte des Grundgesetzes abgestellt werden – dies verdeutlicht, dass der Anspruch aus vorsätzlicher, sittenwidriger Schädigung einen besonderen Schutzcharakter hat. Sittenwidrigkeit liegt nämlich nicht schon dann vor, wenn vertragliche Pflichten oder ein beliebiges Gesetz verletzt werden. Vielmehr bedarf es eines besonderen Maßes an Verwerflichkeit, die sich aus dem verfolgten Ziel, den eingesetzten Mitteln oder der zu Tage tretenden Gesinnung ergeben kann und damit über bloße Rechtsverletzungen hinausgeht.

IV. § 831 BGB

I. Anspruch entstanden 1. Schädiger ist Verrichtungsgehilfe 2. Unerlaubte Handlung 3. In Ausübung der Verrichtung 4. Keine Exkulpation des Geschäftsherren 5. Schaden 6. Haftungsausfüllende Kausalität II. Anspruch untergegangen II. Anspruch durchsetzbar

Nach § 831 I BGB ist derjenige, der „einen anderen zu einer Verrichtung bestellt, (...) zum Ersatz des Schadens verpflichtet, den der andere in Ausführung der Verrichtung einem Dritten widerrechtlich zufügt. Die Ersatzpflicht tritt nicht ein, wenn der Geschäftsherr bei der Auswahl der bestellten Person und, sofern er Vorrichtungen oder Gerätschaften zu beschaffen oder die Ausführung der Verrichtung zu leiten hat, bei der Beschaffung oder der Leitung die im Verkehr erforderliche Sorgfalt beobachtet oder wenn der Schaden auch bei Anwendung dieser Sorgfalt entstanden sein würde." Spätestens aus Absatz 1, Satz 2 der Vorschrift zeigt sich, dass es in § 831 BGB – anders als in § 278 BGB – nicht um eine Zurechnung fremden Verhaltens geht, sondern um eine eigenständige Haftung des Geschäftsherrn. Haftungsgrund ist dessen (vermutetes) Verschulden bei der Auswahl und Überwachung seiner Hilfsperson.

1. Schädiger ist Verrichtungsgehilfe

Der unmittelbare Schädiger muss Verrichtungsgehilfe i.S.v. § 831 BGB sein. Das setzt voraus, dass ihm von einem anderen (dem Geschäftsherrn) eine Tätigkeit übertragen ist. Darüber hinaus muss er den Weisungen seines Geschäftsherrn unterworfen sein. Das ist er dann, wenn seine Tätigkeit in einer „organisatorisch abhängigen Stellung vorgenommen wird und der Geschäftsherr die Tätigkeit des Handelnden jederzeit beschränken oder entziehen oder nach Zeit und Umfang bestimmen kann". Das dabei vorausgesetzte Weisungsrecht braucht nicht ins Einzelne zu gehen. Entscheidend ist, dass die Tätigkeit in einer organisatorisch abhängigen Stellung vorgenommen wird. Dafür ist ausreichend, dass der Geschäftsherr die Tätigkeit des Handelnden jederzeit beschränken oder entziehen oder nach Zeit und Umfang bestimmen kann. Damit sind etwa Arbeitnehmer und Angestellte Verrichtungsgehilfen, nicht aber beispielsweise ein selbstständiger Handwerker. Dieser kann lediglich Erfüllungsgehilfe i.S.v. § 278 BGB im Rahmen einer Haftung nach § 280 ff. BGB sein. Bei ärztlichen Behandlungen in einem Krankenhaus ist der angestellte Arzt Verrichtungsgehilfe, nicht aber der nicht weisungsunterworfene Chefarzt.

Der Unterschied zum Begriff des Erfüllungsgehilfen i.S.v. § 278 BGB besteht unter anderem darin, dass dieser nicht weisungsgebunden sein muss. Für eine Zurechnung genügt es vielmehr, dass eine Person mit Wissen und Wollen des Schuldners in dessen Pflichtenkreis tätig wird.

Ist der unmittelbare Schädiger ein Organ oder ein sonstiger Repräsentant, haftet der Geschäftsherr nach § 31 BGB ohne eine Möglichkeit der Exkulpation. § 31 BGB ist nämlich über seinen Wortlaut hinaus auf jede juristische Person des Privatrechts sowie auf die OHG und die KG entsprechend anwendbar.

2. Unerlaubte Handlung

Der Verrichtungsgehilfe muss einem Dritten widerrechtlich i.S.d. §§ 823 ff. BGB geschädigt haben, wobei es in der großen Mehrzahl der Fälle um die Haftung aus § 823 I BGB geht. Der Verrichtungsgehilfe muss einen dieser Deliktstatbestände dabei widerrechtlich verwirklicht haben. Ein Verschulden des Verrichtungsgehilfen (also Vorsatz oder Fahrlässigkeit) ist grundsätzlich nicht erforderlich. Nach herrschender Meinung muss der Verrichtungsgehilfe nicht einmal deliktsfähig i.S.d. §§ 827, 828 BGB sein.

Anders ist das nur dann, wenn der Haftungstatbestand selbst entscheidend durch subjektive Elemente geprägt wird (so etwa bei § 826 BGB oder bei § 823 II BGB in Verbindung mit strafrechtlichen Delikten, die nur bei Vorsatz strafbar sind). In diesen Fällen muss der Vorsatz auch beim Verrichtungsgehilfen vorliegen.

3. In Ausübung der Verrichtung

Ebenso wie i.R.v. § 278 BGB muss die Schädigung durch den Verrichtungsgehilfen „in Ausführung" der Verrichtung erfolgt sein. Hierbei ist gutachterlich die Frage zu beantworten, ob die Schädigung bei der Verrichtung oder lediglich bei Gelegenheit der Verrichtung erfolgt ist. Es muss also ein unmittelbarer innerer Zusammenhang zwischen der übertragenen Aufgabe und der Schädigung des Dritten liegen. Die (zutreffende) Gegenansicht stellt – wiederum wie bei § 278 BGB – darauf ab, ob die Übertragung der Aufgabe auf den Verrichtungsgehilfen das Risiko einer Schädigung durch diesen erhöht hat.

4. Keine Exkulpation des Geschäftsherren

§ 831 I 2 BGB gibt dem Geschäftsherrn die Möglichkeit, die Haftung abzuwenden, wenn er darlegt und beweist, dass er bei der Auswahl und der Überwachung des Verrichtungsgehilfen die im Verkehr erforderliche Sorgfalt gewahrt hat. An den Entlastungsbeweis werden hohe Anforderungen gestellt.

Das im Gesetzeswortlaut nicht erwähnte Kriterium der Überwachung ergibt sich dabei daraus, dass es für die Frage der sorgsamen Auswahl nicht auf den Zeitpunkt der Anstellung des Verrichtungsgehilfen ankommt. Die ganz herrschende Meinung stellt hierbei auf den Zeitpunkt der Schadenszufügung ab, sodass entscheidend ist, ob der Verrichtungsgehilfe zu dieser Zeit bei Beachtung der verkehrserforderlichen Sorgfalt hätte eingestellt werden dürfen. Damit wird dann auch ein Überwachungsverschulden relevant.

Ein weiterer möglicher Entlastungsbeweis des Geschäftsherrn ist die fehlende Kausalität des Auswahl- und Überwachungsverschuldens für die Schädigung durch den Verrichtungsgehilfen. Weist er nämlich nach, dass der Schaden auch bei sorgfältiger Auswahl und Überwachung eingetreten wäre, ist er ebenfalls von der Haftung befreit. Daraus ergibt sich zugleich, dass die Kausalität des Auswahl- und Überwachungsverschuldens für den eingetretenen Schaden vermutet wird.

Bei Großunternehmen kann die Möglichkeit durch entsprechend dokumentierte, sinnvolle Auswahl- und Überwachungsentscheidungen eine Exkulpation herbeizuführen zu einem sog. dezentralisierten Entlastungsbeweis führen. Hat etwa ein Abteilungsleiter einen Arbeitnehmer, der einen Dritten im Sinne der §§ 823 ff. BGB geschädigt hat, fehlerhaft ausgewählt oder überwacht, so kann sich jedoch das Unternehmen in Bezug auf die Auswahl und Überwachung des Abteilungsleiters exkulpieren, wenn der Vorstand den Abteilungsleiter entsprechend ausgewählt hat. Diese kaskadenartige Exkulpation wird als ungerecht empfunden, weil sie Großunternehmen privilegiert. Heute wird dem durch strenge Anforderungen an die betriebliche Organisation des Geschäftsherrn begegnet. Eine eigene deliktische Haftung des Unternehmens nach § 823 I BGB kommt dann in Betracht, wenn es wegen eines Organisationsmangels zu einer Schädigung Dritter kommt. Ist der Geschäftsherr eine juristische Person, muss er sich dann ein Verschulden seiner Organe sowie seiner leitenden Angestellten nach § 31 BGB ohne Möglichkeit einer Exkulpation zurechnen lassen.

5. Schaden

Vgl. oben.

6. Haftungsausfüllende Kausalität

Vgl. oben.

V. § 833 BGB

I. Anspruch entstanden

1. Tierhalter ist Anspruchsgegner
2. Rechtsgutverletzung
3. Durch ein Tier
a. Haftungsbegründende Kausalität
aa. Äquivalente Kausalität
bb. Adäquate Kausalität
cc. Schutzzweck der Norm
b. Verwirklichung einer spezifischen Tiergefahr
4. Kein Haftungsausschluss
5. Schaden
6. Haftungsausfüllende Kausalität

II. Anspruch untergegangen
III. Anspruch durchsetzbar

Die Tierhalterhaftung ist ein selten in der Ausbildung und Prüfung auftauchender Tatbestand, der seine Ausbildungsrelevanz insbesondere daraus gewinnt, dass er als Gefährdungshaftungstatbestand anders zu prüfen ist als die meisten anderen Schadensersatzansprüche im Deliktsrecht.

Die Haftung nach § 833 S. 1 BGB setzt kein Verschulden des Halters voraus. Auch ein Deliktsunfähiger kann demgemäß nach § 833 S. 1 haften, nicht jedoch nach § 833 S. 2 BGB. Auch hinsichtlich der Rechtswidrigkeit ergibt sich eine Besonderheit. § 833 BGB ist ein Unterfall der unerlaubten Handlung, stellt indes eine Gefährdungshaftung dar, welche die Schadensregulierung demjenigen aufbürdet, der aus einer bestimmten Tätigkeit Nutzen zieht. Aufgrund dieser gerade erlaubten Tätigkeit einerseits und des nicht zu rechtfertigenden Gefährdungserfolges andererseits kennt die Gefährdungshaftung schon nicht das Merkmal der Rechtswidrigkeit. Auch die materielle Prüfung der Nutz- und Luxustiereigenschaft im Haftungsausschluss eignet sich für Klausurkonstellationen.

1. Tierhalter ist Anspruchsgegner

Für die Tierhaltereigenschaft können verschiedene Indizien herangezogen werden, die die Zuordnung des Tieres zur Lebens- oder Wirtschaftssphäre des Halters begründen, über die Ansehung als „Halter" muss im Einzelfall entschieden werden. Die Bestimmungsmacht über das Tier, die Nutzung und Kostentragung aus eigenem Interesse, das Verlustrisiko, die Übernahme von Versicherungsprämien, Pflege- oder Unterstellkosten oder das Verfügbarmachen von Futter sind anerkannte Indizien dafür, einen Menschen als Halter eines Tieres zu klassifizieren. Zwar kommt es im Wesentlichen auf die tatsächlichen Verhältnisse an, doch ist auch der Wille des Tierhalters beachtlich, wenn es um die Haltereigenschaft hinsichtlich eines Tieres geht. Wer beispielsweise ein zugelaufenes Tier alsbald einem anderen endgültig übergeben möchte, ist kein Tierhalter. Die Tierhaltereigenschaft beginnt mit der Übernahme von Risiken und Gefahren des Tieres, i.d.R. also mit dem Gefahrenübergangszeitpunkt, wenn das Tier rechtsgeschäftlich erworben wird.

2. Rechtsgutverletzung

Das Vorliegen einer Rechtsgutverletzung in Form der Tötung, der Körper- oder Gesundheitsverletzung eines Menschen oder der Sachbeschädigung im Sinne der bekannten Prüfung aus § 823 I BGB ist zur Verwirklichung des Tatbestands erforderlich.

3. Durch ein Tier

Bei der Prüfung, ob die Rechtsgutverletzung auch durch ein Tier geschehen ist, muss zweierlei untersucht werden. Einerseits wird unter dieser Überschrift die Kausalität – indiziert durch das Wort „durch" – geprüft. Darüber hinaus ist zu prüfen, ob sich in der Rechtsgutverletzung eine sog. typische Tiergefahr realisiert hat. Die Rechtsgutverletzung muss durch ein Tier verursacht sein. Abzustellen ist auf ein biologisches Begriffsverständnis, der Tierbegriff ist im § 833 BGB kaum zur Einschränkung geeignet, Insekten und bakterielle Kleinstlebewesen sind umfasst, nach herrschender biologischer Auffassung Viren jedoch nicht. Dieser weite Anwendungsbereich führt zu keiner zu weiten Haftung, da nicht der Tierbegriff den Tatbestand beschränkt, wohl aber die Prüfung des Halterbegriffes; eine Zuordnung zur Lebens- und Wirtschaftssphäre eines Menschen erfordert mehr als die bloße räumliche Anwesenheit und wird deswegen in der Regel Schädlinge und Bakterien nicht umfassen.

a. Haftungsbegründende Kausalität

Ausreichend ist, dass der Kausalzusammenhang zwischen Tiergefahr und Verletzungserfolg durch Zwischenursachen vermittelt wird. In Anlehnung an die „Verfolgungs- und Herausforderungsfälle" greift die Tierhalterhaftung auch ein, wenn eine Person zwei ineinander verbissene Hunde zu trennen sucht und dabei verletzt wird. Es ist möglich – und in vollständigen Bearbeitungen, insbesondere wenn ein Schwerpunkt in dem kausalen Zurechnungszusammenhang ausgemacht werden kann, auch diese Prüfung in die gängigen Theorien zur Kausalitäts- und Zurechnungsprüfung zu unterteilen.

b. Verwirklichung einer spezifischen Tiergefahr

Die Verletzung muss gerade durch die Tiergefahr entstanden sein. Es kommt dabei darauf an, dass sich gerade die Unberechenbarkeit tierischen Verhaltens und die dadurch hervorgerufene Gefährdung eines der in § 833 S. 1 BGB genannten Rechtsgüter realisiert hat. Maßgeblich ist allein, ob die Verletzung durch ein selbstständiges Verhalten des Tieres hervorgerufen wurde. Hierzu zählt auch der Sturz von einem Pferd, das nach einem Angaloppieren zum Stehen gebracht wird, selbst wenn der Sturz durch die Verunsicherung einer ungeübten Reiterin infolge des Angaloppierens ausgelöst wurde, auch der Sturz vom Fahrrad, der durch das plötzliche und ggf. erschreckende Verhalten eines Hundes hervorgerufen wird ist eine realisierte, tierspezifische Gefahr.

Unerheblich ist, ob das Tier zu seinem Verhalten durch äußere Einflüsse veranlasst wurde oder das Tier vermeintlich intrinsisch motiviert agiert, das Verhalten muss weder besonders natürlich, noch unnatürlich sein. Einzig ein durch den Menschen gelenktes Verhalten lässt den Prüfungspunkt problematisch sein und ggf. entfallen. Der gut abgerichtete Hund, der als gefährliches Werkzeug gegen einen anderen gehetzt wird realisiert zwar auch Tiergefahren, diese sind aber nicht dergestalt tierspezifisch, dass es sich um ein selbstständiges Verhalten des Tieres handelt.

4. Kein Haftungsausschluss

Das Tier muss dem Erwerb, dem Beruf oder dem Unterhalt, also einem wirtschaftlichen Zweck, zu dienen bestimmt sein. In Abgrenzung zum sog. Luxustier genügt es nicht, dass es nur nebenbei diesen Zwecken dient.

5. Schaden

Vgl. oben.

6. Haftungsausfüllende Kausalität

Vgl. oben.

VI. § 839 BGB

I. Anspruch entstanden

1. Jemand
2. In Ausübung eines öffentlichen Amtes
3. Amtspflichtverletzung
4. Verschulden
5. Kausaler Schaden
6. Kein Haftungsausschluss

II. Anspruch untergegangen
III. Anspruch durchsetzbar

Der Tatbestand der **Amtshaftung** i.S.d. § 839 BGB birgt im Vergleich zu anderen deliktischen Anspruchsnormen des Bürgerlichen Gesetzbuches einige Besonderheiten – insbesondere, wenn es um den sachlichen Anwendungsbereich geht. Die Vorschrift nimmt bspw. nicht das Vermögen vom Schutzbereich aus, grenzt dafür aber an anderer Stelle ein, nämlich bei der Gruppe der tauglichen Schädiger – dem persönlichen Anwendungsbereich auf Ebene der Anspruchsgegner.

1. Jemand

Tauglicher „jemand" ist, anders als zu einer in der Vergangenheit vorherrschenden Meinung, heutzutage jedermann, der im haftungsrechtlichen, nicht im allein statusrechtlichen Sinne als Beamter gelten kann. Das Merkmal ist aufgrund seiner weiten Interpretation heutzutage insbesondere relevant, um die Fehlfunktion technischer Einrichtungen abzugrenzen. Neben Beamten im statusrechtlichen Sinne sind beispielsweise Beschäftigte im Öffentlichen Dienst, Regierungs- und Parlamentsmitglieder, Richter, Gemeinderäte sowie Privatpersonen, die im Einzelfall ein sonstiges öffentliches Amt ausüben tauglicher jemand im Sinne der Vorschrift. Zu prüfen, ob Verwaltungshelfer und Beliehene unter den Begriff des „jemand" fallen oder sogleich in der Folge zu prüfen, ob auch „in Ausübung eines öffentlichen Amtes" gehandelt wird, wird uneinheitlich gehandhabt – für die Lösung von Prüfungsaufgaben bedeutet dieses, dass beide Vorgehensweisen zulässig sind. Denkbar erscheint in diesem Zusammenhang deswegen, die hier unter I. und II. dargestellten Punkte mit ausreichendem Problembewusstsein zusammen zu prüfen und beispielsweise unter der Überschrift „In Ausübung eines öffentlichen Amtes" ebenfalls zu erwähnen, dass die potenzielle Amtspflichtverletzung auch von einem tauglichen Begehenden vorliegt.

2. In Ausübung eines öffentlichen Amtes

Dem Amtshaftungsanspruch ist immanent, dass er spezielle Regressvorschrift für Amtspflichtverletzungen ist, also Verletzungen gegen Rechtssätze im Zusammenhang mit der Ausübung eines öffentlichen Amtes – und gerade nicht rein privates, deliktisches Handeln – einer Kompensation zuführt, in besonders komplizierten Fällen kann es sich lohnen, den Prüfungspunkt weiter zu untergliedern, zuerst würde dann wohl untersucht werden, ob überhaupt ein öffentliches Handeln vorliegt, um dann, verneinendenfalls, zu problematisieren, ob das Handeln beliehener Dritter oder anderer Verwaltungshelfer auch relevant sein kann.

3. Amtspflichtverletzung

Das Vorliegen einer **Amtspflichtverletzung** ist zentraler Prüfungspunkt bei der Amtshaftung. Oft erscheint es geboten, zuerst das Vorliegen einer bestehenden und einschlägigen Amtspflicht festzustellen, um sich sodann der Prüfung der Negativabweichung von dieser Pflicht zuzuwenden.

Unter **Amtspflichten** sind die persönlichen Verhaltenspflichten des Beamten zu verstehen, die sich in Bezug auf seine konkrete Amtsführung ergeben. Diese Pflichten beschränken sich dabei nach der herrschenden Lehre nicht nur auf solche, die sich aus den mit Außenwirkung ausgestatteten Rechtsvorschiften ergeben, die das Verhältnis von Staat und Bürger regeln. Vielmehr begründen auch sämtliche Vorschriften des Innenrechts – wie zum Beispiel Verwaltungsvorschriften – sowie auch Einzelweisungen übergeordneter Stellen und Personen Amtspflichten für den Beamten im haftungsrechtlichen Sinne. Um tatbestandlich zu sein, muss eine Amtspflicht indes nicht nur vorliegen, sie muss auch **drittbezogen** und verletzt sein.

Als drittbezogen oder auch drittgerichtet bezeichnet man solche Amtspflichten, die gerade den Schutz eines Dritten bezwecken. Neben einer Vielzahl von Entscheidungen sollte zunächst beachtet werden, dass die Achtung von subjektiven Rechten i.S.d. § 42 II VwGO Amtspflicht ist, Aufgabe des Staates ist es nämlich gerade nicht, beliebig in die subjektiven Rechte seiner Bürger einzugreifen. Dieser allgemeine Rechtssatz vermag ein gewisses Verständnis zu erzeugen, trotzdem ist es bisweilen schwierig zu erkennen, ob eine Amtspflicht gerade auch gegenüber dem Beschädigten bestanden hat. Die Drittbezogenheit einer Amtspflicht ist allgemein zu bejahen, wenn sich aus den zu Grunde liegenden Normen oder der Natur des Amtsgeschäftes ergibt, dass der Geschädigte zu dem Personenkreis gehört, dessen Belange durch die Amtspflicht geschützt werden sollen. Positiventscheidungen sind bei der Nicht-, Spät- oder Schlechterfüllung öffentlich-rechtlicher Ansprüche – etwa der verzögerten Bearbeitung oder fehlerhaften Ablehnung eines Antrags – sowie bei den Amtspflichten zur Unterlassung deliktischer Eingriffe nach § 823 I BGB gegenüber den Inhabern der verletzten Rechtsgüter bekannt. Anerkannt ist auch der Drittbezug der polizei- und sicherheitsrechtlichen Befugnisnormen, soweit sie dem Schutz von Individualinteressen dienen. Wichtig ist, dass nicht nur die Drittbezogenheit hinsichtlich irgendwelcher Rechtsgüter der Betroffenen geprüft und bejaht wird, sondern auch der tatsächlich betroffenen Rechtsgüter.

Der Begriff der Amtspflicht knüpft an die persönliche Verhaltenspflicht des Beamten an, entsprechend geht es bei der Amtspflichtverletzung um ein persönliches Fehlverhalten. Die Begrifflichkeit ist weit gefasst und erstreckt sich nicht nur auf das Außenverhältnis von Staat und Bürger, die Quellen von Amtspflichten sind vielfältig, entsprechend sind auch Verletzungsmöglichkeiten vielfältig. Amtspflichten können aus Unionsrecht, der Verfassung, Gesetzen, Verordnungen und Satzungen, Gewohnheitsrecht, aus allgemeinen Rechtsgrundsätzen, aus allgemeinen Dienst- und Verwaltungsvorschriften, Weisungen und Befehlen sowie Beschlüssen und Urteilen resultieren. Amtsträger sind generell verpflichtet, sich bei der Wahrnehmung von Aufgaben an die vorbezeichneten Rechtsquellen und Grundsätze zu halten, also nicht gegen ihre jeweiligen Ver- oder Gebote zu verstoßen. Verallgemeinernd kann deswegen festgehalten werden, dass es die Pflicht eines jeden Amtsträgers ist, das Amt sachlich, unparteiisch und im Einklang mit den Forderungen von Treu und Glauben und guter Sitte auszuüben. Amtsträger haben die Pflicht, vor einer hoheitlichen Maßnahme, die geeignet ist, einen anderen in seinen Rechten zu beeinträchtigen, den Sachverhalt im Rahmen des Zumutbaren so umfassend zu erforschen, dass die Beurteilungs- und Entscheidungsgrundlage nicht in wesentlichen Punkten zum Nachteil des Betroffenen unvollständig bleibt. Es besteht die Pflicht, Gesetze und Rechtsvorschriften richtig auszulegen und die höchstrichterliche Rechtsprechung zu beachten. Geschieht die beschriebene Vorgehensweise nicht, liegt eine Amtspflichtverletzung vor – in der Prüfungssituation sollte darauf geachtet werden, sowohl die Pflicht, gegen die verstoßen wurde, als auch das verletzende Verhalten genau zu bezeichnen.

4. Verschulden

Tatbestandlich wird nicht nur, wie sonst bspw. aus § 823 I BGB bekannt, auf rechtsgutsbezogene Differenzierungen verzichtet. Auch auf Verschuldensebene kann, neben der Prüfung eines Mitverschuldens i.S.d. § 254 BGB, lediglich geprüft werden, ob Vorsatz oder Fahrlässigkeit i.S.d. § 276 BGB vorliegen. Ein Amtsträger handelt vorsätzlich, wenn er sich bewusst über die verletzte Amtspflicht hinwegsetzt, zum Vorsatz gehört nicht nur die Kenntnis der Tatsachen, aus denen die Pflichtverletzung sich objektiv ergibt, sondern auch das Bewusstsein, gegen die Amtspflicht zu verstoßen, jedenfalls die so geartete billigende Inkaufnahme.

Ein Amtsträger begeht fahrlässig eine Amtspflichtverletzung, wenn er die im Verkehr erforderliche Sorgfalt außer Acht gelassen hat. In der generellen Prüfung von Fahrlässigkeit im Rahmen des Verschuldens besteht kein nennenswerter Unterschied zu anderen deliktischen Haftungstatbeständen, es besteht auch hier ein objektivierter Sorgfaltsmaßstab. Für die Beurteilung des Verschuldens kommt es auf die Kenntnisse und Fähigkeiten an, die für die Führung des übernommenen Amtes im Durchschnitt erforderlich sind. Beamte müssen mithin auch aus haftungsrechtlicher Perspektive die zur Führung ihres Amtes notwendigen Rechts- und Verwaltungskenntnisse besitzen oder sich diese verschaffen.

Eine Überlastung oder Überforderung der konkret handelnden Amtsträger, beispielsweise infolge einer unzureichenden Personaldecke, schließt einen schuldhaften Amtspflichtverstoß nicht zwangsläufig aus; vielmehr ist hier eine Einzelfallprüfung hinsichtlich des persönlich vorwerfbaren Verhaltens vorzunehmen. Immerhin erscheint es möglich und geboten, dass Amtsträger in genannten Situationen dem Dienstherren Bescheid geben, Maßnahmen zur Entlastung einleiten oder remonstrieren. Besonders relevant für Prüfung und Praxis erscheint in diesem Zusammenhang die Frage, ob ein schuldhaftes Verhalten vorliegt, wenn rechtlich falsche Rechtsauffassungen vertreten werden. Nicht jeder objektive Rechtsirrtum begründet nämlich einen Schuldvorwurf, wenn die nach sorgfältiger Prüfung gewonnene Rechtsansicht des Amtsträgers als rechtlich vertretbar angesehen werden kann und bis zur gerichtlichen Klärung der Rechtslage an der Auffassung festgehalten wird, kann aus der Missbilligung seiner Rechtsauffassung durch das Gericht kein Schuldvorwurf gegenüber dem Amtswalter hergeleitet werden.

5. Kausaler Schaden

Anders als nach den §§ 823, 826 BGB sind Fall der Verwirklichung schuldhaften, hoheitlichen Unrechts auch fahrlässig verursachte, reine Vermögensschäden zu ersetzen. Unter den Staatshaftungsansprüchen erstreckt sich allein der Amtshaftungsanspruch auch auf den Ersatz reiner Vermögensschäden. Hierin eine Haftungsweiterung zu sehen, gilt nicht nur für das den § 839 BGB beheimatende Deliktsrecht, sondern nach vorstehenden Ausführungen auch für das öffentliche Recht. Aus zivilrechtlicher Perspektive ist die Annahme der Haftungsweiterung jedoch noch zu präzisieren – als Weiterung kann nur gelten, was nicht ohnehin bereits dem allgemeinen Deliktsrechtsschutz unterfällt. Die §§ 823 II, 826 BGB schützen das reine Vermögen bereits in engen Bahnen – bei vorsätzlicher sittenwidriger Schädigung und im Fall der (seltenen) Schutzgesetzverletzung. Man führe sich vor Augen, dass der deliktisch schädigende Beamte ohne die spezielle Vorschrift des § 839 BGB jedenfalls nach diesen Grundtatbeständen haften würde. Für die Kausalität gelten die allgemeinen zivilrechtlichen Grundsätze.

Erwähnenswert in diesem Zusammenhang erscheint die hypothetische Kausalitätsprüfung im Zusammenhang mit der sog. Rechtsmittelversäumung. Als besondere Ausprägung des Mitverschuldensprinzips entfällt der Anspruch gemäß § 839 III BGB, „wenn der Verletzte vorsätzlich oder fahrlässig unterlassen hat, den Schaden durch Gebrauch eines Rechtsmittels abzuwenden". In diesen Fällen ist eine Feststellung über den hypothetischen Geschehensablauf zu treffen und danach zu fragen, wie sich die Dinge bei Einlegung oder Nichteinlegung des Rechtsmittels entwickelt hätten. Die Kausalität zwischen Nichteinlegung des Rechtsmittels und dem Schadenseintritt ist im Regelfall zu bejahen, wenn über den Rechtsbehelf zugunsten des Geschädigten hätte entschieden werden müssen. In der Prüfung erscheint es sowohl möglich, diese Erwägungen in der Schadenskausalität oder unter Überschriften wie „Kein Ausschluss" oder „Haftungsprivilegierung" anzustellen.

6. Kein Haftungsausschluss

Eine Haftung besteht nur, wenn nicht die Subsidiaritätsnorm des § 839 I 2 BGB (bestehende anderweitige Ersatzmöglichkeit) oder die Ausschlussnorm des § 839 III BGB (Rechtsmittelversäumung, siehe oben) eingreifen, das Spruchrichterprivileg lässt die Haftung zwar nicht per se entfallen, schränkt sie aber bedeutend ein. Der Anspruch aus § 839 I 1 BGB, Art. 34 S. 1 GG erweist sich aufgrund der Haftungsüberleitung auf den Staat gegenüber den deliktischen Ansprüchen aus §§ 823, 826 BGB gegen den Amtswalter und aus § 831 BGB gegen die jeweilige Anstellungskörperschaft als spezieller und verdrängt diese. Gleiches gilt für Ansprüche aus der Fahrerhaftung nach § 18 I S. 1 StVG. Die Halterhaftung gem. § 7 I StVG tritt als Anspruch der Gefährdungs- neben die verschuldensabhängige Amtshaftung. Der Folgenbeseitigungs- und der Aufopferungsanspruch kommen neben dem Amtshaftungsanspruch zur Anwendung.

VII. § 1004 I BGB

I. Anspruch entstanden

1. Eigentumsbeeinträchtigung
2. Störer
3. Rechtsfolge: Beseitigung und/oder Unterlassen
4. Keine Duldungspflicht

II. Anspruch untergegangen
III. Anspruch durchsetzbar

Wenn das Eigentum beeinträchtigt wird oder in anderer Weise gestört wird, ist § 1004 BGB die Anspruchsgrundlage, um sich gegen diese Störungen zu wehren. § 1004 BGB ist ein **dinglicher Anspruch**, der auf die Beseitigung gegenwärtiger Beeinträchtigungen und auf Unterlassung künftiger Beeinträchtigungen gerichtet ist. Für Beeinträchtigungen, die sich auf die Entziehung des Eigentums beschränken, ist § 985 BGB und nicht § 1004 BGB einschlägig, nach § 903 BGB darf der Eigentümer andere von der Einwirkung auf sein Eigentum ausschließen. Daher muss ihm nicht nur ein Anspruch auf Herausgabe nach § 985 BGB zustehen, wenn ihm sein Eigentum vorenthalten wird, bei einer Zuwiderhandlung muss er auch berechtigt sein, Unterlassung oder Beseitigung zu verlangen, wenn diese sein Eigentum beeinträchtigt. Der Anspruch aus § 1004 BGB besteht also gegen den, der das Eigentum eines anderen nicht anerkennt. Dabei wird zwischen der Beseitigung bereits bestehender Störungen und der Beseitigung künftiger, noch nicht eingetretener Beeinträchtigungen unterschieden.

Im Rahmen des § 1004 BGB sind vier Punkte zu prüfen, die Eigentumsbeeinträchtigung, die Störereigenschaft des Anspruchsgegners, der Eintritt der richtigen Rechtsfolge und das Bestehen von eventuellen Duldungspflichten.

Durch analoge Anwendung des § 1004 BGB wird der Schutz von Rechtspositionen, die durch die §§ 823 ff. BGB geschützt sind, auf Unterlassungs- und Beseitigungsansprüche erweitert, weswegen die Kenntnis des eigentlich dinglichen Anspruchs des § 1004 BGB auch im Deliktsrecht von besonderer Bedeutung ist, statt der bloßen Eigentumsbeeinträchtigung im hier ersten Prüfungspunkt ist in der analogen Prüfung dann die Beeinträchtigung der Rechtsgüter aus § 823 I BGB zu prüfen.

1. Eigentumsbeeinträchtigung

Zunächst muss somit eine Eigentumsposition vorliegen, die zudem beeinträchtigt ist. Hierbei handelt es sich um eine sonstige Beeinträchtigung des Eigentums, die nicht der Entziehung oder der Vorenthaltung des Besitzes liegen darf. Eine Eigentumsbeeinträchtigung liegt bei jedem dem Inhalt des Eigentumsrechts widersprechenden Zustand oder Vorgang vor, außer bei Entziehung oder Vorenthaltung des Besitze Dies umfasst insbesondere Eingriffe in die Sachsubstanz, Verhinderungen und Störungen des Gebrauchs, Immissionen und Werbung. Nicht umfasst sind die reine Beeinträchtigung des ästhetischen oder moralischen Empfindens – allerdings werden in den allermeisten Fällen diese Beeinträchtigungen durch andere Dinge hervorgerufen, welche durchaus einen ausreichend substanziellen Manifestierungsgrad für das Vorliegen einer Beeinträchtigung haben können.

2. Störer

Pflichtiger ist darüber hinaus der sogenannte Störer. Es ist zwischen zwei Arten von Störern zu unterscheiden: Handlungsstörer und Zustandsstörer.

Handlungsstörer ist derjenige, der durch sein Verhalten die Eigentumsbeeinträchtigung verursacht. Im Rahmen des Handlungsstörers ist wiederum zwischen dem unmittelbaren und dem mittelbaren Handlungsstörer zu differenzieren. Unmittelbarer Handlungsstörer ist derjenige, der selbst die Beeinträchtigung des Eigentums herbeiführt. Veranlasst hingegen jemand, dass ein Dritter seinerseits die Beeinträchtigung des Eigentums begeht, ist der Veranlasser mittelbarer Handlungsstörer.

Beim Zustandsstörer wird eine Anknüpfung an das Eigentum vorgenommen. Im Gegensatz dazu sind in der Rechtsprechung Zustandsstörer diejenigen Personen, die eine Beeinträchtigung entweder mittelbar verursachen oder, diejenigen die zwar die Beeinträchtigung nicht verursachen, die aber durch ihr Verhalten willentlich einen bereits durch eine andere Person verursachten beeinträchtigenden Zustand aufrechterhalten. Zustandsstörer ist also diejenige Person, von deren Willen die Beseitigung des besitz- oder eigentumsbeeinträchtigenden Zustands abhängt, ohne dass er oder sie unmittelbar die Störung verstärken oder hervorrufen muss.

3. Rechtsfolge

Im Rahmen des § 1004 BGB kann als Rechtsfolge Beseitigung und/oder Unterlassen geprüft werden. Die Voraussetzungen des Unterlassungsanspruchs ähneln denen des Beseitigungsanspruchs stark. Allerdings sind zusätzliche weitere Beeinträchtigungen, in Form einer Wiederholungsgefahr erforderlich. Entgegen des Wortlauts genügt es aber, dass eine erste Beeinträchtigung bevorsteht. Dies wird damit argumentiert, dass die Schadensverhütung besser sei als die Schadensbeseitigung.

Auch an die Darlegung der Wiederholungsgefahr werden auch insgesamt keine hohen Anforderungen gestellt: eine einmalige Störung indiziert in der Regel, dass weitere Beeinträchtigungen in der Zukunft zu erwarten sind, außer gegenteiliger, unwidersprochener Vortrag indiziert, dass dies nicht zu erwarten ist.

4. Keine Duldungspflicht

Die Ansprüche auf Beseitigung bzw. Unterlassen bestehen gem. § 1004 II BGB nicht, wenn der Eigentümer zur Duldung verpflichtet ist. In Betracht kommen gesetzliche oder rechtsgeschäftliche Duldungspflichten.

Gesetzliche Duldungspflichten sind beispielsweise Rechtfertigungsgründe (i.S.d. §§ 227, 904 BGB), privates Nachbarschaftsrecht, i.S.d. §§ 905 ff. BGB und diverse öffentlich-rechtliche Vorschriften (z.B. § 1 LuftVG). Auch aus Rechtsgeschäft können sich Duldungspflichten ergeben, wenn nämlich wirksam vereinbart worden ist, dass sich der Beeinträchtigte zur Duldung oder Hinnahme verpflichtet oder bereiterklärt. Die bloße Duldung einer Störung für eine gewisse Zeit stellt indes nicht schon den Verzicht auf die Geltendmachung von Ansprüchen oder gar Einwilligung in die Beeinträchtigung dar.

4. Exkurs

Neben der Anwendung für das Eigentum entsprechend dem Wortlaut finden der Beseitigungs- und der Unterlassungsanspruch nach § 1004 BGB auch auf andere absolute Rechte Anwendung. Im Falle der Beeinträchtigung der Gesundheit ist bspw. § 1**004 BGB analog** anzuwenden. Kommt es durch unzulässige Einwirkungen eines Störers zu einer Beeinträchtigung der Gesundheit des Anspruchstellers, so kann der Betroffene Störungsbeseitigung und Unterlassung künftiger Beeinträchtigung nach § 1004 I analog i.V.m. § 823 I BGB verlangen.

Zahlreiche Spezialnormen zeigen, dass absolute Rechte und rechtsähnliche Positionen gegen Beeinträchtigungen durch einen Unterlassungs- und Beseitigungsanspruch geschützt werden (z.B. § 12 BGB für das Namensrecht, § 37 II HGB für die Firma, § 97 I UrhG für das Urheberrecht, §§ 14, 15 MarkenG für die Marke und die geschäftliche Bezeichnung, § 139 PatentG für das Patent, § 862 BGB für den Besitz), ob der Anspruch dann seiner systematischen Einordnung noch als „dinglich" zu bezeichnen ist, ist zumindest fraglich. Selbstverständlich ist § 1004 I BGB grundsätzlich als dinglicher Anspruch zu systematisieren, die Möglichkeit auch anderen, nicht-dinglichen Beeinträchtigungen durch die analoge Anwendung der Vorschrift zu begegnen, lässt sie allerdings beinahe ebenso häufig in deliktischem Zusammenhang (analog) auftauchen, typische Fälle sind quasinegatorische Unterlassungsansprüche. Der **quasinegatorische Unterlassungsanspruch** ist ein von der Rechtsprechung geschaffener Anspruch, mit dem Störungen abgewehrt werden können, indem die Unterlassung einer drohenden Störung verlangt und klageweise geltend gemacht werden kann, klassische Klausur- oder Prüfungskonstellationen sind das Verlangen der künftigen Unterlassung von Ehr- und/oder Persönlichkeitsrechtsverletzenden Veröffentlichungen, beispielsweise durch TV-Sendungen oder die Regenbogenpresse.

C. ÜBUNGSKLAUSUR

In diesem Teil wird eine vergleichsweise einfache Übungsklausur zu § 823 I BGB mit Lösung vorgeschlagen. Die Klausur soll einen Überblick über die Tatbestandsmerkmale der Vorschrift geben und stellt eine Besonderheit innerhalb der Kausalitätsprüfung heraus – die Prüfung des Schutzzwecks der Norm innerhalb der Kausalität.

I. SACHVERHALT, INFLAGRANTI

D bricht in die Wohnung des V ein und entdeckt eine Schachtel, in der sich Bargeld und Echtschmuck befinden. Als er die ganze Schachtel einsteckt, kehrt V zurück nach Hause und es sieht so aus, als würde er D auf frischer Tat ertappen. D will nicht erwischt werden und sich mit den Wertsachen aus dem Staub machen. Er klettert aus dem Fenster auf den 1,50 Meter über dem Erdboden liegenden Teil eines Garagenflachdachs, um zu entkommen. V verfolgt D dorthin, um ihn zu stellen und rutscht auf dem nicht trittfesten Garagendach aus, sodass er in die „Tiefe“ stürzt und sich wegen des Sturzes aus dieser Höhe seinen rechten Arm bricht – sonst passiert ihm nichts.

V verlangt von D die Heilbehandlungskosten wegen des Armbruchs gem. § 823 I BGB ersetzt, zu Recht?

II. LÖSUNGSVORSCHLAG, INFLAGRANTI

Schadensersatzanspruch des V gegen D gem. § 823 I BGB

V könnte einen Anspruch auf Ersatz der entstandenen Heilbehandlungskosten wegen seines gebrochenen Armes gem. § 823 I BGB gegen D haben. Hierzu müssten sowohl der haftungsbegründende als auch der haftungsausfüllende Tatbestand gegeben sein.

A. Haftungsbegründender Tatbestand

Zunächst bedarf es des Vorliegens des haftungsbegründenden Tatbestands, dieser liegt vor, wenn der objektive Tatbestand, Rechtswidrigkeit und Verschulden gegeben sind.

I. Objektiver Tatbestand

Zunächst müsste der objektive Tatbestand des § 823 I BGB gegeben sein. Dies ist der Fall, wenn es zu einer Rechtsgutverletzung an den geschützten Rechtsgütern des V durch eine geeignete Verletzungshandlung in kausaler Art und Weise gekommen ist.

1. Rechtsgutverletzung des V

V könnte eine Körper- oder Gesundheitsverletzung erlitten haben. Eine solche Verletzung ist ein Eingriff in die körperliche Integrität, der zu einer Störung der körperlichen, geistigen oder seelischen Lebensvorgänge führt und einen pathologischen Zustand hervorruft oder verstärkt. V hat einen gebrochenen Arm erlitten, damit ist ein pathologischer Zustand hervorgerufen worden und in seine körperliche Integrität eingegriffen worden. Eine Körper- sowie eine Gesundheitsverletzung liegen vor.

2. Verletzungshandlung

Weiterhin müsste auch eine Verletzungshandlung gegeben sein. Hierfür kommen sowohl ein aktives Tun als auch eine Unterlassung bei entsprechender Pflicht zum Tätigwerden in Betracht. D ist in das Haus eingebrochen, hat eine Wertsachenschachtel an sich genommen und hat mit diesen Sachen des V die Flucht ergriffen. Ein aktives menschliches Tun liegt vor.

3. Haftungsbegründende Kausalität (Handlung und Rechtsgutverletzung)

Weiterhin müsste die haftungsbegründende Kausalität gegeben sein. Dies ist der Fall, wenn ein äquivalenter und adäquater Zusammenhang zwischen der Verletzungshandlung und der Rechtsgutverletzung identifiziert werden kann und dieser auch vom Schutzzweck der Norm umfasst ist.

a. Äquivalente Kausalität

Nach der Äquivalenztheorie ist eine Handlung dann für den Erfolg kausal, wenn sie nicht hinweggedacht werden kann, ohne dass der Erfolg in seiner konkreten Gestalt entfiele. Wäre D nicht in das Haus des V eingebrochen und wäre er nicht geflohen, dann hätte keine Verfolgung stattgefunden und V hätte sich nicht verletzt. Das Tun des D kann mithin nicht hinweggedacht werden, ohne, dass die Verletzung entfiele. Kausalität im Sinne der Äquivalenztheorie ist gegeben.

b. Adäquate Kausalität

Weiterhin müsste auch Kausalität i.S.d. Adäquanztheorie vorliegen. Dies ist der Fall, wenn eine Ursache vorliegt, bei der nach allgemeiner Lebenserfahrung davon auszugehen ist, dass diese zu den vorliegenden Rechtsgutverletzungen führt.

Nach der allgemeinen Lebenserfahrung ist es nicht außerhalb jeder Wahrscheinlichkeit, dass bei einer Verfolgung aus dem Fenster und über ein Garagenvordach eine Person stürzen und sich den Arm brechen kann. Das Handeln des D war folglich auch adäquat kausal für die Rechtsgutverletzung.

c. Kausalität i.S.d. Lehre vom Schutzzweck der Norm

Letztlich müsste auch der Schutzzweck der Norm betroffen sein. Dies ist der Fall, wenn die erlittenen Nachteile aus der Verletzungshandlung eben dem Gefahrenbereich entspringen, zu dessen Schutz die Norm erlassen wurde. Hier könnte eine Zurechnung der Rechtsgutverletzung des V deswegen problematisch sein, weil diese aufgrund eines eigenen Verfolgungsentschlusses und sodann auch durch eine eigene Handlung des V, nämlich dem D auf das Vordach einer Garage zu folgen, geschehen ist und somit der V quasi seine Verletzung selbst herbeigeführt hat. Eine Zurechnung in derartigen herausgeforderten Selbstschädigungen könnte im Sinne der Rechtsprechung zu Verfolgerfällen geschehen. Die Zurechnung geschieht, wenn sich V zu der Handlung vernünftigerweise unter Annahme eines Verfolgungsrechts herausgefordert fühlen durfte und die eingetretene Rechtsgutverletzung gerade Resultat der erlaubten und risikoadäquaten Verfolgung ist.

aa. Herausforderung durch vorwerfbares Verhalten

Der Entfliehende muss durch vorwerfbares Tun die Verfolgung herausgefordert haben. Durch den Einbruch und die anschließende Flucht hat D die Verfolgung durch V herausgefordert, dies müsste auch vorwerfbar passiert sein. Dies ist der Fall, wenn es für den Flüchtenden erkennbar und vermeidbar gewesen ist, dass er durch sein Tun für den Verfolger eine Situation deutlich erhöhter Verletzungsgefahr schafft. Hier hat D die Verfolgung durch V herausgefordert, obwohl für ihn die Gefährlichkeit des Fluchtweges erkennbar war, er mit der Verfolgung durch V wegen seiner Rechtsgutverletzung rechnen musste und die Flucht, wie den Einbruch insgesamt, auch hätte unterlassen können.

bb. Angenommenes Verfolgungsrecht

Weiterhin müsste der Verfolgende auch annehmen, ein Verfolgungsrecht zu haben. Ein Verfolgungsrecht des V ergibt sich hier aus den § 127 StPO und § 229 BGB. V verfolgte hier den D, um von diesem Festnahmerecht Gebrauch zu machen und seine Rechtsgüter zu verteidigen. V handelte in Annahme und Realisierung eines Verfolgungsrechts.

cc. Zweck-Mittel-Relation

Das Risiko des eingesetzten Mittels, hier der Verfolgung, müsste auch in einem angemessenen Verhältnis zum Zweck der Verfolgung stehen; der Verfolgende darf generell ein umso größeres Risiko auf sich nehmen, je schwerer der Vorwurf wegen der Rechtsgutverletzung des Fliehenden ist. Hier lag der Zweck der Verfolgung lag darin, Schmuck und Bargeld zu sichern. Das Risiko der Verfolgung bestand darin, von einem in 1,50 Meter hohen Garagenvordach zu fallen. Die Verfolgung durch V erscheint hier angemessen, weil das Verletzungsrisiko nicht sehr hoch und der Wert der gestohlenen Gegenstände vergleichsweise bedeutend war.

dd. Realisierung einer spezifischen Gefahr

Letztlich müsste sich in Form der Rechtsgutverletzung auch das gesteigerte Verfolgungsrisikos realisiert haben. Der Sturz vom Garagendach war Ausdruck für die typische Verfolgungsgefahr, im vorliegenden Fall sind alle Merkmale für die Zurechenbarkeit der Verfolgung gegeben. Somit ist die Rechtsgutverletzung D auch nach der Lehre vom Schutzzweck der Norm zurechenbar.

II. Rechtswidrigkeit

Mangels Vorliegens von Rechtfertigungsgründen ist die Rechtswidrigkeit gegeben, sie ist durch die Verwirklichung des Tatbestandes durch aktives Tun indiziert.

III. Verschulden

Weiterhin müsste ein Verschulden gegeben sein. Hier könnte D fahrlässig gehandelt haben. Fahrlässigkeit i.S.d. § 276 II BGB liegt vor, wenn er die im Verkehr erforderliche Sorgfalt außer Acht gelassen hat. Der Verfolgte muss in vorwerfbarer Weise zu der selbstgefährdenden Handlung des Verfolgers herausgefordert haben. Das Verschulden muss sich daher auf Tatbestand und Rechtswidrigkeit beziehen, d.h. auch auf die Verletzung der in § 823 I BGB bezeichneten Rechtsgüter.

D müsste demnach gewusst oder fahrlässig verkannt haben, dass V infolge des gesteigerten Verfolgungsrisikos einen Schaden erleiden könnte. D ist hier über ein Garagenvordach geflüchtet. Für V bestand nur die Möglichkeit ihm auf selben Wege zu folgen. Insoweit hätte D vorhersehen können, dass die Gefahr eines Sturzes und eine Verletzung des V nahelag, mindestens aber möglich erschien. Durch sein Handeln hat er so die erforderliche Sorgfalt außer Acht gelassen. Folglich hat D fahrlässig gehandelt, ein Verschulden liegt vor.

B. Haftungsausfüllender Tatbestand

Auch müsste der haftungsausfüllende Tatbestand erfüllt sein. Dieses ist so weit der Fall, wie ein ersatzfähiger Schaden vorliegt, die haftungsbegründende Kausalität einen Zusammenhang zwischen Rechtsgutverletzung und Schaden herstellt und ein Mitverschulden abgezogen oder berücksichtigt werden muss.

I. Ersatzfähiger Schaden

D hat alle durch die Rechtsgutverletzung adäquat kausal und zurechenbar verursachten Schäden zu ersetzen. Die Rechtsgutverletzung lag hier in dem gebrochenen Arm. Rechtsgutverletzung und Schaden sind identisch. Dieser Schaden wird nach § 249 I 2 BGB in der Weise ersetzt, dass ein entsprechender Geldbetrag für die Heilbehandlungskosten zu zahlen ist.

Hinweis: Die Prüfung der §§ 249 ff. BGB unter dem Punkt „Schaden" bzw. „ersatzfähiger Schaden" sollte erkennen lassen, dass es Möglichkeiten der Abweichung vom Grundsatz der Naturalrestitution i.S.d. § 249 I BGB gibt, so beispielsweise die Kompensation in Geld nach § 249 II BGB, den Wertersatz nach § 251 BGB oder den immateriellen (und damit nicht unmittelbar restituierbaren) Schaden nach § 253 BGB.

II. Haftungsausfüllende Kausalität

Weiterhin müsste ein äquivalenter, adäquater und vom Schutzzweck der Norm umfasster Kausalzusammenhang zwischen der eingetretenen Rechtsgutverletzung dem festgestellten Schaden vorhanden sein. Hätte sich hier V nicht den Arm gebrochen, wären auch keine

Heilbehandlungskosten in angegebener Höhe entstanden. Auch bedarf der äquivalente Verursachungsbeitrag keiner Korrektur durch Adäquanz- oder Schutzzweckerwägungen. Haftungsausfüllende Kausalität liegt vor.

III. Mitverschulden

Letztlich könnte der Schadensersatzanspruch um einen Mitverschuldensanteil zu kürzen sein. Dies ist der Fall, wenn ein vorwerfbares Verhalten des Schadensersatzgläubigers zur Entstehung des Schadens beigetragen hat. Ein solches Verhalten ist hier nicht ersichtlich, ein Mitverschulden des V gem. § 254 I BGB liegt mithin nicht vor.

> **Hinweis:** Der Schuldner hat nach § 276 BGB regelmäßig Verschulden zu vertreten; aufgrund des Gleichbehandlungsgrundsatzes sieht § 254 I BGB vor, dass dem Geschädigten ein Verschulden bei der Schadensentstehung ebenfalls nach § 276 BGB zur Last gelegt werden kann. Im wesentlich kann geprüft werden, ob „die Außerachtlassung derjenigen Sorgfalt, die ein ordentlicher und verständiger Mensch zur Vermeidung eigenen Schadens anzuwenden pflegt" vorliegt [BGHZ 74, 25 (28)]. Mit entsprechender Argumentation oder anderen Hinweisen im Sachverhalt könnte dieses hier auch angenommen werden. Typisch wären hier Formulierungen wie „obwohl er wusste, dass das Dach wackelig ist" oder „obwohl er nur Socken und kein festes, geeignetes Schuhwerk anhatte". Berücksichtigt werden sollte bei der Prüfung eines Mitverschuldens stets, dass es sich um Wertungsentscheidung handelt, die zwar kurz begründet werden kann, in der Klausur aber nicht ausufern darf.

C. Ergebnis

V hat einen Anspruch auf Ersatz der Heilbehandlungskosten gem. § 823 I BGB gegen D.

> **Hinweis:** Die Aufteilung in A. Haftungsbegründender Tatbestand und B. Haftungsausfüllender Tatbestand ist keine verpflichtende Aufbauweise und ein Vorschlag zur Gliederung des Anspruche Denkbar erscheint es auch, die Tatbestandsmerkmale zu prüfen und sodann als „Rechtsfolge" weiterzuprüfen oder die Prüfung nur in Anspruch entstanden, Anspruch untergegangen und Anspruch durchsetzbar zu gliedern.

TEIL 7: BEREICHERUNGSRECHT

Mit den Ansprüchen aus ungerechtfertigter Bereicherung sollen nicht gerechtfertigte Vermögensverschiebungen rückgängig gemacht werden. Wurde z.B. bei einem schuldrechtlichen Vertrag der Antrag wirksam angefochten, bleibt aber das Verfügungsgeschäft aufgrund des Abstraktionsprinzips wirksam, so kann der Anfechtende die Herausgabe des übertragenen Eigentums verlangen. § 812 I 1 BGB stellt den Grundtatbestand des Bereicherungsrechts dar und enthält zwei Alternativen: nach Alt. 1 die Leistungskondiktion, der *condictio indebiti*, und nach Alt. 2 die Nichtleistungskondiktion bzw. Eingriffskondiktion.

Zwei weitere Fälle der Leistungskondiktion enthält § 812 I 2 BGB: in Alt. 1 den späteren Wegfall des Rechtsgrunds und in Alt. 2 den Nichteintritt des mit der Leistung bestimmten Zwecks. Einen Sonderfall der Leistungskondiktion stellt § 813 BGB dar, während § 816 I BGB als Fall der Eingriffskondiktion anzusehen sind. Weitere Sonderfälle sind in §§ 817 und 822 BGB geregelt. Bei der Kondiktion in sonstiger Weise werden die Fälle der Eingriffs-, Rückgriffs- sowie Verwendungskondiktion unterschieden. Lediglich in bestimmten Sonderfällen werden die Bereicherungsansprüche gem. §§ 814, 815, 817 S. 2 BGB ausgeschlossen, da der Entreicherte insofern als nicht schutzwürdig angesehen wird.

A. EINFÜHRUNG

Um Fälle des Bereicherungsrechts zu verstehen, sind Kenntnisse vom Abstraktionsprinzip zwingend erforderlich. Da dingliche Verfügungen z.B. in der Gestalt einer Besitz- und Eigentumsverlagerung auch ohne rechtswirksames Verpflichtungsgeschäft z.B. in Form eines Kaufvertrages wirksam sein können, bedarf es eines Anspruches, um die wirksamen Verfügungen rückgängig machen zu können. Diesen Anspruch stellt das Bereicherungsrecht sicher.

So muss bei Vorliegen der Tatbestandsmerkmale des § 812 I 1 Alt. 1 BGB der Bereicherte an den Entreicherten das wiederum herausgeben, was er konkret erlangt hat. Bei einem unwirksamen Kaufvertrag und der bereits geleisteten Kaufpreiszahlung durch den Käufer hätte folglich der Verkäufer dem Käufer den Kaufpreis wieder herauszugeben, der Käufer Eigentum und Besitz am Kaufgegenstand. Ist dieses nicht mehr möglich, so hat er nach § 818 II BGB einen entsprechenden Wertersatz in Geld zu leisten. Nach h.M. wird dabei auf den objektiven Verkehrswert der Bereicherung abgestellt. Ein möglicher Mehrerlös z.B. im Rahmen einer bereits erfolgten Weiterveräußerung des ursprünglichen Kaufgegenstandes vom Käufer fällt nicht hierunter. Im Folgenden werden nun die einzelnen prüfungsrelevanten Anspruchsgrundlagen des Bereicherungsrechts aufgeführt.

B. EINZELNE ANSPRUCHSGRUNDLAGEN

I. LEISTUNGSKONDIKTION (§ 812 I 1 ALT. 1 BGB)

Zur Erfüllung der Leistungskondiktion, der *condictio indebiti*, gem. § 812 I 1 Alt. 1 BGB müsste der Anspruchsgegner etwas durch Leistung des Anspruchstellers erlangt haben. Der klassische Anwendungsfall für die Leistungskondiktion ist der nichtige Kaufvertrag.

I. Anspruch entstanden

1. Etwas erlangt
2. Durch Leistung des Anspruchstellers
3. Ohne Rechtsgrund
4. Kein Ausschlussgrund
5. Rechtsfolge

II. Anspruch untergegangen
III. Anspruch durchsetzbar

In der Regel wird der Tatbestand dadurch erfüllt, dass der Leistende eine Leistung an den Leistungsempfänger aufgrund eines Vertrags erbracht hat, der allerdings unwirksam ist.

1. Etwas erlangt

Der Anspruchsgegner muss etwas vom Anspruchsteller erlangt haben. Als „etwas" ist jede vermögenswerte Rechtsposition zu verstehen, also jede Vermögensveränderung, die die Vermögenslage des Empfängers verbessert, z.B. Eigentum, Besitz, Gebrauchsvorteile, Befreiung von einer Verbindlichkeit, Ersparnis von Aufwendungen, unrichtige Grundbucheintragung.

2. Durch Leistung des Anspruchstellers

Unter Leistung wird die bewusste und gewollte zweckgerichtete Vermehrung fremden Vermögens verstanden. Der Zweck der Leistung besteht grundsätzlich in der Erfüllung einer vermeintlichen Verbindlichkeit aus einem Schuldverhältnis. So hat z.B. jemand an den Zahlungsempfänger geleistet, der in der vermeintlichen Erfüllung einer Verpflichtung aus einem Kaufvertrag den Kaufpreis an den Vertragspartner gezahlt hat. Aber auch tatsächlichen Handlungen können als Leistung angesehen werden. So hat auch derjenige geleistet, der z.B. in Abwesenheit seines Nachbarn seine Gartenpflanzen gießt und später festgestellt wird, dass der Garten im Eigentum eines anderen Nachbarn steht.

3. Leistung erfolgt ohne rechtlichen Grund

Es mangelt an dem rechtlichen Grund für die Leistung, wenn die vermeintliche Verbindlichkeit nicht besteht (z.B. bei Konstellationen eines unwirksamen Vertrags), die beabsichtigte Erfüllungswirkung nicht eintritt (z.B. bei einer mangelnden Geschäftsfähigkeit des Anspruchsgegners), das gesetzliche Schuldverhältnis nicht existent war oder es an der Wirksamkeit des Kausalgeschäfts bei einem wirksamen dinglichen Erfüllungsgeschäft fehlt (*condictio indebiti*).

4. Kein Ausschlussgrund (§§ 814, 815, 817 S. 2 BGB)

Liegen die Voraussetzungen des § 812 I 1 Alt. 1 BGB vor, so ist zudem an die folgenden Ausschlussgründe zu denken:

a. Kenntnis der Nichtschuld (§ 814 BGB)

Das zum Zwecke der Erfüllung einer Verbindlichkeit Geleistete kann nicht zurückgefordert werden, wenn der Leistende gewusst hat, dass er zur Leistung nicht verpflichtet war, oder wenn die Leistung einer sittlichen Pflicht oder einer auf den Anstand zu nehmenden Rücksicht entsprach.

b. Nichteintritt des Erfolgs (§ 815 BGB)

Auch wenn der mit der Leistung angestrebte Erfolg nicht eingetreten ist, kann das Geleistete nicht zurückverlangt werden, wenn entweder der Eintritt des Erfolgs von Anfang an nicht möglich war und der Leistende dies gewusst hat oder der Leistende den Eintritt des Erfolgs wider Treu und Glauben verhindert hat.

c. Verstoß gegen Gesetz oder gute Sitten (§ 817 S. 2 BGB)

Verstößt der Leistende durch die Leistung gegen ein gesetzliches Verbot oder die guten Sitten, so ist eine Rückforderung ausgeschlossen.

5. Rechtsfolge

Mit den bereicherungsrechtlichen Ansprüchen sollen nicht gerechtfertigte Vermögensverschiebungen ausgeglichen werden, sodass Vermögensvermehrungen beim Bereicherten wieder zugunsten des Entreicherten rückgängig gemacht werden.

a. Herausgabe des Erlangten

Hat jemand etwas ohne Rechtsgrund erlangt, so ist er gem. § 812 I 1 Alt. 1 BGB zur Herausgabe des Erlangten (des Vermögensvorteils, von Nutzungen §§ 99, 100 BGB sowie von Surrogaten gem. §§ 812 I, 818 I BGB) verpflichtet.

b. Leistung von Wertersatz

Ist die Herausgabe des Erlangten wegen einer objektiven oder subjektiven Unmöglichkeit nicht möglich, so ist Ersatz in Höhe des objektiven Wertes des Erlangten gem. § 818 II BGB zu leisten.

c. Ausschluss der Leistungspflicht

Eine Ersatzpflicht ist jedoch im Falle des Wegfalls der Bereicherung gem. § 818 III BGB nicht gegeben. Es soll nach dem Bereicherungsrecht nur das beim Empfänger abgeschöpft werden, was ihn aktuell noch bereichert. Eine Vermögensminderung beim Empfänger darf im Gegensatz zu den Schadensersatzansprüchen aus dem Deliktsrecht nicht erfolgen. Mögliche Fallkonstellationen hinsichtlich des Ausschlusses der Leistungspflicht treten auf, wenn

- der erlangte Gegenstand beschädigt oder zerstört ist und kein Surrogat erlangt wird,
- keine Aufwendungen erspart worden sind, die ohne die Leistung getätigt worden wären.

Eine Verrechnung aller sonstigen mit dem Bereicherungsvorgang verbundenen Vor- und Nachteile ist im Einzelfall durch eine Interessenabwägung zu bestimmen, wobei darauf abgestellt wird, wer nach dem Willen der Vertragsparteien oder den Regeln des fehlgeschlagenen Geschäfts das Entreicherungsrisiko zu tragen hat.

d. Verschärfte Haftung (§§ 818 IV, 819, 820 BGB)

Ab Rechtshängigkeit tritt für den Empfänger eine verschärfte Haftung ein. So ist eine Berufung auf den Wegfall der Bereicherung grundsätzlich nur bei unverschuldeter Unmöglichkeit der Herausgabe möglich. Dies gilt ebenso gem. § 819 BGB bei Kenntnis und bei Gesetzes- oder Sittenverstößen bzw. nach § 820 BGB bei ungewissem Erfolgseintritt.

e. Die Herausgabepflicht eines Dritten (§ 822 BGB)

Ist das ohne rechtlichen Grund Erlangte unentgeltlich vom Empfänger einem Dritten übertragen worden und ist die eigene Haftung des Empfängers infolgedessen wegen des Wegfalls der Bereicherung nach § 818 III BGB ausgeschlossen, so ist der Dritte zur

Herausgabe gem. § 822 BGB verpflichtet. Er wird also so gestellt, als ob er die Leistung direkt vom Entreicherten erhalten hätte. Im Unterschied zu § 816 I 2 BGB hat der Dritte die Leistung von einem Berechtigten erhalten. Während es sich bei § 816 I 2 BGB um die Verfügung eines Nichtberechtigten zum Nachteil des Entreicherten handelt, hat § 822 BGB die unentgeltliche Verfügung eines Berechtigten im Blickfeld.

II. WEGFALL DES RECHTLICHEN GRUNDES (§ 812 I 2 ALT. 1 BGB)

Der Herausgabeanspruch gem. § 812 I 2 Alt. 1 BGB besteht auch dann, wenn der rechtliche Grund im Rahmen der sog. *condictio ob causam finitam* später wegfällt. Ob hierunter auch der Fall der Anfechtung mit der Folge des § 142 I BGB zu verstehen ist oder ob dieser gem. § 812 I 1 Alt. 1 BGB gelöst wird, ist umstritten. Anzuwenden ist die Alternative z.B. in den Fällen, bei denen eine Diebstahlversicherung dem Eigentümer Wertersatz geleistet hat, aber dieser den gestohlenen Gegenstand zurückerhält.

I. Anspruch entstanden

1. Etwas erlangt
2. Durch Leistung des Anspruchstellers
3. Späterer Wegfall des rechtlichen Grundes
4. Kein Ausschlussgrund
5. Rechtsfolge

II. Anspruch untergegangen
III. Anspruch durchsetzbar

Im Gegensatz zu § 812 I 1 BGB bestand bei Satz 2 der Rechtsgrund für die Leistung ursprünglich, ist jedoch später wegfallen.

1. Etwas erlangt

Hinsichtlich dieses Tatbestandsmerkmal kann auf das Vorgesagte verwiesen werden.

2. Durch Leistung des Anspruchstellers

Das Erlangte muss der Anspruchsgegner vom Antragsteller durch Leistung erlangt haben. Dabei gilt auch hier, dass der Anspruchssteller eine bewusste und gewollte zweckgerichtete Vermehrung fremden Vermögens vorgenommen haben muss.

3. Rechtlicher Grund fällt später weg

Vornehmlich werden mit dieser *condictio* die folgenden Fallkonstellationen abgedeckt, in denen der Rechtsgrund bestand, aber nunmehr nicht besteht:

- Es liegt ein Vertrag mit auflösender Bedingung oder Befristung vor,
- es handelt sich um eine Fallgestaltung einer Kündigung oder des Widerrufs einer Schenkung,
- der Versicherungsfall fällt weg, da z.B. die gestohlene Sache wieder aufgetaucht ist.

4. Kein Ausschlussgrund (§ 817 S. 2 BGB)

Nach § 817 S. 2 BGB fällt der Bereicherungsanspruch weg, wenn dem Leistenden gleichfalls ein Gesetzes- oder Sittenverstoß zur Last fällt. In dieser Fallgruppe verstoßen folglich Leistender als auch Leistungsempfänger mit ihrem Verhalten gegen die Rechtsordnung. Wenn also der Leistende eine Beamtenbestechung vornimmt, in der Erwartung, dass eine für ihn günstige Amtshandlung gewährt wird, erhält er sein Geld nicht zurück.

5. Rechtsfolge

Hinsichtlich der Rechtsfolgen des § 812 I 2 Alt. 1 BGB kann auf die obigen Ausführungen verwiesen werden. So ist der Bereicherte wiederum zur Herausgabe des Erlangten bzw. Wertersatz (§§ 812, 818, 819 BGB) verpflichtet.

III. NICHTEINTRITT DES BEZWECKTEN ERFOLGES (§ 812 I 2 ALT. 2 BGB)

Als Fall der Leistungskondiktion wird auch die Fallgruppe der Leistung bei Nichteintritt des bezweckten Erfolges angesehen, die sogenannte *condictio ob rem*. Hier wird z.B. eine Zahlung in der Erwartung gelistet, dass ein bestimmtes Ereignis eintritt. Bleibt dieses jedoch aus, so kann der Leistende den Geldbetrag zurückverlangen.

I. Anspruch entstanden

1. Etwas erlangt
2. Durch Leistung des Anspruchstellers
3. Nichteintritt des bezweckten Erfolgs
4. Kein Ausschlussgrund
5. Rechtsfolge

II. Anspruch untergegangen
III. Anspruch durchsetzbar

1. Etwas erlangt

Der Anspruchsgegner muss zunächst etwas erlangt haben, also eine vermögenswerte Rechtsposition.

2. Durch Leistung des Antragstellers.

Die Leistung muss einen anderen Zweck als die Erfüllung einer Verbindlichkeit oder einen weitergehenden Zweck als nur die Erfüllung einer Verbindlichkeit verfolgt haben.

3. Nichteintritt des bezweckten Erfolgs

Auch in dieser Alternative muss der Anspruchsgegner etwas durch Leistung des Anspruchstellers erlangt haben, also muss der Anspruchsteller eine bewusste und gewollte zweckgerichtete Vermehrung fremden Vermögens vorgenommen haben.

4. Kein Ausschluss (§§ 815, 817 S. 2 BGB)

Es darf kein Ausschlussgrund nach §§ 815, 817 S. 2 BGB vorliegen. Nach § 815 BGB kann trotz des Nichteintritts des bezweckten Erfolgs das Geleistete nicht zurückgefordert werden, wenn der Eintritt des Erfolgs von Anfang an unmöglich war und der Leistende dies gewusst hat oder wenn der Leistende den Eintritt des Erfolgs wider Treu und Glauben verhindert hat.

5. Rechtsfolge

Hinsichtlich der Rechtsfolgen des § 812 I 2 Alt. 2 BGB kann auf die obigen Ausführungen verwiesen werden. So ist der Bereicherte wiederum zur Herausgabe des Erlangten bzw. Wertersatz (§§ 812, 818, 819 BGB) verpflichtet.

IV. ERFÜLLUNG TROTZ EINREDE (§ 813 I BGB)

Das zum Zwecke einer Verbindlichkeit Geleistete kann auch dann zurückgefordert werden, wenn dem Anspruch eine Einrede gegenüberstand, durch welche die Geltendmachung des Anspruchs dauerhaft ausgeschlossen wurde.

I. Anspruch entstanden

1. Etwas erlangt
2. Durch Leistung des Anspruchstellers
3. Bestehen einer dauerhaften Einrede
4. Kein Ausschlussgrund
5. Rechtsfolge

II. Anspruch untergegangen
III. Anspruch durchsetzbar

1. Etwas erlangt

Zunächst muss wiederum eine Bereicherung des Anspruchsgegners vorliegen. Er muss also etwas und damit eine vermögenswerte Rechtsposition erlangt haben.

2. Durch Leistung des Anspruchstellers

Das Erlangte muss der Anspruchsgegner aufgrund einer Leistung des Anspruchstellers erlangt haben. Hierzu ist wiederum eine bewusste und gewollte zweckgerichtete Vermehrung fremden Vermögens erforderlich.

3. Bestehen einer dauerhaften Einrede

Als dauerhafte Einrede kommen in Betracht z.B. §§ 821, 853 und 2083 BGB. Jedoch spielen in diesem Kontext §§ 813 I 2 und 214 II BGB eine wichtige Rolle und sind daher dringend zu beachten.

4. Kein Ausschluss (§§ 814, 817 S. 2 BGB)

Als Ausschlussgründe kommen speziell §§ 814, 817 S. 2 BGB in Betracht.

5. Rechtsfolge

Hinsichtlich der Rechtsfolgen des § 813 BGB kann auf die obigen Ausführungen verwiesen werden. So ist der Bereicherte wiederum zur Herausgabe des Erlangten bzw. Wertersatz (§§ 812, 818, 819 BGB) verpflichtet.

V. VERSTOSS GEGEN DIE GUTEN SITTEN (§ 817 S. 1 BGB)

Liegt ein Verstoß gegen Gesetz oder die guten Sitten vor, so ist regelmäßig bereits das Kausalgeschäft nichtig, und das Erlangte kann über § 812 I 1 Alt. 1 BGB herausverlangt werden. Der Anwendungsbereich des § 817 S. 1 BGB besteht folglich vornehmlich für die Fälle, bei denen §§ 814, 815 BGB den Anspruch gem. § 812 BGB entfallen lassen würden.

I. Anspruch entstanden

1. Etwas erlangt
2. Durch Leistung des Anspruchstellers
3. Verstoß gegen das Gesetz oder gute Sitten
4. Kein Ausschlussgrund
5. Rechtsfolge

II. Anspruch untergegangen
III. Anspruch durchsetzbar

1. Etwas erlangt

Zunächst muss eine Bereicherung des Anspruchsgegners durch den Anspruchsteller gegeben sein, d.h. der Anspruchsgegner muss etwas und damit eine vermögenswerte Rechtsposition erlangt haben.

2. Durch Leistung des Anspruchstellers

Die Vermögensmehrung beim Anspruchsgegner muss rückführbar sein auf eine Leistung des Anspruchsstellers, es muss also eine bewusste und gewollte zweckgerichtete Vermehrung fremden Vermögens vorliegen.

3. Verstoß gegen Gesetz oder gute Sitten

Die Annahme der Leistung muss gegen das Gesetz oder gegen die guten Sitten verstoßen.

4. Kein Ausschluss (§ 817 S. 2 BGB)

Als Ausschlussgrund kommt vorliegend § 817 S. 2 BGB in Betracht. Strittig ist in diesem Kontext, ob die subjektive Kenntnis, bzw. zumindest die grob fahrlässige Unkenntnis erforderlich ist oder ob ein objektiver Verstoß ausreicht. Hierzu werden in der Doktrin beide Auffassungen vertreten.

5. Rechtsfolge

Hinsichtlich der Rechtsfolgen des § 817 S. 1 BGB kann auf die obigen Ausführungen verwiesen werden. So ist der Bereicherte wiederum zur Herausgabe des Erlangten bzw. Wertersatz (§§ 812, 818, 819 BGB) verpflichtet.

VI. ENTGELTLICHE VERFÜGUNG EINES NICHTBERECHTIGTEN (§ 816 I 1 BGB)

Während bei der Leistungskondiktion der Berechtigte, d.h. der Inhaber des Rechts bzw. der vom Inhaber Berechtigte, eine Leistung erbringt, so wird im Nachfolgenden die rechtliche Situation bei Verfügungen von Nichtberechtigten beleuchtet. So kommt dem Nichtberechtigten bereits nach dem Sachenrecht gem. § 932 BGB ein besonderer Umstand zu, als dass er z.B. als Nichtberechtigter dem Käufer eines vom ihm ausgeliehenen Gegenstandes wirksam Eigentum verschaffen kann. Geht der ursprüngliche Eigentümer seines Eigentums verlustig, so steht ihm zumindest über § 816 I 1 BGB die Möglichkeit zu, den gezahlten Kaufpreis vom Entleiher zu erhalten.

I. Anspruch entstanden

1. Verfügung eines Nichtberechtigten
2. Entgeltlichkeit
3. Dem Berechtigten gegenüber wirksam
4. Rechtsfolge

II. Anspruch untergegangen
III. Anspruch durchsetzbar

1. Verfügung eines Nichtberechtigten

Unter Verfügung ist ein Rechtsgeschäft zu verstehen, das unmittelbar auf den Bestand eines Rechts einwirkt, z.B. durch Übertragung, Aufhebung oder Inhaltsänderung.

Als Nichtberechtigter gilt derjenige, der nicht verfügungsberechtigter Eigentümer ist und der auch nicht mit Einwilligung des Berechtigten gem. § 185 I BGB handelt.

2. Entgeltlichkeit

Während§ 816 I 1 BGB die Entgeltlichkeit der Verfügung zum Inhalt hat und damit der Verfügende zur Herausgabe verpflichtet ist, verpflichtet § 816 I 2 BGB einen Dritten, der aufgrund der Verfügung statt des Verfügenden einen rechtlichen Vorteil erlangt hat.

3. Wirksamkeit dieser Verfügung gegenüber dem Berechtigten

Die Verfügung muss gegenüber dem Berechtigten wirksam sein. Eine Verfügung kann u.a. aufgrund einer Genehmigung gem. § 185 II BGB oder eines gutgläubigen Erwerbs nach §§ 929, 932, 935 BGB gegenüber dem Berechtigten wirksam sein.

4. Rechtsfolge

Herausgabe des durch die Verfügung Erlangten, der Umfang richtet sich nach §§ 818, 819 BGB; nach h.M. ist der Veräußerungserlös inklusive eines erzielten Gewinns herauszugeben, den der Nichtberechtigte erlangt hat. Ist das Erlangte hingegen geringer als der Wert des Gegenstands, so ist dennoch nur das Erlangte herauszugeben. Die Differenz zum tatsächlichen Wert kann der Anspruchsteller als Schadensersatz ggf. aus Vertrag oder aus Deliktsrecht ersetzt verlangen.

VII. UNENTGELTLICHE VERFÜGUNG EINES NICHTBERECHTIGTEN (§ 816 I 2 BGB)

Muss der unberechtigt Verfügende gem. § 816 I 1 BGB das Erlangte herausgeben, stellt sich die Frage, ob er den Entreicherten dadurch seiner Rechte berauben kann, indem er den Gegenstand z.B. an einen Dritten verschenkt. In diesem Fall soll der Entreicherte über § 816 I 2 BGB geschützt werden. Da der Nichtberechtigte in diesem Fall nichts erlangt hat, was er dem Entreicherten herausgeben kann, hat der Entreicherte einen direkten Anspruch gegen den Beschenkten auf Herausgabe.

I. Anspruch entstanden

1. Verfügung eines Nichtberechtigten
2. Unentgeltlichkeit
3. Dem Berechtigten gegenüber wirksam
4. Rechtsfolge

I. Anspruch untergegangen
II. Anspruch durchsetzbar

Es bedarf einer wirksamen unentgeltlichen Verfügung eines Nichtberechtigten, die jedoch gegenüber dem Berechtigten wirksam ist.

1. Verfügung eines Nichtberechtigten

Als Nichtberechtigter gilt derjenige, der nicht verfügungsberechtigter Eigentümer ist und der auch nicht mit Einwilligung des Berechtigten gem. § 185 I BGB handelt. Unter Verfügung ist ein Rechtsgeschäft zu verstehen, das unmittelbar auf den Bestand eines Rechts einwirkt, z.B. durch Übertragung, Aufhebung oder Inhaltsänderung.

2. Unentgeltlichkeit

Im Gegensatz zu § 816 I 1 BGB ist die Verfügung des Nichtberechtigten unentgeltlich, womit der Verfügende im Ergebnis nichts erlangt hat. Hierunter sind nach h.M. nicht die Fallkonstellationen einer rechtsgrundlosen Verfügung, d.h. eine Verfügung aufgrund eines unwirksamen Vertrags zu verstehen.

3. Verfügung ist gegenüber dem Berechtigten wirksam

Wie in der vorgenannten Alternative muss die Verfügung gegenüber dem Berechtigten wirksam sein. So kann eine Verfügung u.a. aufgrund einer Genehmigung gem. § 185 II BGB oder eines gutgläubigen Erwerbs nach §§ 929, 932, 935 BGB gegenüber dem Berechtigten wirksam werden.

4. Rechtsfolge

Hinsichtlich der Rechtsfolgen des § 816 I 2 BGB kann auf die obigen Ausführungen verwiesen werden. So ist der Dritte, der vom Nichtberechtigten etwas erlangt hat, zur Herausgabe des unentgeltlich Erlangten verpflichtet (§§ 812, 818, 819 BGB).

VIII. LEISTUNG AN EINEN NICHTBERECHTIGTEN (§ 816 II BGB)

Leistet der Schuldner mit schuldbefreiender Wirkung, z.B. wegen §§ 407, 408 BGB an einen Nichtberechtigten, so liegt ein Fall des § 816 II BGB vor. So ist der Nichtberechtigte gegenüber dem Berechtigten zur Herausgabe des Geleisteten verpflichtet, da er einen Vorteil erhalten und der Berechtigte einen Vermögensnachteil erlitten hat. Insofern sorgt § 816 II BGB für den rechtlich gebotenen Ausgleich der Rechtsfolge des § 407 BGB.

I. Anspruch entstanden

1. Leistung an einen Nichtberechtigten
2. Die dem Berechtigten gegenüber wirksam ist
3. Rechtsfolge

II. Anspruch untergegangen
III. Anspruch durchsetzbar

1. Leistung an einen Nichtberechtigten

Leistungsempfänger ist ein Nichtberechtigter, der weder als Inhaber des Rechts noch aufgrund Ermächtigung zur Verfügung über das Recht befugt ist.

2. Leistung ist dem Berechtigten gegenüber wirksam

Die Leistung muss gegenüber dem Berechtigten wirksam sein. Die möglichen Fallkonstellationen basieren z.B. auf §§ 407, 408, 851 BGB oder einer Genehmigung des Berechtigten gem. § 185 II 1 BGB. Leistet der Schuldner in Unkenntnis einer Forderungsabtretung an den ursprünglichen an den ursprünglichen Gläubiger leistet und gem. § 407 BGB von der Leistungsverpflichtung frei wird.

3. Rechtsfolge

Hinsichtlich der Rechtsfolgen des § 816 II BGB kann auf die obigen Ausführungen verwiesen werden. So ist der Bereicherte wiederum zur Herausgabe des Geleisteten gegenüber dem Erwerber gem. §§ 812, 818, 819 BGB verpflichtet.

IX. NICHTLEISTUNGSKONDIKTION (§ 812 I 1 ALT. 2 BGB)

Aufgrund des Grundsatzes des Vorrangs der Leistungskondiktion ist lediglich subsidiär die Eingriffskondiktion zu prüfen. Leistungs- und Eingriffskondiktion schließen sich gegenseitig aus. Unterschieden wird bei der Nichtleistungskondiktion in die Eingriffs-, Rückgriffs- und Verwendungskondiktion.

I. Anspruch entstanden

1. Etwas erlangt
2. Ohne Rechtsgrund
3. In sonstiger Weise auf Kosten des Antragstellers
4. Rechtsfolge

II. Anspruch untergegangen
III. Anspruch durchsetzbar

1. Etwas erlangt

Der Anspruchsgegner muss, wie bei der Leistungskondiktion, etwas, also jede Art von Vermögensvorteil, erlangt haben.

2. Ohne Rechtsgrund

Ein Rechtsgrund ist in den Fällen nicht gegeben, bei denen weder Vertrag noch Gesetz dem Bereicherten ein Recht zum Behaltendürfen des Etwas zubilligt.

3. In sonstiger Weise auf Kosten des Anspruchstellers

Der Unterschied zur Leistungskondiktion besteht gerade darin, dass die Bereicherung nicht durch Leistung erfolgt. Dabei werden drei Fallkonstellationen unterschieden:

Die Handlung besteht in dem eigenen Eingriff des Bereicherten in den Zuweisungsgehalt eines fremden Rechts oder Vermögenswertes (sog. Eingriffskondiktion). Hierzu zählen folgende Fallgruppen:

- Die Inanspruchnahme eines fremden Rechts oder Vermögensvorteils für eigene Zwecke
- Der dabei erworbene eigene Vermögensvorteil gebührt in rechtlicher Wertung allein dem Rechtsinhaber, weil das Recht dem Inhaber zur ausschließlichen Nutzung zugewiesen ist, so insbesondere beim Eigentum und anderen absoluten Rechten.

– Unmittelbar auf Kosten des Rechtsinhabers (Unmittelbarkeit des Vermögensnachteils: Identität von gewinn- und verlustbegründendem Ereignis; kein Zwischenerwerb).

Zu der Fallgruppe der Eingriffskondiktion werden auch die Fälle gezählt, bei denen der Eingriff durch einen Dritten oder ohne menschliches Zutun (z.B. durch Tiere oder Naturgewalt) zugunsten des Bereicherten erfolgt.

– Die Handlung erfolgt durch Eingriff eines Dritten zur Tilgung der Verbindlichkeiten des Schuldners beim Gläubiger (sog. Rückgriffskondiktion).
– Die Handlung erfolgt durch Gewährung von Aufwendungen zugunsten eines anderen (sog. Verwendungskondiktion).

4. Rechtsfolge

Hinsichtlich der Rechtsfolgen des § 812 I 1 Alt. 2 BGB kann auf die obigen Ausführungen verwiesen werden. So ist der Bereicherte wiederum zur Herausgabe des Erlangten bzw. Wertersatz (§§ 812, 818, 819 BGB) verpflichtet.

C. ÜBUNGSKLAUSUR

I. SACHVERHALT, DIE LAUTE KLIMAANLAGE

Rechtsanwalt Dr. Nowak benötigt für seine Kanzlei während der Sommermonate eine Klimaanlage, die jedoch einen Dezibelwert von 80 nicht übersteigen sollte, um die Mandantengespräche nicht zu stören. Unter Bezugnahme auf ein Prospekt der Firma Blumentritt bestellt er daher mit Schreiben vom 11.06. für seine Rechtsanwaltskanzler ein Exemplar der Marke Luftrein 2000 zu einem Festpreis von 5.000,00 Euro inklusive Einbaukosten. In der Hoffnung der kurzfristigen Vertragsdurchführung zahlt er den Kaufpreis sofort. Wie sich jedoch nach Lieferung und Einbau durch die Firma Blumentritt am 30.06. herausstellt, brummt die Anlage dermaßen laut, dass Mandantengespräche nur schwer durchgeführt werden können. Eine Schallmessung ergab einen Dezibelwert von 100. Bei einem darauf am 30.06. geführten Telefonat gab Herr Blumentritt zu, dass sich auch bereits andere Kunden über die Lautstärke des Geräts beschwert hätten und ihm bekannt war, dass die Anlage einen Dezibelwert von ca. 100 aufweist. Da es sich jedoch um sein letztes Exemplar handelte, sah er eine gute Gelegenheit, dieses loszuwerden. Erbost verlangt Herr Dr. Nowak die Rückzahlung des vollständigen Kaufpreises von 5.000,00 Euro, da er mit dieser Klimaanlage nichts anfangen könne. Kann Rechtsanwalt Dr. Nowak von Herrn Blumentritt die Rückzahlung der 5.000,00 Euro verlangen?

II. LÖSUNGSVORSCHLAG, DIE LAUTE KLIMAANLAGE

Dr. Nowack könnte gegen Herrn Blumentritt einen Anspruch auf Rückzahlung des Kaufpreises von 5.000,00 Euro aus § 812 I 1 Alt. 1 BGB haben. Dies ist der Fall, wenn der Anspruch entstanden, nicht untergegangen und durchsetzbar ist.

1. Anspruch entstanden

Zunächst müsste der Anspruch entstanden sein. Hierfür müssten die Tatbestandsmerkmale der Anspruchsgrundlage erfüllt sein.

a. Etwas erlangt

So müsste Herr Blumentritt Etwas erlangt haben. Unter Etwas ist hierbei jede vermögenswerte Rechtsposition zu verstehen. Vorliegend hat Herr Blumentritt Eigentum und Besitz an 5.000,00 Euro und damit Etwas erlangt.

b. Durch Leistung

Dieses Etwas müsste Herr Blumentritt durch Leistung des Herrn Dr. Nowak erlangt haben. Daher müsste Rechtsanwalt Dr. Nowak das Vermögen des Herrn Blumentritt bewusst und zweckgerichtet gemehrt haben. Hier wollte sich Herr Rechtsanwalt Dr. Nowak aus der vermeintlichen Verpflichtung aus dem geschlossenen Vertrag über die Lieferung und Einbau einer Klimaanlage befreien, folglich hat er dafür bewusst und gewollt das Vermögen von Herrn Blumentritt vermehrt, folglich an Herrn Blumentritt geleistet.

c. Ohne Rechtsgrund

Diese Leistung müsste ohne Rechtsgrund erfolgt sein. Insofern dürften keine wirksame rechtsgeschäftliche und auch keine gesetzliche Basis für die Vermögensmehrung vorliegen. Eine gesetzliche Basis ist nicht ersichtlich. Als rechtsgeschäftliche Basis kommt vorliegend der zwischen Rechtsanwalt Dr. Nowak und Herrn Blumentritt geschlossene Vertrag über die Lieferung und den Einbau der Klimaanlage gegen Zahlung von 5.000,00 Euro in Betracht. Allerdings könnte der Anspruch aus dem Vertrag untergegangen sein, so dass die rechtsgeschäftliche Basis in Form des Vertrages als von Anfang an (ex tunc) nichtig anzusehen ist. Dazu müssten die Voraussetzungen für eine wirksame Anfechtung gem. § 142 I BGB vorliegen.

Hinweis: Eine Prüfung der Anfechtung als rechtshindernde Einwendung ist auch vertretbar.

Für eine wirksame Anfechtung müsste zunächst ein Rechtsgeschäft im Sinne des § 142 I BGB vorliegen. Ein Rechtsgeschäft im Sinne des § 142 I BGB ist nur die einzelne Willenserklärung, nicht aber ein gesamter Vertrag, der zumindest aus zwei Willenserklärungen besteht. Vorliegend liegt ein Angebot des Rechtsanwalts Dr. Nowak in seiner Bestellung vom 11.06. vor, somit eine Willenserklärung und damit ein Rechtsgeschäft im Sinne des § 142 I BGB.

Ferner müsste Rechtsanwalt Dr. Nowak eine Anfechtungserklärung gem. § 143 I BGB abgegeben haben. Die Bezeichnung als Anfechtung ist dabei nicht notwendig. Hier ergibt die Auslegung der Erklärung im Telefonat am 30.06. gem. § 133 BGB, dass Rechtsanwalt Dr. Nowak nicht mehr am Vertrag festhalten möchte. Folglich liegt eine Anfechtungserklärung gegenüber Herrn Blumentritt vor.

Für eine wirksame Anfechtung müsste Dr. Nowak weiterhin ein Anfechtungsgrund zustehen. Die normierten Anfechtungsgründe ergeben sich aus §§ 119 ff. BGB. Zwar hat sich Dr. Nowack vorliegend über eine verkehrswesentliche Eigenschaft gem. § 119 II BGB geirrt, da die Lautstärke einer Klimaanlage zu ihren wertbildenden Faktoren zählt, jedoch wird der Anfechtungsgrund im Rahmen der Gesetzeskonkurrenz von den spezialgesetzlichen Sachmängelgewährleistungsansprüchen verdrängt.

Als weiterer Anfechtungsgrund kommt jedoch die arglistige Täuschung gem. § 123 I Alt. 1 BGB in Betracht. Hier hat Herr Blumentritt den Irrtum bei Dr. Nowak aus eigenem Gewinnstreben vorsätzlich herbeigeführt und ihn arglistig über den Geräuschwert getäuscht, um die Klimaanlage verkaufen zu können. Folglich liegt der Anfechtungsgrund der arglistigen Täuschung gem. § 123 I Alt. 1 BGB vor. Die Frist des § 124 I, II, III BGB ist noch nicht verstrichen, so dass das Rechtsgeschäft noch anfechtbar ist.

Ein Ausschluss der Anfechtung gem. § 144 BGB liegt nicht vor, da Rechtsanwalt Dr. Nowack seine Willenserklärung zum Abschluss des Vertrages über die Klimaanlage nicht bestätigt hat. Folglich hat Dr. Nowak seine Willenserklärung wirksam angefochten, womit der gesamte Anspruch aus dem Vertrag rückwirkend entfällt. Die Vermögensmehrung bei Herrn Blumentritt erfolgte daher ohne rechtlichen Grund. Ein Ausschluss der Leistungskondiktion gem. §§ 814, 817 S. 2 BGB ist nicht ersichtlich. Die Tatbestandsmerkmale der Anspruchsgrundlage liegen vor, der Anspruch ist entstanden.

2. Anspruch nicht untergegangen

Mangels rechtsvernichtender Einwendung ist der Anspruch auch nicht untergegangen.

3. Anspruch durchsetzbar

Mangels rechtshemmender Einwendungen ist der Anspruch auch durchsetzbar.

4. Ergebnis

Rechtsanwalt Dr. Nowak hat einen Anspruch auf Rückzahlung der 5.000,00 Euro von Herrn Blumentritt aus § 812 I 1 Alt. 1 BGB.

STICHWORTVERZEICHNIS

A

Abgabe ... 29
Abhandenkommen ... 199
Abnahme ... 143
Absolutheitsprinzip ... 191
Abstraktionsprinzip ... 193
Abtretung ... 95
Adäquanztheorie ... 241
Aktualisierungen ... 167
Aktualisierungspflicht ... 168
Amtshaftung ... 257
Amtspflicht ... 258
Amtspflichtverletzung ... 258
Aneignungsrechte ... 235
Anfechtung ... 30, 43
Anfechtungsausschluss ... 46
Anfechtungserklärung ... 46
Anfechtungsfrist ... 46
Anfechtungsgrund ... 44
Annahme ... 30, 42
Anscheinsvollmacht ... 50
Anspruchsaufbau ... 28
Antrag ... 29, 41
Anzeigepflicht ... 131
App ... 164
Äquivalenztheorie ... 241
Arbeitsvertrag ... 137
Arglistige Täuschung ... 45
Aufklärungspflichten ... 65
Auflassung ... 200
Aufrechnungsausschluss ... 94
Aufrechnungserklärung ... 94
Aufrechnungslage ... 93
Auslegung der Willenserklärung ... 42
Außenvollmacht ... 49

B

Bedingung ... 51
Befristung ... 51
Bereicherungsrecht ... 271
Berufsfreiheit ... 237
Besitzmittlungsverhältnis ... 197
Besondere Gründe ... 82
Beweislastverteilung ... 171
Bösgläubigkeit ... 198

C

Cloudservice ... 164
Cloudspeicher ... 165
condictio ob causam finitam ... 277
condictio ob rem ... 279
conditio-sine-qua-non-Formel ... 241

D

Dankbarkeit ... 160
Definition ... 22, 24
Delikt ... 230
Dienste höherer Art ... 138
Dienstvertrag ... 137
Differenzhypothese ... 72
Digitale Dienstleistungen ... 165
Digitale Inhalte ... 164
digitale Produkte ... 164
dolus eventualis ... 243
drittbezogen ... 258
Drohung ... 46
Duldungspflicht ... 264
Duldungsvollmacht ... 50

E

Eigentum 232
Eigentumsübergang 195
Eigentumsvorbehalt 202
Eingriffskondiktion 271, 290
Einleitungssatz 22, 23
Einreden 33
einseitig verpflichtenden Verträgen 62
Eintragung ins Grundbuch 200
Erfolg 140
Erklärungsirrtum 44
Ersitzung 205
ex tunc 46

F

Fahrlässigkeit 242
Fälligkeit 78
Fischereirecht 235
Form 47
Formerfordernis 47
Fortbewegungsfreiheit 234
Freiheit 232
Fruchtlose Fristsetzung 118
Fund 206

G

Garantenstellung 240
Gefahrgemeinschaft 240
Gefahrübergang 113
Gefälligkeitsverhältnis 41
Gegenleistung 166
Gesamtergebnis 27
Geschäftsherr 253
Gesetzlicher Eigentumsverlust 203
Gesetzliche Schuldverhältnisse 62
Gestaltungsrecht 91
Gesundheit 232
Gewährleistungsausschluss 114
Gewährleistungsrecht 108
Gewerbebetrieb 236
Grunddienstbarkeit 209
Grundschuld 208
Gutachten 21
Gutachtenstil 21
Gutglaubenswirkung 190
Gutgläubigkeit 198

H

Handlungsstörer 263
Hausarbeit 21
Hemmung 52
Hypothek 208

I

Ingerenz 239
Innenvollmacht 49
Irrtum 44

K

Kaufvertrag 110
Klausur 21
Körper 232
Körperteile 233
Körperverletzung 233
Kündigung 135, 137
Kündigungserklärung 136

L

Leben 232
Leihvertrag 157
Leistung 273
Leistungskondiktion 273
Insichgeschäft 50
Luxustier 256

M

Mahnbescheid ... 52
Mangel ... 143
mehrseitiges Rechtsgeschäft ... 62
Meinungsfreiheit ... 237
Mietkaution ... 132
Mietrecht ... 127
Mietvertrag ... 129
Minderung ... 121, 129
Minderungserklärung ... 122
Minderungshöhe ... 123
mittelbarer Besitzer ... 235
Montage ... 112

N

Nachbesserung ... 109
Nacherfüllung ... 109, 142
Nacherfüllungsanspruch ... 109
Nachlieferung ... 109
Namensrecht ... 238
Naturalrestitution ... 243
Nichtigkeit ... 47
Nießbrauch ... 209
Notstand ... 242
Notwehr ... 242

O

Obersatz ... 22
objektive Unmöglichkeit ... 70
Offenkundigkeitsprinzip ... 29, 48
öffentlicher Glaube ... 201

P

Paketvertrag ... 165
Patentrecht ... 236
Pauschalreise ... 158
Paypal ... 166
Persönlichkeitsrecht ... 238
Prokura ... 49
Publizitätsgrundsatz ... 189

R

Rahmenrecht ... 237
Realakt ... 41
Rechtsgeschäft ... 41
Rechtsgeschäftslehre ... 41
Rechtsgutachten ... 21
Rechtsgüter ... 232
Rechtshemmende Einwendungen ... 33
rechtshindernde Einwendung ... 30
rechtshindernden Einwendungen ... 31
Rechtsmangel ... 110
Rechtsobjekt ... 40
Rechtssubjekt ... 40
Rechtswidrigkeit ... 242
Regenbogenpresse ... 264
Reiserecht ... 158
Reisevertrag ... 158
Richtlinie 2019/770 ... 162
Rückgewährschuldverhältnis ... 92, 117
Rückgriffskondiktion ... 291
Rücktritt ... 117
Rücktrittserklärung ... 119
Rücktrittsrecht ... 90

S

Sachmangel ... 111
Schaden ... 243
Schenkung ... 160
Schlusssatz ... 22, 26
Schmerzensgeld ... 244
Schuldverhältnis ... 62
Schutzgesetzes ... 246
Schutzpflichten gem. § 241 II BGB ... 125
Schutzzweck der Norm ... 241
Schweigen ... 42
Selbsthilfe ... 242

Selbstvornahme 146
Sittenwidrigkeit 250
Stellvertretung 48
Störer 262
subjektive Unmöglichkeit 70
Subsumtion 22, 25

T

Taxifahrt 140
Tiergefahr 256
Tierhalterhaftung 254
Trennungsprinzip 193
Typenzwang 192

U

Übergabesurrogat 197
Übertragungswirkung 189
Übertragung von Eigentum 195, 198, 200
Undank 160
Unentgeltlichkeit 160
Unrichtige Übermittlung 45
Unterlassen 239
Unterstellkosten 254
Unverhältnismäßigkeit i.S.d. §§ 275 II, III BGB 116
Unverhältnismäßigkeit i.S.d. § 439 IV BGB 115
Unverhersehbarkeit 243
Urheberrecht 236

V

Verbindung 203
Verbrauchsgüterkauf 114
Verfügung eines Nichtberechtigten 285
Verfügungsgeschäft 193
Verjährung 33, 52, 145
Verjährung i.S.d. § 438 BGB 116
Verkehrssicherungspflichten 239
Vermerk 21
Vermischung und Vermengung 204
Vermutungswirkung 190
Verpflichtungsgeschäft 193
Verrichtungsgehilfe 251
Verschuldensfähigkeit 242
vertragliche Schuldverhältnisse 62
Verwendungskondiktion 291
Vierschrittmethode 21
Vorsatz 242

W

Werklieferungsvertrag 155
Werkvertrag 140
Widerrechtliche Drohung 46
Willenserklärung 41
Wohnraummiete 127

Z

Zession 95
Zugang 42
Zustandsstörer 263
Zuwendung 160

Notizen

Notizen